AF275449

Arte secuestrado

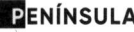ENÍNSULA

Arte secuestrado

Los mármoles del Partenón, el penacho de Moctezuma
y otras historias ocultas de nuestros museos

Catharine Titi y
Katia Fach Gómez

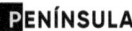
PENÍNSULA

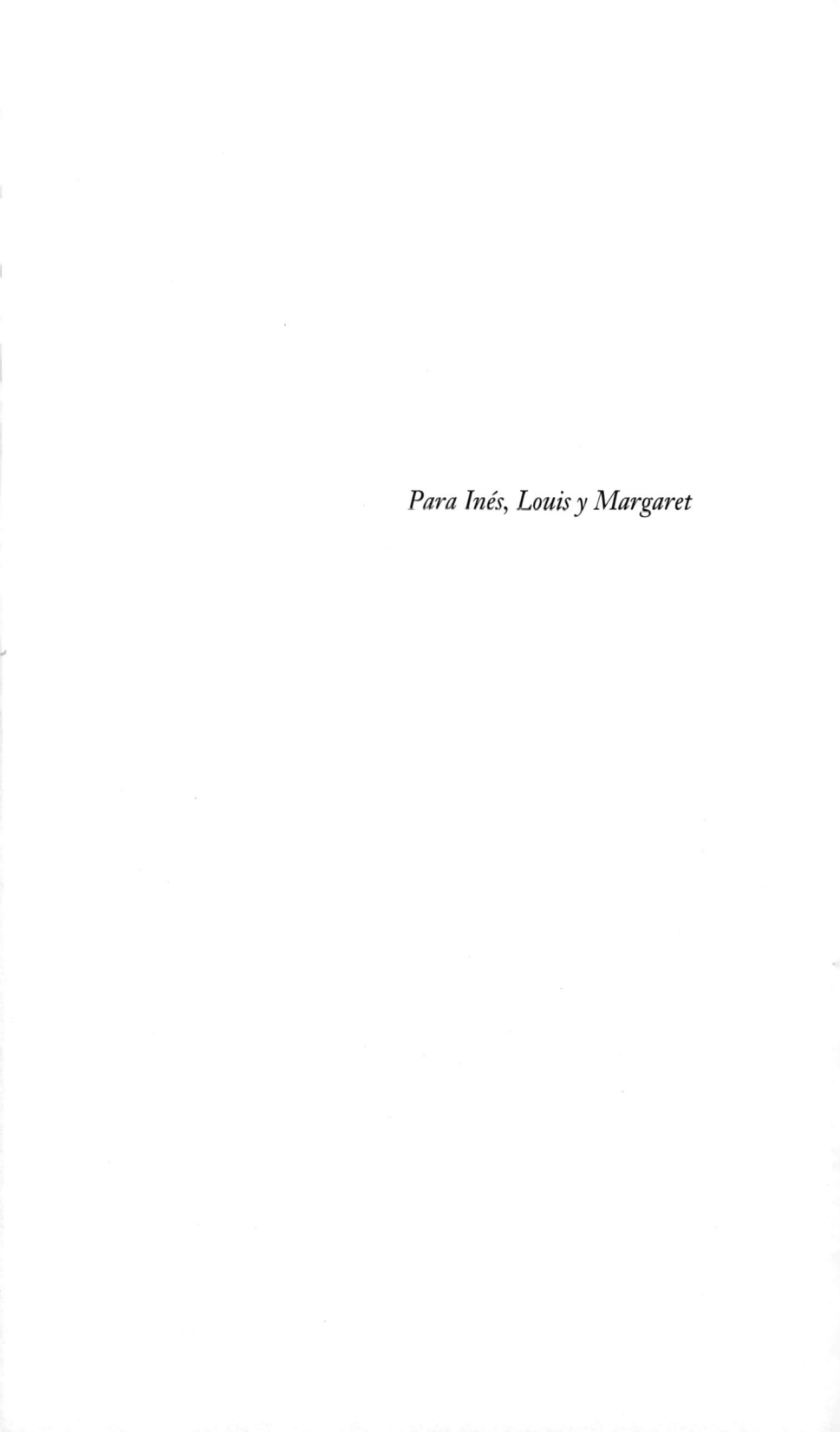

Para Inés, Louis y Margaret

Índice

Nota preliminar

Este libro lleva mucho tiempo viviendo en nuestras cabezas. Lo hemos alimentado con lecturas, visitas a museos, viajes y largas conversaciones. Y cuando hemos encontrado el momento óptimo para plasmar todos nuestros aprendizajes y vivencias por escrito, lo hemos redactado, como reflejo de nuestro amor por el mundo del arte y la cultura. Como profesoras de derecho internacional, una disciplina que nos apasiona y a cuyo aprendizaje y a cuya enseñanza nos dedicamos con tesón, llevamos tiempo investigando sobre la protección legal de patrimonio artístico. Son justamente nuestros trabajos jurídicos los que nos han impulsado a escribir este libro. Tras adentrarnos en el mundo de la protección del arte a través del derecho, hemos alcanzado nuevos umbrales. Materias como la historia, las ciencias políticas y las relaciones internacionales se han cruzado en nuestro camino y nos han conducido hasta un tema que nos parece francamente deslumbrante: la restitución internacional de patrimonio artístico.

Este libro es el resultado de un laborioso trabajo de investigación y redacción que las dos autoras hemos acometido a partes iguales y, sobre todo, refleja una voluntad común de compartir reflexiones y estimular debates. Queremos que nuestros lectores obtengan una visión actualizada y completa del presente y del posible futuro de la restitución de obras de arte en el contexto internacional. Por ello, con esta obra queremos acompañarlos en la recolección y la clasificación de las múltiples piezas que componen este complejo rompecabezas. En este breve prólogo también queremos dar las gracias a una serie de profesionales por la ayuda que nos han brindado en algunos de los casos que presentamos. Por orden alfabético, nuestra gratitud va dirigida a José Luis Bermejo Latre, Jos van Beurden, Gerard van Bussel, Íñigo Cuiñas, Magnus Fiskesjö, Raphaël Jacob (Museo de la Acrópolis), Martín Resano, Carola Thielecke (Fundación del Patrimonio Cultural Prusiano), Paulina Tzeirani (Fundación Melina Mercouri), Petra Winter (Museos Estatales de Berlín) y Emma Young (Capilla de San Jorge del castillo de Windsor). También queremos reconocer la generosidad de Theodoros Theodorou por habernos permitido reproducir de forma desinteresada la carta de Adair a Elgin que forma parte de su colección particular. En el plano institucional, nos gustaría dar las gracias a la Fundación Melina Mercouri y al Museo de la Acrópolis.

Deseamos agradecer también a nuestros familiares y amigos todo su apoyo durante el proceso de elaboración de este libro. A nuestros padres, por estar siempre dispuestos a escuchar y aconsejar; a Jesús Astigarraga, quien lee, reflexiona y sugiere con sabiduría ilustrada; a Alain Pirotte, por aceptar que «una revisión más» podría durar todo el fin de semana; a Anna Van Dyck, por su apoyo, como siempre, inquebrantable; a Marina Savvidou, por su paciencia y su entusiasmo y por estar siempre dispuesta a dialogar; a Vivienne y Bob McDowell, por compartir de forma reflexiva y continuada ideas y materiales relevantes; a Paul Cartledge, por su respaldo constante y sus comentarios tan útiles; a María Angulo y Daniel Cabrera, por creer en este proyecto casi tanto como en las bondades de las capibaras; a nuestra agente literaria, Claudia Calva, cuya sonrisa ha iluminado todo nuestro recorrido; a Eva Raventós, por su profesionalidad, y a nuestros editores del Grupo Planeta, Oriol Alcorta Hojas y Héctor Juan Herrero, por considerar que nuestro manuscrito tiene la capacidad de liderar un debate fructífero en España sobre la restitución de patrimonio cultural.

CATHARINE TITI Y KATIA FACH GÓMEZ
París y Zaragoza, 1 de septiembre de 2025

Introducción

¿A quién le pertenece el arte?

Cuando visitamos un museo, no solemos reflexionar sobre el origen, en ocasiones polémico, de sus colecciones. Nos parece normal estar contemplando en una institución europea o norteamericana una pieza creada hace siglos con fines simbólicos o rituales en Hispanoamérica o África. También creemos que es natural que haya antigüedades griegas o egipcias por todas partes. ¡Qué maravilla poder ver la *Venus de Milo* o la *Victoria de Samotracia* en el Louvre! ¡Qué suerte conseguir hacerse una foto junto al magnífico busto de una bella reina egipcia en Berlín! Raras veces nos preguntamos cómo han llegado esas piezas extraordinarias al lugar donde actualmente se exponen y cómo se sobrelleva su ausencia en el enclave geográfico o en el grupo humano del que proceden.

Aún es menos frecuente que pensemos en los objetos que se acumulan en los almacenes de los grandes museos. En realidad, ni siquiera sabemos que existen. Esto quedó claramente de manifiesto en agosto de 2023, cuando se reveló que se habían estado produciendo robos durante veinte años en los almacenes del Museo Británico sin que este organismo se percatase de ello. Claro, los almacenes del museo londinense son gigantes. De los ocho millones de objetos que posee el museo solo se exponen al público unos ochenta mil, más de siete millones se encuentran en sus almacenes y casi cuatro millones ni siquiera están inventariados. Una periodista británica describió esta situación como «una acumulación demencial, una manía por acaparar que, en cualquier ser humano, se consideraría una especie de enfermedad». Este libro muestra cómo la llegada de una pieza al museo que va a exponerla —o a guardarla en sus almacenes— puede ser consecuencia de un proceso que ha lesionado la identidad cultural del grupo humano o del país donde ese objeto se creó, en ocasiones, además, con fines totalmente ajenos al artístico. Partiendo de esta realidad, nos adentramos en las enormes «tripas de ballena» de algunos museos mundialmente conocidos e invitamos a repensar si es legítimo seguir reteniendo un patrimonio cultural obtenido en unas circunstancias cuestionables desde una perspectiva jurídica o ética.

Para ello planteamos y damos respuesta a preguntas que, como las siguientes, no son precisamente sencillas: ¿por qué la mitad de las esculturas del Partenón están en el Museo Británico y otros fragmentos del templo ateniense se encuentran en Francia, Dinamarca o Austria?, ¿a qué se debe que un penacho azteca que pudo haber pertenecido al legendario emperador Moctezuma se exponga en un museo vienés?, ¿cómo es posible que aún no se hayan devuelvo a Etiopía los restos humanos de un joven príncipe africano, forzado a pasar su adolescencia y juventud en Reino Unido?, ¿por qué unas tablas etíopes, tan sagradas que no pueden ser expuestas al público ni tampoco fotografiadas o estudiadas excepto por sacerdotes ortodoxos etíopes siguen estando fuera de su país?, ¿existe hoy en día alguna lógica universal que justifique la separación de estos objetos de su lugar de origen?, ¿es cierto que el paso del tiempo repara los daños del pasado? y, a fin de cuentas, ¿a quién pertenece en realidad el patrimonio cultural y artístico?, ¿son los museos los únicos legitimados para responder a este tipo de cuestiones?

Desde los siglos xviii y xix, cuando este tipo de instituciones culturales comenzaron a proliferar en el mundo occidental, los museos han ido reflejando y, en cierta medida, determinando, las pautas culturales de nuestras sociedades. Esta influencia ha seguido creciendo y hoy en día estos organismos parecen estar viviendo una auténtica época dorada. Aunque en ocasiones se los acuse de elitismo, falta de transparencia, inmovilismo o una orientación excesivamente economicista, no hay día en que no recibamos información en tono positivo acerca del incremento del número de visitantes, de exposiciones temporales irrepetibles, de la multiplicación de préstamos internacionales, de guiños para captar nuevos públicos con estrategias de difusión multimedia o, entre otros muchos fenómenos, de exitosos museos franquicia que en las últimas décadas han proliferado por doquier. A pesar de todo ello, diversas voces alertan de que el museo como institución sufre una crisis de credibilidad. Al igual que sucede con otros organismos culturales representativos de nuestra sociedad, los museos se enfrentan actualmente a importantes dilemas, como la revisión de narrativas, la inclusión, la sostenibilidad, la transformación digital, la gobernanza y su propia financiación.

Más importante si cabe es que algunas instituciones aún tienen que posicionarse respecto a la insoslayable cuestión de la memoria histórica. Por ello, hoy en día es esencial decidir cómo reaccionar frente a los beneficios que determinados países obtuvieron de la explotación y la dominación cultural que fue una de las características de sus dilatados procesos de conquista, colonización e imperialismo.

Para abordar estas cuestiones, nos centramos mayoritariamente en el autoproclamado «museo universal». Se trata del heredero del museo enciclopédico o enciclopedista, que a su vez se inspiró en los gabinetes de curiosidades privados que proliferaron en el siglo XVIII europeo. Su denominación se «justifica» porque estas instituciones aspiran a ofrecer una «cobertura total» a sus visitantes, es decir, sus vastas colecciones van más allá del contexto local o nacional y cubren regiones geográficas muy amplias y una cronología temporal muy dilatada. Tres ejemplos paradigmáticos son el Museo Británico, el Louvre y el Museo Metropolitano de Arte de Nueva York.

En realidad, los museos universales son solo una minoría de todos los museos existentes en la actualidad. Según datos recientes de la Organización de las Naciones Unidas para la Educación, la Ciencia y la Cultura (Unesco), hay más de cien mil museos en el mundo y, porcentualmente, los locales o nacionales ganan por goleada. Sin embargo, cuando oímos la palabra *museo* con frecuencia la equiparamos —erróneamente— con la noción de museo universal, lo cual se debe a una pluralidad de causas. El gran tamaño, la variedad y la calidad de las colecciones de los museos universales hacen que este puñado de instituciones atraigan a un volumen muy llamativo de visitantes y que gocen, además, de protagonismo en el imaginario colectivo y en el discurso público. Por ello, sus *modus operandi* también sirven de fuente de inspiración (o, a veces, de elemento de presión) para otros muchos museos y organismos culturales. A modo de ejemplo, el desmantelamiento de varios edificios medievales en el sur de Europa para que el Museo Metropolitano pudiese configurar su museo The Cloisters ('Los Claustros') en la misma ciudad de Nueva York hizo que otros museos de Estados Unidos también acudieran a España para comprar por precios irrisorios las partes artísticamente más valiosas de múltiples construcciones históricas.

La voracidad del enfoque universal de estas instituciones explica que recurriesen a estrategias de lo más diversas para configurar sus colecciones. En ocasiones, los métodos que implementaban para obtener nuevos objetos para sus galerías eran política y moralmente objetables. Como veremos en el capítulo 2, el Museo Británico consiguió en 1868 que un miembro de su plantilla participase en una expedición militar a Etiopía con el único objetivo de que se apropiase sobre el terreno de piezas que enriqueciesen la capacidad expositiva del museo londinense.

Ejemplos como este, vistos desde el prisma contemporáneo, nos llevan a cuestionar los mecanismos por los que algunos museos han llegado a reunir el imponente patrimonio cultural que albergan actualmente. Alice Procter, autora de *El cuadro completo*, afirma que «siempre hay más de un modo de mirar», por lo que tal vez habría que reconocer «la fealdad y la crueldad en la obtención de estas colecciones». Según Procter, mientras que algunos que «conocen el secreto eligen no verlo», existe también un público visitante «que ansía ávidamente un debate más honesto» en torno a las conquistas, el colonialismo y el imperialismo que algunos museos siguen reflejando.

En el epicentro de esta controversia hay una palabra que resuena con fuerza creciente: *restitución*. El concepto en sí no es nuevo, todo lo contrario: ya en el año 70 a. C. Marco Tulio Cicerón solicitó a Cayo Verres la devolución de las obras de arte saqueadas en Sicilia, en un juicio que otorgó fama al político y orador romano. En el mismo sentido, al final de las guerras napoleónicas, se consiguió que numerosas obras expoliadas por el ejército francés volviesen a España. En definitiva, la historia de la humanidad nos ofrece diversos ejemplos de restituciones exitosas. Sin embargo, a partir del momento en que los objetos expoliados se confinaron en museos de enfoque universal, estos se han mostrado muy reticentes a su retorno. Algunas piezas icónicas que hoy siguen en poder de estos museos hace más de cien años que se están reclamando. Concretamente, la primera vez que Grecia solicitó al Gobierno británico la devolución de parte del saqueo de la Acrópolis por el aristócrata británico Thomas Bruce Elgin fue en el lejano año 1836.

Ciento setenta años después, en 2006, el entonces director del Museo Británico, Neil MacGregor, viajó a Kenia para inaugurar una exposición en Nairobi. El momento era verdaderamente histórico, al tratarse de la primera vez que la institución británica prestaba objetos a una institución africana. Idle Omar Farah, por aquel entonces director general de los Museos Nacionales de Kenia, declaró que un debate crucial del futuro iba a pivotar en torno a la siguiente pregunta: ¿por qué estos objetos artísticos y simbólicos de origen africano se conservan en Gran Bretaña? Se dice que, cuando una periodista de *The Guardian* le planteó la misma pregunta a MacGregor, este respondió molesto: «La restitución es una cuestión del pasado».

Las dos décadas que han transcurrido desde entonces demuestran que MacGregor estaba equivocado. La cuestión sobre la restitución de patrimonio cultural nunca ha sido tan pertinente ni tan inevitable como ahora. Está recobrando potencialidades perdidas y es la protagonista de un giro argumental muy llamativo: el dilema shakespeariano entre «restituir o no restituir» ya no siempre se resuelve con el tradicional y tajante «no restituir». La restitución es presente y, sobre todo, es futuro.

¿Y qué es exactamente la restitución? Con este concepto nos referimos a la devolución de un objeto cultural, a menudo de gran valor histórico y artístico, a su país, pueblo o contexto de origen. *Restitución* es solo uno de los términos que se utilizan para describir este fenómeno, ya que hoy en día también se recurre a otros vocablos como *devolución, recuperación, reunificación, repatriación* o *rematriación*. Por ejemplo, en el caso de las negociaciones aún en curso para reclamar los mármoles del Partenón, el Gobierno griego ha optado por solicitar la *reunificación* de los mármoles, con lo que se centra en el argumento estético, artístico y arqueológico de preservar la integridad del monumento. Y es que los auténticos protagonistas del libro son objetos culturales (también denominados *patrimonio artístico, patrimonio cultural, obras de arte, elementos artísticos* y *simbólicos, tesoros, bienes* o *piezas*) que han sido expoliados o, como indica el título del libro de manera evocadora, «secuestrados».

Otro término que utilizamos en esta obra es *descolonización*. No vamos a profundizar en los procesos de descolonización con un criterio histórico, político o socioeconómico, por lo que el uso de este término se ciñe aquí al ámbito muy específico de la descolonización museística, es decir, a los procesos de debate y negociación que conllevan las restituciones internacionales de patrimonio cultural por parte de un país o de un museo. Estas devoluciones se basan en la idea de que las piezas están «manchadas» por un desequilibrio de poder derivado de la colonización que propició la sustracción originaria de estas obras culturales y artísticas de gran valor. Como veremos en el capítulo 5, los Países Bajos son un ejemplo en esta materia. A partir del año 2020, este país, que durante siglos fue una potencia colonial, puso en marcha una política de descolonización museística y está devolviendo miles de piezas a algunas de sus antiguas colonias, como Indonesia.

Es importante saber que en los últimos años no ha dejado de crecer el número de bienes culturales que se están restituyendo porque su posesión es consecuencia de circunstancias ilegales o poco éticas. La casuística es muy abundante: tráfico de antigüedades, sustracciones en yacimientos arqueológicos, exportaciones e importaciones ilegales de bienes culturales, robos en museos, expolios en tiempos de guerra, restos antropológicos que se extrajeron o se retienen sin permiso de la etnia implicada, piezas obtenidas en situaciones de desequilibrio de poder...

Muchas devoluciones de objetos culturales exportados ilegalmente o robados en tiempos recientes han sido impulsadas por convenios internacionales elaborados durante la segunda mitad del siglo XX o por leyes nacionales aprobadas recientemente. Por ejemplo, en los últimos años, el Museo Metropolitano de Arte de Nueva York ha devuelto a sus países de origen un número importante de objetos arqueológicos que formaban parte de su colección porque se demostró que habían sido robados o saqueados. Así, en 2019, el museo neoyorquino devolvió a Egipto un ataúd dorado del siglo I a. C. perteneciente al sacerdote ptolemaico Nedjemankh. Esta institución manifestó que había comprado el féretro dos años antes por 4 millones de dólares a un marchante de arte parisino que le había proporcionado una certificación de procedencia y un permiso de exportación falsos. El museo aceptó la restitución cuando la oficina del fiscal del distrito de Manhattan le presentó pruebas de que lo habían saqueado en Egipto en 2011.

Frente a este tipo de restituciones, impulsadas por convenios internacionales y leyes nacionales, el derecho suele guardar silencio sobre cuál ha de ser el destino final del patrimonio artístico que en un pasado lejano se extirpó de su cultura de origen. Aunque con frecuencia la devolución de los objetos culturales no venga directamente impuesta por textos de naturaleza normativa, en la actualidad se está despertando una conciencia internacional a favor de restituir piezas a sus lugares y civilizaciones de origen. Esta evolución, que era imprevisible hace escasos años, justifica que dediquemos el libro a seis casos emblemáticos que han resistido la prueba del paso del tiempo. Son las manzanas de la eterna discordia. Quizá el Estado reclamante renunció a la restitución de otros bienes culturales menos importantes, pero tuvo claro que no iba a renunciar a estos. Y, como se verá, parte de estas demandas siguen sobre la mesa de negociaciones.

Pensar en el destino presente y futuro de estos objetos culturales abre además una puerta a temas transversales de gran calado en nuestra sociedad contemporánea, como la visión eurocéntrica de la historia, las finalidades y los medios de los museos, la solución no judicial de controversias, el peso específico de la diplomacia cultural, el poder de la sociedad civil como agente de cambio y también la destrucción de determinadas identidades culturales y su posterior apropiación. Asimismo hay otros aspectos fundamentales en la restitución de piezas artísticas, como el papel de la ética, su uso como moneda de cambio, arma geopolítica o incluso una manera de seguir colonizando, la vinculación entre la expropiación cultural y la explotación económica, el peso de la soberanía cultural y el reconocimiento de los derechos culturales de los pueblos. Este tipo de cuestiones son el hilo conductor del libro.

El capítulo 1 relata la sobrecogedora historia de los mármoles del Partenón, que el embajador británico Elgin saqueó en la actual Atenas a principios del siglo xix y que hoy en día se exponen en el Museo Británico. Los detalles de este caso están sujetos a una desinformación creciente y hace más de doscientos años que son objeto de acalorados debates. Estos son algunos de los ingredientes de una controversia sin igual en el ámbito de la restitución de patrimonio cultural: el Partenón es una obra única por su importancia histórica, política, y artística; las circunstancias que rodearon el saqueo de los mármoles son excepcionales; el contenido y la propia existencia de un permiso otomano que supuestamente obtuvo Elgin son altamente controvertidos; la investigación de una comisión parlamentaria británica fue, cuando menos, chapucera; «limpiar» los mármoles a finales de la década de 1930 para blanquear lo que quedaba de su decoración policromada fue un error garrafal sobre el que el Museo Británico guardó silencio durante seis décadas; la disputa por estas piezas ha estado a punto de resolverse en repetidas ocasiones, incluso en el mismo momento de redactar estas líneas, pero la realidad es que, desgraciadamente, la controversia sigue abierta.

El capítulo 2 narra una serie de sucesos muy diferentes, pero igual de sorprendentes y conmovedores: la vida y la muerte del príncipe etíope Alemayehu y el triste destino de los tesoros expoliados en su palacio real en Magdala. Después de la derrota y el suicidio de su padre y tras la muerte inesperada de su madre, este príncipe heredero se quedó huérfano con solo siete años y lo obligaron a embarcar en un barco británico, con lo que se alejó involuntariamente y para siempre de su continente natal. En Gran Bretaña, el joven africano despertó la curiosidad de la sociedad victoriana y de la misma reina Victoria. Este escrutinio público lo condujo a vivir una adolescencia y una juventud desdichadas, sin vínculos humanos ni referentes estables. Tras una muerte muy prematura, sus restos mortales se enterraron en una fosa común situada en la capilla de San Jorge. Allí siguen sepultados hoy en día, pese a las diversas peticiones de restitución cursadas desde Etiopía. Asimismo, gran parte de los tesoros de Magdala (coronas de gran belleza, manuscritos, objetos religiosos sagrados que solo pueden ser vistos por sacerdotes etíopes), siguen también «secuestrados» en Europa y Norteamérica.

En el capítulo 3 abordamos la historia trepidante de los conocidos como bronces de Benín, un conjunto de piezas que durante más de un siglo ha sido el símbolo por antonomasia del expolio artístico perpetrado en África. Saqueados en el palacio real de Ciudad de Benín, en la actual Nigeria, durante una «expedición punitiva» británica en 1897 y etiquetados como «botín» y «más botín» en las fotografías realizadas por los británicos en ese momento, los frutos de este pillaje indiscriminado se dispersaron por colecciones públicas y privadas de todo el mundo. Los bronces son hoy en día uno de los símbolos más palpables de un creciente movimiento internacional proclive a la devolución del patrimonio cultural saqueado. Aunque el Museo Británico aún no ha restituido las piezas que conserva en sus colecciones —la mayoría de las cuales, hay que decirlo, se encuentran en sus almacenes—, países como Alemania, Bélgica, Francia y los Países Bajos sí que han comenzado a devolverlas. Este cambio de actitud ha traído consigo un intenso debate social, al cual nuestro libro desea contribuir.

El capítulo 4 cuenta los avatares del magnífico busto de la reina egipcia Nefertiti. Un equipo liderado por un arqueólogo alemán descubrió la pieza en 1912 en lo que se supone que era el taller del escultor real en el yacimiento de Tell el-Amarna, en Egipto Medio. La escultura salió de Egipto poco tiempo después en circunstancias ambiguas y su llegada a Alemania se mantuvo inicialmente en secreto. Esta obra sin igual, convertida hoy en la principal atracción del Museo Nuevo de Berlín, es objeto de una larga controversia sobre repatriación de antigüedades que relevantes personalidades egipcias siguen alimentando. A lo largo de este capítulo relatamos la historia de una de las piezas más controvertidas del antiguo Egipto, reconocida globalmente como un ícono atemporal de la belleza femenina.

El capítulo 5 centra su atención en un conjunto de objetos extraordinarios (estatuas de dioses, armas y restos humanos prehistóricos) que fueron sustraídos de Indonesia por los Países Bajos, nación que durante siglos ejerció su dominio colonial en este territorio insular. Este capítulo es la excusa perfecta para reflexionar sobre aspectos como la presencia histórica de los europeos en Asia Oriental, la creación de la Compañía Neerlandesa de las Indias Orientales y cómo poco a poco los holandeses llegaron a gobernar estas islas tan lejanas. Esta narrativa evoca historias de otros mundos, como algunas experiencias del británico Phileas Fogg plasmadas por Julio Verne en *La vuelta al mundo en ochenta días*. Este capítulo permite asimismo ahondar en las biografías aventureras de varios personajes que, según cómo se miren, presentan rasgos tanto de científicos como de saqueadores. Esto nos conduce a tomar conciencia de todo lo que este saqueo implicó y a su vez enlaza con una política neerlandesa sobre restituciones de patrimonio cultural que se inició en el año 2020 y nos señala cuál es el camino: restituir para hacer justicia.

Por último, en el capítulo 6 presentamos el caso del penacho de Moctezuma, un fastuoso tocado de oro y plumas multicolores. Esta pieza, una muestra excepcional de la maestría del arte plumario mesoamericano del siglo XVI, se expone actualmente en un museo vienés, pese a llevar muchas décadas siendo reclamada sin éxito por parte de México. Aquí hacemos un recorrido por diversos aspectos de este singular penacho, desde el momento de su creación hasta nuestros días: ¿perteneció el tocado de plumas realmente a Moctezuma o esa presunta titularidad más bien forma parte de la leyenda en torno a este objeto artístico?, ¿fue de verdad un regalo a Hernán Cortés o los conquistadores accedieron al penacho por otros medios menos pacíficos?, ¿cómo, cuándo y por qué llegó esta pieza a Viena? y ¿es verdad que solo la teletransportación permitiría en la actualidad que este frágil objeto regresase a México sin destruirse durante el trayecto?

La historia del penacho de Moctezuma, aunque *a priori* pueda parecernos muy lejana y exótica, en realidad conecta de diversas formas con la política y la cultura española más contemporáneas. Pensemos, por ejemplo, en cómo las relaciones diplomáticas España-México se han visto afectadas en estos últimos años por reproches derivados de la conquista española o en cómo el argumento del estado de conservación de la pieza constituye justamente el meollo de la controversia en torno a las pinturas de Sijena.

Si intentamos clasificar los diversos objetos artísticos que acabamos de presentar aplicando criterios diversos (como su procedencia geográfica, la fecha de su creación, sus características físicas, los usos primigenios, etcétera), tal vez podríamos pensar que el único elemento común es una larga historia salpicada de vicisitudes y giros casi novelescos. Sin embargo, en realidad, comparten mucho más, ya que en la actualidad son los exponentes más visibles de un movimiento global en alza, favorable a la restitución de este patrimonio a sus culturas originarias. Estas apasionantes historias nos muestran cómo hoy en día, a diferencia de lo que sucedía en un pasado muy reciente, la respuesta a una petición internacional de restitución puede ser un «sí, si...» o, incluso, un «sí» incondicional.

En el libro mostramos cómo los razonamientos que se utilizan en estos casos emblemáticos suelen repetirse, con independencia del origen y las características del objeto reclamado. Motivaciones basadas en desagravios históricos, étnicos y morales emergen frente a la consideración de que hay una ley nacional que impide la restitución o de que el estado de conservación de la pieza desaconseja vivamente su traslado. Desde este enfoque, la restitución supone una auténtica liberación para objetos de relevancia cultural e identitaria sin parangón, que llevan siglos siendo «rehenes» de los grandes museos occidentales.

Por el contrario, la defensa del *statu quo* museístico se presenta como una especie de «reconocimiento de deuda» hacia las instituciones que han invertido recursos económicos y desvelos en mantener en un estado óptimo de conservación unas piezas que posiblemente habrían sucumbido a los vaivenes políticos y económicos de sus países de origen. Con este enfoque, el «internacionalismo cultural» alaba el papel de los conocidos como museos universales, de cuya existencia se beneficia la humanidad en su conjunto. Reclamar la devolución de estas piezas es pura demagogia, tanto como intentar meter toda el agua del mar en un agujero de la playa.

Este libro nos invita a cuestionar clichés y lugares comunes en torno a este patrimonio cultural «secuestrado»: ¿su restitución está necesariamente vinculada a un determinado pensamiento político?, ¿restituir es *woke*?, ¿la devolución debe decidirse atendiendo a parámetros políticos o, por el contrario, necesitamos organismos técnicos, tal vez una institución de orientación jurídica y de naturaleza internacional, para centralizar y solventar las peticiones de restitución?, ¿los argumentos de carácter ético están ganando la batalla a los razonamientos jurídicos tradicionales, como el de la titularidad legal de la pieza?, ¿corrientes como el indigenismo y el feminismo arrojan alguna luz en este debate?, ¿qué aporta la conocida como *rematriación* a los procesos de restitución?, ¿es necesario invertir en investigaciones sobre la procedencia y el modo de obtención de los objetos que conforman las colecciones de nuestros museos?, ¿las nuevas tecnologías contribuyen a impulsar o a frenar las devoluciones internacionales de patrimonio cultural? y, por fin, entre otras tantas preguntas, ¿tienen sentido hoy en día los museos universales, que son producto de la época colonial? y ¿qué esperan los visitantes de los museos contemporáneos?

Como especialistas de la realidad internacional en su vertiente jurídica, nuestro objetivo es explicar de forma amena y clara cómo se está abordando el tema de la restitución de patrimonio cultural, tanto por parte de países que en la actualidad poseen las piezas que se reclaman (si nos referimos a los casos que analizamos en esta obra, Alemania, Austria, Estados Unidos, Francia, los Países Bajos y Reino Unido), como por parte de los países que, con perseverancia, solicitan su restitución (Egipto, Etiopía, Grecia, Indonesia, Nigeria y México). Nos parece importante profundizar en el argumentario de todos estos Estados extranjeros justamente porque nuestra mirada última está posada en España. Nuestro país ya ha tenido que asumir el rol de reclamado en este tipo de casos y también se prevé que en un futuro cercano podría adoptar el rol de reclamante.

A modo de ejemplo, España recibió en 2024 una petición formal de retorno planteada por el Gobierno de Colombia respecto de la colección Quimbaya, localizada en el Museo de América en Madrid. También sigue abierto el litigio en Estados Unidos contra la Fundación Colección Thyssen-Bornemisza que requiere la devolución del cuadro *Rue Saint-Honoré por la tarde. Efecto de lluvia* del impresionista francés Camille Pissarro. La otra cara de la moneda son iniciativas como la planteada, sin éxito hasta el momento, por el Grupo Mixto-Adelante Andalucía en su Parlamento autonómico, en la que se reclama un conjunto de obras de arte que consideran expoliadas de Andalucía y que actualmente se exponen en diversos museos extranjeros. La relación no es exigua: pinturas de Murillo y Zurbarán; el bronce de Lascuta y la urna de marfil —o píxide— de Al-Mughīra, ubicados en el Louvre; el patio renacentista del castillo de Vélez-Blanco y un lienzo de Zurbarán en el Museo Metropolitano de Arte de Nueva York, y la cúpula de la torre de las Damas de la Alhambra de Granada en el Museo de Pérgamo de Berlín.

Somos conscientes de que cada uno de los casos que conforman este libro presenta unas características propias. Reconocemos también las diferencias, múltiples y profundas, que existen entre eventos históricos como la conquista de América, la colonización de África y la invasión de la península ibérica por parte de las tropas napoleónicas. Sin embargo, nuestro perfil académico de internacionalistas y expertas en derecho comparado nos incita a posar la mirada en otras realidades (otras legislaciones, otros gobiernos, otras sociedades, otros museos, otros usos y costumbres...). Creemos que tanto las experiencias de restitución que ya se han completado en el extranjero como aquellas que aún están en proceso de tramitación nos ofrecen pistas muy valiosas sobre cómo afrontar esta compleja cuestión desde la perspectiva española. El análisis, la comparación, la crítica y el debate son herramientas esenciales de cara a formar opiniones y voluntades en el ámbito de la restitución de patrimonio cultural. Es muy factible que los futuros *dos and don'ts* españoles se inspiren precisamente en las experiencias previas de otros países. En definitiva, no es posible que España permanezca ajena a esta corriente de peticiones —y, en ocasiones, de concesiones— de restitución que van surgiendo en múltiples puntos del globo terráqueo.

Con este libro, de espíritu formativo y enfoque respetuoso, queremos contribuir a reducir la polarización de la agenda pública y del debate social sobre los temas expuestos, un valor que nos parece especialmente edificante hoy en día. Como observadoras directas de la realidad española, en ocasiones detectamos tanto crispación en las formas como falta de precisión en los contenidos de quienes elevan su voz ante diversos sucesos del ámbito cultural nacional. En estos últimos tiempos, la prensa española se ha hecho eco de un buen número de episodios de raigambre cultural que han terminado saltando al ruedo político y se han convertido en una especie de arma arrojadiza descontextualizada y débil.

Como ejemplos ilustrativos podemos citar las críticas ante la retirada de la momia guanche del área expositiva del Museo Arqueológico Nacional a raíz de la publicación de la Carta de Compromiso para el tratamiento ético de los restos humanos por parte del Ministerio de Cultura español; las declaraciones en 2024 del ministro de Cultura de España, Ernest Urtasun, proclive a «descolonizar los museos nacionales», que han provocado respuestas extremadamente airadas; la nueva terminología, también considerada controvertida, con la que se ha decidido actualizar las cartelas del Museo Nacional de Antropología; las reacciones frente a las creaciones artísticas de Sandra Gamarra Heshiki, representante de España en la Bienal de Venecia de 2024; la elaboración por parte del Ministerio de Cultura de un inventario de bienes incautados durante la Guerra Civil y la dictadura previsto en la también cuestionada Ley de Memoria Democrática o las interpretaciones no jurídicas que provocó la sentencia del Tribunal Supremo de mayo de 2025 sobre la restitución de las pinturas murales de la sala capitular del monasterio oscense de Sijena.

En casos como estos, nos gustaría que esa especie de ruido ideológico no llegase a impregnar el debate en España en torno a la restitución internacional (e interregional) de patrimonio artístico. Igual que la sociedad española lleva décadas pidiendo —con escaso éxito, todo hay que decirlo— un pacto de Estado en materias cruciales como sanidad o educación, una política pública estable en materia de reclamación y restitución cultural es sin duda un objetivo muy loable al que deseamos contribuir con este libro.

Elegir las historias que insuflan vida al libro ha requerido, lógicamente, dejar fuera otros casos apasionantes de restituciones, tanto recientes como pendientes. En relación con las primeras, hemos omitido de forma consciente numerosas peticiones de devolución que entran en el ámbito de aplicación de los convenios internacionales o textos nacionales previamente mencionados. Tampoco hemos incluido las reclamaciones de obras de arte expoliadas en la época nazi, un tema muy relevante desde la perspectiva científica y narrativa que, además, sigue ofreciendo nuevos casos de restitución. En el año 2023, por ejemplo, el Museo de Pontevedra devolvió al Gobierno de Polonia dos cuadros expoliados por los nazis y, en 2025, la Tate Britain entregó un lienzo del siglo XVII a los herederos de un coleccionista belga de origen judío. En relación con las segundas, existen diversas restituciones pendientes que no analizamos de forma exhaustiva en esta obra pero que sí estamos siguiendo de cerca. Destacan casos como, por ejemplo, la campaña chilena que reclama al Museo Británico la devolución del moái de Rapa Nui. Desgraciadamente, también sabemos que los conflictos bélicos actuales son el caldo de cultivo de reclamaciones futuras. Por ello, vaticinamos que el patrimonio cultural ucraniano saqueado por la Federación Rusa y los expolios acontecidos en Palestina protagonizarán nuevas y tristes historias en los próximos años.

Confiamos en que este libro anime a reflexionar sobre la restitución de patrimonio artístico y sobre cómo relacionarnos con los museos que hemos visitado y visitaremos, con esos museos que forman parte de nuestra vida. Esperamos que lo disfrutes.

I

Los mármoles del Partenón

A principios del siglo XIX, Thomas Bruce Elgin, aristócrata escocés y embajador británico acreditado ante el Imperio otomano, orquestó desde la capital Constantinopla uno de los mayores saqueos de antigüedades de la historia mundial. Un grupo de hombres dirigido por Elgin hizo acopio de antigüedades de toda Grecia, que por aquel entonces estaba bajo ocupación otomana, y hasta quiso sustraer un edificio entero de la Acrópolis ateniense. Orgulloso de sus proezas, Elgin escribió en una carta que se ha hecho tristemente célebre: «Bonaparte no ha conseguido tal cosa con todos sus robos en Italia». El edificio en cuestión era el Erecteion, con su famoso pórtico de las Cariátides, esculturas femeninas con función de columna. Finalmente, Elgin no consiguió llevarse toda la construcción, pero sí una de sus cariátides.

El escocés tuvo más éxito con los mármoles del Partenón. En julio de 1801, sus hombres empezaron a desmantelar el templo y a extraer sus mejores esculturas. En aquel momento, sus comisionados alegaron que tenían una especie de permiso, una carta que los autorizaba a llevarse algunas piezas ubicadas en torno al suelo del edificio (y, a la vez, desautorizaba cualquier otro tipo de intervención). Sin embargo, unos años más tarde, los gobernantes otomanos negaron que Elgin tuviese una autorización para intervenir en el Partenón. Entonces era demasiado tarde: el daño ya estaba hecho.

Los bloques de mármol esculpidos del friso del Partenón se serraron para cortarles la parte posterior, porque se suponía que así se iba a facilitar su transporte desde la Acrópolis hasta los barcos. Asimismo, se retiró una cornisa del templo para poder desprender las metopas y se rompió el entablamento que las sujetaba. Estas manipulaciones causaron graves daños a la estructura del edificio, gran parte del cual se derrumbó posteriormente. Un tiempo después, las esculturas más bellas y mejor conservadas llegaron a Reino Unido. Hoy en día, 75 metros del friso de este paradigma del arte clásico, 15 metopas y 17 figuras de sus frontones —es decir, la mitad de las esculturas que conformaban el Partenón— se encuentran en el Museo Británico de Londres.

La creación del Partenón

Símbolo del arte clásico, emblema del período del apogeo de la democracia ateniense y del triunfo del mundo civilizado sobre los bárbaros, el Partenón se ha mantenido en pie durante dos milenios y medio. Este conjunto arquitectónico, enclavado en la Acrópolis de Atenas (en la ciudadela o parte alta de la antigua ciudad), ha sobrevivido a sucesivas guerras y ocupaciones, cambios religiosos, inclemencias climatológicas, seísmos, actos vandálicos e incluso al flujo constante de viajeros y turistas.

El Partenón no fue el primer templo de la Acrópolis dedicado a Atenea, la diosa patrona de la ciudad. Después de que los atenienses frenasen con éxito la primera invasión persa en el año 490 a. C., derribaron el templo primigenio que se alzaba en ese lugar y construyeron uno de mármol más grande: el Partenón Viejo. Sin embargo, el Partenón Viejo aún estaba en construcción cuando, durante la segunda incursión persa del año 480 a. C., el ejército invasor saqueó e incendió la Acrópolis y arrasó todo, incluido este templo. Como las guerras persas se saldaron con una contundente victoria griega al año siguiente, a partir de ese momento comenzó la reconstrucción de Atenas y de otras ciudades-Estado griegas. Poco tiempo después, estas fundaron la Liga de Delos, una alianza militar, con Atenas a la cabeza. Esta liga, aun habiendo comenzado como una coalición defensiva, acabaría convirtiéndose en la base de la hegemonía ateniense. Así, en el año 454 a. C. se transfirió a Atenas el cuantioso tesoro de la liga, compuesto por las contribuciones de sus miembros, que, junto con los elevados ingresos internos de la ciudad —procedentes, por ejemplo, de las minas de plata de Laurión— y la nueva paz con Esparta, generó una bonanza que reavivó la cuestión del destino de los santuarios que los persas habían incendiado.

Como consecuencia de ello, las obras de construcción del Partenón comenzaron hacia el año 447 a. C. y terminaron apenas quince años después. El impulsor de esta prodigiosa reconstrucción fue el gran político Pericles, mientras que los afamados arquitectos Ictino y Calícrates y el escultor Fidias se encargaron de dirigir las obras. Los ciudadanos de Atenas también desempeñaron un papel decisivo en la construcción del Partenón, ya que en la antigua Grecia era la asamblea cívica la que autorizaba los gastos públicos.

Ubicación, iconografía y policromía del Partenón

El Partenón está ubicado en lo alto de la colina de la Acrópolis de Atenas. Se llega a él tras unos quince minutos largos de ascenso por la empinada «roca sagrada». Desde la época de Pericles, los visitantes que llegan por los Propileos, la entrada monumental a la Acrópolis, se encuentran con una maravilla de enormes dimensiones (70 metros de longitud, 31 metros de anchura y más de 10 metros de altura). El Partenón está construido con mármol blanco procedente del monte Pentélico. De estilo dórico, el edificio también presenta algunos toques jónicos, como un friso continuo sobre los muros de la cella o cámara interior. Esa cámara en la Antigüedad albergaba la imagen de oro y marfil de Atenea Pártenos, una colosal estatua de 12 metros de altura elaborada por Fidias. Las columnas del templo, por sorprendente que pueda parecer, no son completamente rectas, ya que se estrechan hacia arriba y se engrosan ligeramente en el centro (un recurso arquitectónico conocido como *éntasis*).

Los frontones del Partenón representan escenas de la vida de Atenea. La entrada se encontraba en el lado este. Según Pausanias, viajero, geógrafo e historiador griego del siglo II d. C., el frontón este, justo encima de la entrada, representaba el nacimiento de Atenea, que, según el mito, emergió de la cabeza de su padre, Zeus. La parte central, lamentablemente, no se conserva. El frontón oeste representa el mito de la disputa entre Atenea y Poseidón por el patronazgo de la región del Ática.

Debajo de los frontones y sobre el arquitrabe, recorriendo los cuatro lados del templo, se colocaron las 92 metopas del Partenón, labradas en altorrelieve. Estas piezas conmemoran batallas y victorias de dioses y héroes. En el lado este se representa la gigantomaquia, la batalla librada entre los dioses olímpicos y los gigantes por la supremacía del mundo. Las metopas del lado oeste representan escenas de batallas entre griegos y amazonas, una tribu mítica de guerreras. Las del norte parecen mostrar escenas de la caída de Troya. Por último, las del lado sur exponen batallas entre lapitas, un pueblo legendario de la mitología griega, y centauros, criaturas salvajes con cuerpo de caballo y cabeza de humano.

Detrás de las metopas hay un friso jónico que rodea el núcleo del templo. Esculpido en un bajorrelieve de 5 centímetros de profundidad y con una longitud de 160 metros y una altura de aproximadamente un metro, el friso incluye unas 378 figuras y 245 animales. Representa una procesión con dos filas de participantes que convergen sobre la entrada del edificio, en el friso este. En este punto exacto, humanos y dioses —representados estos últimos con un tamaño superior al de los mortales— se encuentran en una escena que constituye el punto culminante de esta narración visual y que aún hoy en día es uno de los grandes enigmas de la historia del arte. Mayoritariamente se cree que la conocida como «escena del peplo» representa el momento en que se le entrega a la diosa Atenea una túnica bordada (peplo) en calidad de ofrenda. La ceremonia tenía lugar durante las Grandes Panateneas, el festival religioso que se celebraba cada cuatro años en honor de Atenea. Esta iconografía ha suscitado, no obstante, otras posibles interpretaciones, como que el friso podría conmemorar el sacrificio de las hijas de Erecteo, un mítico rey de Atenas, o el nacimiento de Ion, un héroe ateniense descendiente de Erecteo, aunque ninguna de ellas ha sido probada.

Como el resto de los templos griegos antiguos, el Partenón también estaba policromado. Actualmente se cree que el fondo de los frontones y las metopas era rojo y que el del friso estaba pintado de azul. Es probable que este fondo del friso fuera muy similar al que el pintor neoclásico Lawrence Alma-Tadema presentó en su famoso cuadro *Fidias y el friso del Partenón* en la segunda mitad del siglo xix. La limpieza con láser de las esculturas del Museo de la Acrópolis ha revelado recientemente restos de color que hasta entonces estaban ocultos, como el azul de los pliegues del manto de un jinete de la losa IX del friso oeste. En otros lugares el color se percibe a simple vista, como en el caso de los iris pintados de los ojos de Poseidón y Apolo en el friso este, expuesto actualmente en el Museo de la Acrópolis.

El Partenón a lo largo de los siglos

Tras la época clásica (480-323 a. C.), Atenas fue conquistada y saqueada en numerosas ocasiones: desde el asalto y la destrucción de la ciudad por parte del militar romano Sila en el año 86 a. C. hasta las incursiones de cruzados y otomanos en la época posterior.

Con la llegada del cristianismo, el Partenón, al igual que otros monumentos antiguos, se convirtió en iglesia. La adaptación de los monumentos clásicos al uso cristiano en ocasiones ha garantizado su supervivencia, ya que los salvaba de convertirse en una ruina. Sin embargo, esta conversión de los edificios al cristianismo también tuvo un precio. En el caso del Partenón, se destruyó la escena del nacimiento de Atenea en el frontón este y muchas metopas se desfiguraron, probablemente a causa de la iconoclasia imperante en la época. Posteriormente, el Partenón se convirtió en catedral católica romana.

En 1458, Atenas se rindió a los otomanos y el Partenón se convirtió en mezquita. La Acrópolis se transformó en base militar bajo la autoridad exclusiva del sultán y del Gobierno otomano. En el ámbito local, el gobernador de la Acrópolis (*voivoda*) y el gobernador militar (*disdar*) eran los responsables del lugar.

En 1687, fuerzas venecianas que formaban parte de una liga santa que luchaba contra el Imperio otomano atacaron la Atenas ocupada por los otomanos, cuyas municiones se almacenaban en el Partenón. Cuando uno de los proyectiles que los venecianos lanzaron sobre la Acrópolis dio en el blanco, la pólvora prendió y generó una enorme explosión que destruyó el centro del edificio y dañó diversas columnas, el interior del antiguo templo, partes del friso y la escultura y el tejado.

En el siglo XVIII, el Partenón se enfrentó a una nueva amenaza: el saqueo sistemático por parte de viajeros occidentales, embriagados por su deseo de visitar la cuna de la civilización occidental, que culminó con la nociva intervención de Elgin.

Pocos años después de que el escocés extrajera los mármoles del Partenón, Grecia se independizó de los otomanos. En 1834, entró en vigor una nueva ley griega que estipulaba que todas las antigüedades pertenecían al Estado. Los hallazgos de la Acrópolis empezaron a exponerse en el primer Museo de la Acrópolis, construido al este del Partenón en las décadas de 1860 y 1870.

A principios del siglo XX, se inició una importante restauración de la Acrópolis que continuó hasta 1940, con Nikolaos Balanos como ingeniero jefe. Diversos factores, como los fallos en las técnicas de Balanos y la contaminación atmosférica de la década de 1960, llevaron a la creación, en 1975, de un Comité para la Conservación de los Monumentos de la Acrópolis, que desde entonces se encarga de planificar y supervisar las obras de conservación y restauración de este enclave.

A partir de 1979, las esculturas originales del templo se sustituyeron por copias y se trasladaron desde el yacimiento, que se halla a la intemperie, hasta el entorno protegido del museo. La excepción son algunas metopas originales que no pudieron desprenderse del edificio de forma segura. A mediados de la década de 1980, comenzaron las obras de reconstrucción del Partenón. Los hallazgos arqueológicos de la Acrópolis se encuentran ahora en el nuevo Museo de la Acrópolis, ubicado en la base de la colina, a 300 metros al sureste del monumento. La Galería del Partenón, situada en la última planta del museo, alberga las metopas, el friso y las esculturas de los frontones originales que se conservan en Grecia y ofrece una vista panorámica del propio Partenón. Las cristaleras dejan que la luz natural inunde el espacio expositivo, y esta galería superior está «girada» respecto del resto del edificio, de modo que se alinea con el templo. La galería se organiza en torno a un núcleo rectangular cuyas dimensiones coinciden con las de la cámara interior del Partenón. Los mármoles originales se exponen junto a copias en yeso de los otros mármoles que componen la edificación, cuyos originales se siguen exponiendo en la actualidad en el Museo Británico y en otras instituciones fuera de Grecia, que se niegan a reintegrarlos a su lugar y su cultura de origen.

DE ATENAS A GRAN BRETAÑA: LA EXTRACCIÓN Y EL TRASLADO DE LOS MÁRMOLES

A principios del siglo XIX, Atenas estaba bajo ocupación otomana. En aquel momento el Imperio otomano abarcaba los territorios del antiguo Imperio bizantino, incluida la actual Grecia, aproximadamente desde la conquista de Constantinopla en 1453. Thomas Bruce, también conocido como el séptimo conde de Elgin, llegó a Atenas con el cambio de siglo, en calidad de embajador británico. Se había educado en Harrow y Westminster y había cursado estudios en las universidades de St. Andrews y París.

La influencia británica sobre los otomanos se hallaba en aquel momento en su punto álgido. Tras la derrota de los franceses en la batalla del Nilo en 1798, el Gobierno otomano esperaba que Gran Bretaña protegiera sus intereses contra Francia, por lo que Elgin se convirtió en el diplomático extranjero más importante del Imperio otomano.

En 1800, el noble escocés envió a varios de sus empleados a Atenas y les pidió que dibujaran, modelaran y crearan moldes de diversos monumentos antiguos de la ciudad. Elgin le explicó en una carta a su agente italiano Giovanni Battista Lusieri sus planes para decorar su villa en Escocia. Esperaba que este pudiera conseguirle columnas de mármol trabajadas en Grecia, ya que «no hace falta que le diga nada para que sepa el valor que se atribuye a un mármol esculpido o a una pieza histórica». Conocedores de los deseos de su jefe, a partir de julio de 1801, los empleados de Elgin extrajeron la mitad del friso, una serie de metopas y aproximadamente la mitad de las esculturas de los frontones del mítico Partenón. A este conjunto de piezas se lo conoce como «los mármoles del Partenón», aunque tam-

43

bién se usan otros términos, como «esculturas del Partenón» o, de manera inexacta, «frisos del Partenón». Nosotras nos decantamos por el término *mármoles*, no porque no sean obras de arte —que, por supuesto, sí lo son, y de un valor y un simbolismo incalculables—, sino porque también constituyen la parte fundamental de un edificio icónico. Por supuesto, jamás los vamos a denominar «los mármoles de Elgin» (más bien los deberíamos llamar «los mármoles de Fidias»).

Las antigüedades que Elgin mandó extraer del Partenón se transportaron a Gran Bretaña en varios barcos que siguieron rutas diferentes, a veces dando largos rodeos, por ejemplo, pasando por Alejandría. La mayor parte de los mármoles se descargó en Malta y, en el momento en el que un barco quedaba disponible, estos continuaban su periplo internacional. Los primeros mármoles extraídos del templo empezaron su viaje a Gran Bretaña meses antes de que el propio Elgin llegase a Atenas en el año 1802. Esta realidad cronológica no le impidió al escocés argumentar posteriormente que había desmontado los mármoles porque «veía» que sufrían y quería salvarlos.

Uno de estos viajes merece una mención particular. En septiembre de 1802, un pequeño bergantín, el *Mentor*, zarpó del puerto de El Pireo con un cargamento de diecisiete cajas de mármoles, incluidas catorce piezas del friso del Partenón. Dos días más tarde, se tuvo que enfrentar a una fortísima tormenta y zozobró a la entrada del puerto de la isla griega de Citera. Los pasajeros lograron salvarse, pero los mármoles se hundieron, junto con el barco, en el fondo del mar.

Por suerte, el *Mentor* se hundió en aguas poco profundas. En los meses que siguieron a su naufragio William Richard Hamilton, secretario personal de Elgin, el mismo Hamilton que ya había conseguido para los británicos la piedra de Roseta, pidió ayuda a los barcos que pasaban por allí y reclutó buzos recolectores de esponjas para intentar recuperar lo que pudiera salvarse del hundimiento. En su correspondencia de aquella época, Elgin describió la carga de la embarcación como «unas piedras sin valor». Pese a ello, se llevaron a cabo grandes esfuerzos durante más de dos años para recuperar «sus» piedras.

Aunque el plan inicial de Elgin era decorar su mansión escocesa con los mármoles, sus problemas financieros hicieron que la mayoría de estos llegaran a su casa de Londres, ya que tuvo la idea de crear un museo privado de pago. Este nuevo proyecto tampoco cuajó, y Elgin concluyó que habilitar en ese momento un museo privado era inviable desde una perspectiva económica. Ya muy endeudado, el noble tuvo que vender su casa de Londres y, en paralelo, comenzó a trazar un nuevo plan para obtener un beneficio económico de los mármoles: el Gobierno británico podría estar interesado en comprarlos, lo que le ayudaría a saldar sus deudas. A partir de julio de 1811, estas piezas se almacenaron temporalmente en el recinto de la parte trasera de Burlington House, un edificio que en ese momento era una residencia particular y que actualmente alberga la Real Academia de Artes. El entonces propietario del lugar se ofreció a guardarle los mármoles a Elgin, pero le advirtió que solo podría hacerlo por un período limitado de tiempo, ya que pretendía vender el edificio.

Algunos de los mármoles se colocaron en una dependencia con un entramado de madera en el patio trasero de Burlington House, pero, como esta era más bien pequeña, otras piezas más grandes se dejaron fuera, al aire libre. Dibujos contemporáneos muestran fragmentos de mármol amontonados unos encima de otros. Poco tiempo después, la mansión se vendió y el nuevo dueño quiso hacer una gran reforma. En abril de 1815, los mármoles tuvieron que reubicarse en el patio para así poder ejecutar las obras.

Mientras los mármoles estuvieron apilados en Burlington House se movieron en varias ocasiones al interior del patio para llevar a cabo la reforma del edificio. Posteriormente, se descubrió que algunas piezas habían sido robadas y, oficialmente, nunca más se supo de ellas. Por aquel entonces llegó a Londres otra remesa de mármoles, que no se incluyó en el lote que Elgin esperaba poder vender al Gobierno británico, sino que terminó en Broomhall, su villa escocesa. Estas piezas y otras antigüedades permanecieron en posesión de la familia Elgin en esta villa, y el arqueólogo Adolf Michaelis, tras visitarlas, las describió en un trabajo científico publicado en 1884. Aunque en la actualidad no se tiene certeza del destino de estas últimas piezas, llama la atención que se hayan encontrado algunos fragmentos del Partenón en casas de campo inglesas, como Chatsworth y Marbury Hall, en Cheshire. Asimismo, en un jardín de Essex (es decir, a más de tres mil kilómetros de distancia de Atenas) se desenterró en 1902 una parte del friso del Partenón. ¿Es factible que alguna de estas piezas esté vinculada a Elgin?

LA CUESTIÓN CRUCIAL DEL PERMISO DE ELGIN

Durante muchos años, Reino Unido y el Museo Británico han argumentado que Elgin poseía un firmán que autorizaba las acciones de sus subordinados en Atenas. El firmán es un decreto soberano, un tipo de permiso otorgado por el sultán otomano por diversas razones, como autorizar un viaje o determinar el alcance de los derechos concedidos a los monasterios, entre otras. Desde esta perspectiva, la posesión del firmán parece justificar todo lo sucedido con los mármoles desde la época de Elgin, incluida su exposición actual en el Museo Británico.

La otra cara de esta historia es la que defienden quienes abogan por la restitución de los mármoles a Atenas. Desde el principio, los griegos describieron a Elgin como un saqueador y un ladrón, subrayando así la ilicitud de sus acciones. Sin embargo, esta postura no es exclusiva de los griegos: el celebérrimo poeta británico Lord Byron describió los hechos acontecidos en el Partenón como «*the last poor plunder from a bleeding land*» ('el último pobre botín de una tierra desangrada').

Aunque hoy en día la estrategia de Reino Unido y de su museo ha cambiado, ya que dan por hecha la legalidad de las acciones de Elgin sin necesidad de basarla en la posesión del firmán, sigue siendo crucial determinar si el escocés poseía un permiso que amparase las mismas. En ese marco, hay que plantearse ciertas cuestiones: ¿realmente obtuvo Elgin un firmán?; si el noble consiguió este permiso, ¿qué es lo que autorizaba exactamente?; si las acciones de Elgin y de sus hombres no fueron legales en un primer momento, ¿se pudieron legalizar tras producirse los hechos? y ¿cuáles fueron los resultados de la investigación que en el año 1816 llevó a cabo el Parlamento británico (más concretamente, su Select Committee of the House of Commons, al que aquí llamaremos «comisión parlamentaria») respecto de la autorización del aristócrata?

En relación con la primera pregunta, la realidad es que el supuesto firmán de 1801 nunca se ha encontrado: ni el documento original ni una copia se han podido hallar en los archivos otomanos ni en ningún otro. Tampoco se han encontrado en los archivos otomanos referencias indirectas a él. Esta ausencia de prueba documental no debería extrañarnos, ya que, según el historiador británico William St Clair, puede que en realidad fuese la esposa de Elgin quien en algún momento «ordenó a Lusieri que difundiera la falsa historia de que tenía nuevos y poderosos firmanes». Aun en el caso de que creyésemos que el documento sí que existió, no se trataría en realidad de un auténtico firmán del sultán, sino quizá de una carta del gran visir en funciones. Al parecer, en julio de 1801, el noble escocés obtuvo una carta dirigida a los funcionarios otomanos en Atenas. Philip Hunt, uno de sus empleados, llevó la misiva otomana a Atenas con una supuesta traducción al italiano. Pisani, el intérprete oficial británico, se refirió a ese documento como «una carta», al igual que hizo Hunt. El texto italiano, que actualmente se halla en el Museo Británico, se refiere a sí mismo como una «carta» y no como un firmán.

Según la traducción italiana, no era el sultán quien firmaba el escrito, como a menudo se presupone, sino el gran visir en funciones o *kaymacam*. Este *kaymacam* era un alto funcionario del organigrama otomano, pero no estaba habilitado para otorgar un auténtico firmán, lo cual era competencia exclusiva del propio sultán. En definitiva, es poco probable que el documento de 1801, si es que existió, fuera un firmán, y lo más probable es que fuese una mera orden.

Otro dato relevante es que el documento italiano está incompleto. Al tratarse de una traducción, no lleva sello ni está firmado, y tampoco pretende ser la traducción de un documento firmado con sello. Además, contiene las palabras «Hemos escrito esta carta a usted, y expedido por NN», en las que NN indica una persona desconocida o que aún no ha sido identificada. Según el jurista estadounidense David Rudenstine, eso podría significar que el documento italiano era en realidad un modelo y no una traducción de una carta concreta. En 1816, cuando una comisión parlamentaria británica publicó una traducción inglesa del documento italiano, rellenó estas lagunas como consideró oportuno en ese momento. Por ejemplo, la frase mencionada anteriormente se convirtió en «Hemos escrito esta carta a usted, y expedido por el señor Philip Hunt, un caballero inglés, secretario del embajador antes mencionado...».

Por último, cabe subrayar que la falta de un firmán es un hecho abiertamente admitido por los juristas turcos, quienes recientemente incidieron en esta ausencia en el marco de una sesión del año 2024 del Comité Intergubernamental para Promover la Devolución de los Bienes Culturales a sus Países de Origen o su Restitución en Caso de Apropiación Ilícita de la Unesco (al que denominaremos Comité Intergubernamental a partir de ahora).

En cuanto a la cuestión de qué es lo que autorizaba exactamente ese supuesto permiso, hay que tener en cuenta que si Elgin llegó a obtener algún permiso (es decir, si nos basamos en la traducción italiana mencionada), este tenía unos efectos limitados: reconocía el hecho de que había contratado a cinco pintores «para examinar y ver, y también para copiar las figuras». Esos cinco pintores no debían «encontrar ninguna oposición al caminar, ver o contemplar las figuras y edificios que deseen diseñar o copiar». El documento también los autorizaba a levantar escaleras alrededor del Partenón, hacer calcos, tomar medidas y excavar los cimientos en busca de piedras con inscripciones que yacieran entre los escombros.

Del mismo modo, estos hombres podrían llevarse «algunos trozos de piedra con inscripciones y figuras». La posterior traducción inglesa de 1816 utilizó ingeniosamente (o falsamente, según se mire) el término «cualquier» (*any*) trozo de piedra, aunque el original «*qualche pezzi di pietra*» se traduce literalmente como 'algunos' o 'unos pocos' trozos de piedra. Como apuntó el diplomático y político británico Harold Nicolson en *The New York Times* en 1949, «incluso la traducción más libre y lujosa de la lengua italiana no puede tergiversar estas palabras para que signifiquen llevarse un cargamento entero de esculturas, columnas y cariátides».

Por lo tanto, esta carta no autorizaba ninguna sustracción en los edificios ni daba permiso a Elgin o a sus hombres para interferir en su estructura, romper detalles arquitectónicos y llevárselos. En definitiva, no los autorizaba a hacer lo que realmente hicieron.

Reflexionando sobre la cuestión de si las acciones se pudieron legalizar después de los hechos, es relevante señalar que John Henry Merryman, un jurista y coleccionista estadounidense que se opuso firmemente a la repatriación de los mármoles por parte del Museo Británico en la década de 1980, no pudo evitar admitir que el supuesto firmán proporcionaba «una escasa autoridad para las extracciones masivas del Partenón». Por esa razón, quiso justificar la legalidad de las extracciones en una aprobación posterior a los hechos.

En primer lugar, Merryman hizo referencia a unos documentos oficiales que Elgin supuestamente obtuvo en algún momento del otoño de 1802. Según el historiador británico William St Clair, esos documentos serían cartas que proporcionarían cierta protección a los funcionarios otomanos locales, a los que el noble escocés había sobornado y quienes, por tanto, temían represalias por parte del Gobierno central si este se enteraba de que habían permitido que los mármoles se extrajesen. En realidad, no hay ninguna prueba convincente sobre la existencia de estos documentos y sus presuntas características (cantidad, autoría, contenido...).

La segunda alegación de Merryman defendiendo la ratificación posterior a los hechos de las acciones de Elgin se basó en una orden del gran visir en funciones al *voivoda* de Atenas, que permitía embarcar unas piezas concretas que aún permanecían en la ciudad en el año 1810. Si los otomanos consintieron este embarque, argumentó, fue sin duda porque también aprobaban la extracción de los mármoles que se había llevado a cabo unos años antes. Por aquel entonces, Elgin estaba presionando a los otomanos para que aprobaran este envío a través del embajador británico allí acreditado, Robert Adair. De hecho, después de que este último hiciese abundantes regalos tanto a los funcionarios otomanos locales como al gran visir en funciones, en febrero de 1810, el diplomático pudo confirmar que había recibido «una orden» que permitía el embarque pendiente.

Sin embargo, el hecho de que los otomanos autorizasen este envío específico no sugiere en absoluto que también existiese una aprobación oficial respecto de lo que había sucedido antes con las extracciones en el Partenón y en los otros edificios de la Acrópolis. De hecho, la orden en cuestión era muy imprecisa a la hora de identificar los objetos a los que concierne. En resumen, es imposible precisar que las antigüedades a las que se refería la orden fuesen los mármoles de la Acrópolis.

En definitiva, no hay pruebas de que las acciones de Elgin realmente se ratificaran en un momento posterior, sino todo lo contrario. Un año después del documento de 1810 que permitió el transporte de las piezas, el 31 de julio de 1811, el mismo Robert Adair escribió a Elgin explicándole que «la Sublime Puerta [el Gobierno otomano] negó absolutamente que [Elgin] tuviera propiedad alguna sobre esos mármoles». El escocés, por su parte, lanzando inexplicablemente piedras contra su propio tejado, repitió esa afirmación de Adair en una comunicación con el primer ministro Spencer Perceval y admitió que nunca había tenido ninguna autorización. Las reticencias de los otomanos en torno a la admisión de la legalidad de los hechos, por tanto, no eran desconocidas en Londres. La parte central del libro recoge el borrador de la carta que Robert Adair remitió a Elgin, fechada el 31 de julio de 1811, y que actualmente forma parte de la colección de T. Theodorou. Este documento afirma que «el señor Pisani me aseguró más de una vez que la Puerta negó absolutamente que usted tuviera propiedad alguna sobre esos mármoles. Con esta expresión entendí que la Puerta quería decir que las personas que habían vendido los mármoles a su señoría no tenían derecho a disponer de ellos» (página 1, líneas 7 y siguientes hasta la página 2, línea 2). Parece que Adair añadió la segunda frase después de que Elgin se lo sugiriera en una carta previa.

LA INSATISFACTORIA INVESTIGACIÓN DEL COMITÉ PARLAMENTARIO BRITÁNICO

Según afirma la página web del Museo Británico, Elgin «actuó con pleno conocimiento y permiso de las autoridades legales de la época, tanto en Atenas como en Londres. Las actividades de lord Elgin fueron investigadas a fondo por un comité parlamentario en 1816 y se descubrió que eran completamente legales».

Sin embargo, el conocimiento y el permiso de las autoridades de Londres no constituyen prueba alguna de la legalidad de las acciones de Elgin. No cabe duda de que los funcionarios otomanos de la Acrópolis estaban al tanto de lo que pasaba: eran esos mismos funcionarios quienes incluso temían por su vida si el Gobierno otomano llegaba a tener conocimiento de sus acciones en relación con los mármoles. Parece claro que si los otomanos, como fuerza de ocupación en Atenas, hubiesen tenido algún derecho a disponer de los mármoles, este correspondería al sultán o al menos al Gobierno central y no a quienes *de facto* dispusieron de ellos: los funcionarios otomanos de Atenas.

En febrero de 1816, cuando el Gobierno británico quiso decidir si iba a adquirir las antigüedades que el endeudado Elgin intentaba rentabilizar, se creó un comité parlamentario centrado en examinar esta posible compra. Por lo tanto, una investigación sobre las circunstancias en las que el noble había extraído los mármoles de la Acrópolis no era la tarea principal del comité. De hecho, esta cuestión solo se trató brevemente en el informe final, en el que quedó reflejada en una extensión de menos de dos páginas. Además, pese a la creencia popular, el comité no llegó a constatar la legalidad del origen de las piezas; se limitó a citar a Elgin y a otras personas, sin llegar a formular conclusiones al respecto.

Durante su comparecencia ante este comité, el escocés explicó que el supuesto firmán o permiso iba dirigido a las autoridades locales, «a quienes se lo entregué». Sin embargo, esta afirmación no era correcta, ya que en realidad fue su agente Hunt quien facilitó el documento, dado que Elgin se encontraba en Constantinopla. Elgin afirmó que no había guardado ninguna copia del permiso, pero, ante la insistencia del comité, dejó entrever que, de existir tal copia, la tendrían las autoridades locales o su empleado Lusieri en Atenas.

Sorprendentemente, cuando el comité parlamentario británico le preguntó si el Gobierno otomano sabía que estaba desmontando los mármoles del Partenón, su respuesta no fue un «sí», como cabría esperar, sino la siguiente: «Nunca me expresaron ninguna duda de que no lo supieran». Sin embargo, la conclusión de Elgin de que, puesto que no se le expresó ninguna duda, «debían de tener un conocimiento íntimo de todo lo que se hacía» no convence. Cuando el comité le preguntó si había informado alguna vez al Gobierno otomano de sus acciones, la respuesta del diplomático fue esta: «Lo más probable es que lo haya hecho quinientas veces, pero no puedo decir cuándo ni cómo».

A pesar de que no se presentó ninguna prueba del presunto permiso de Elgin, el comité no intentó contactar ni con el Gobierno otomano, ni con los funcionarios otomanos, ni con ningún griego. Es incomprensible que ni siquiera se intentase. El sultán, por ejemplo, seguía vivo; solo había que preguntarle. Si hubiese habido voluntad política, el nuevo embajador británico, Robert Liston, podría haber averiguado qué opinaba el sultán de las acciones del aristócrata. Además, había otras personas en Atenas a las que se podía contactar, como Lusieri, que era un testigo clave.

El comité tampoco se puso en contacto con ninguno de los embajadores británicos que sucedieron a Elgin en su cargo. Si lo hubiese intentado, Robert Adair le habría repetido que los otomanos no reconocían las acciones de Elgin como legales. Este comité también pasó por alto la información sobre los sobornos que Elgin pagó a los funcionarios locales para que le dejaran actuar sin el conocimiento del Gobierno central. Según la lista de gastos que el escocés presentó a la Cámara de los Comunes, se pagaron 21.902 piastras (la moneda en curso en aquel momento en el Imperio otomano) en concepto de «regalos, considerados necesarios para las autoridades locales, solo en Atenas». Cuando llamaron a declarar a Hunt como testigo ante el comité, también sugirió que los gastos semanales y mensuales de Elgin «debían ser muy considerables, debido a [...] los continuos regalos que se entregaban a los oficiales turcos en Atenas».

El comité parlamentario tampoco trató de entender qué tipo de transacción había permitido que las piezas llegasen a manos de Elgin. ¿Fueron los mármoles un regalo? El escocés parecía insinuarlo a veces. Si ese era el caso, ¿de quién? Los funcionarios locales no tenían autoridad para permitirle llevarse los mármoles y el Gobierno central no parecía estar al tanto de las acciones de los hombres de Elgin en Atenas. Y, si fueron un regalo, ¿por qué el aristócrata afirmaba también, de forma contradictoria, que los había comprado? Así lo había hecho en su ya mencionada carta al primer ministro británico, Spencer Perceval, el 31 de julio de 1811, en la que decía que las personas que le «vendieron» los mármoles no tenían autorización para hacerlo.

Datos como los recién expuestos nos llevan a concluir que Elgin no compró los mármoles: en sus gastos, publicados por el comité parlamentario, no figura ninguna cantidad en concepto de compra. El mismo Elgin dejó claro que ni fueron un regalo ni se compraron. En una carta al ministro Charles Long, con fecha de 6 de mayo de 1811, se hablaba de «una transacción tan peculiar en sí misma, y que difiere totalmente de las circunstancias que concurren en cualquier otra colección. En este caso, los objetos no se compraron ni se obtuvieron a un precio fijo». Entonces, si no fue una compra ni un regalo, ¿qué otro tipo de transacción —legal— se llevó a cabo con los mármoles? Estas preguntas, muy inquietantes desde una perspectiva jurídica y moral, no consiguieron quitarle el sueño al Gobierno británico, que, como veremos, se apresuró a comprar los mármoles, ya que Elgin amenazaba con vender «estas exquisitas obras de arte» a compradores extranjeros.

COMPRA DE LOS MÁRMOLES POR PARTE DEL GOBIERNO BRITÁNICO Y TRASLADO AL MUSEO BRITÁNICO

En junio de 1815, mes en que Elgin presentó la petición de vender los mármoles del Partenón al Parlamento británico, Napoleón sufrió una humillante derrota en Waterloo, al otro lado del canal de la Mancha. El final de la carrera política y militar del estadista galo también trajo consigo relevantes consecuencias en el ámbito artístico: en el Congreso de Viena, se decidió que Francia tenía la obligación de devolver el arte saqueado por Napoleón en sus campañas europeas a sus lugares de origen (Italia, España, los Países Bajos, etcétera). Según Robert Stewart, secretario de Asuntos Exteriores británico de aquella época —también conocido como vizconde de Castlereagh—, ese botín era «contrario a todo principio de justicia y a los usos de la guerra moderna». Sin embargo, curiosamente, esta decisión internacional de restitución no llegó a afectar al fastuoso botín egipcio de Napoleón, que ya había pasado a manos británicas con la capitulación de Alejandría, y piezas tan icónicas como la piedra de Roseta se siguen exponiendo hoy en día en el Museo Británico.

En relación con la restitución del arte europeo saqueado por Napoleón hay tres circunstancias más que podrían calificarse como irónicas por su relación con la historia de los mármoles del Partenón. En primer lugar, fue precisamente William Richard Hamilton, secretario personal de Elgin y futuro administrador del Museo Británico, quien se encargó de supervisar la devolución del arte saqueado por Napoleón. En segundo lugar, Castlereagh, quien parecía ansioso por que el botín de Napoleón se restituyese, al mismo tiempo estaba ayudando a Elgin a importar «su» botín libre de impuestos. Por último, solo un año después de que políticos británicos argumentaran con éxito a favor de la devolución del botín europeo de Napoleón que había enriquecido a Francia y a museos universales como el Louvre, estos mismos dirigentes británicos tuvieron la oportunidad de engrandecer los fondos del Museo Británico con las antigüedades saqueadas por Elgin en Atenas y, lógicamente, no la dejaron pasar.

Tras el informe del comité parlamentario, el asunto de la adquisición de los mármoles volvió al Parlamento y el debate crucial tuvo lugar en la Cámara de los Comunes el 7 de junio de 1816. Los partidarios de la compra alegaron, entre otras cosas, que Elgin «no intervino en nada que no estuviera ya en ruinas o amenazado de destrucción inmediata». No admitían «oír términos como deshonestidad, saqueo, expolio, soborno y otros similares aplicados a la conducta de un noble británico», dado que su *modus operandi* en realidad «merecía los mayores elogios». Además, los mármoles promoverían en Reino Unido el gusto por las antigüedades clásicas. Se sugirió que tenerlos «no solo contribuiría a la perfección de las artes, sino también a la elevación de nuestro carácter nacional, a nuestra opulencia y a nuestra grandeza sustancial».

Quienes se oponían a la compra de los mármoles opinaban que «las vagas palabras» del firmán no permitían a Elgin sustraerlos de las paredes del Partenón. Se trataba de un saqueo en toda regla, los mármoles se habían traído al país de mala fe. Algunas voces argumentaban que Elgin había aprovechado su cargo de embajador y había sobornado a las autoridades locales. Otros se decantaban por intuir un acto de corrupción de otra naturaleza: la adquisición de los mármoles por parte del diplomático británico era un soborno «que había recibido nuestro embajador, para su deshonra y la del país». Por ejemplo, el diputado Hugh Hammersley se opuso a la adquisición «por la deshonestidad de la transacción mediante la cual se obtuvo la colección». Añadió que «no estaba tan enamorado de esas damas sin cabeza como para olvidar a otra dama: la justicia». Hammersley también lamentó que las acciones del embajador no estuvieran en consonancia con «la alta y digna posición» de su cargo y criticó al Gobierno por no haber impedido este acto de expolio. Añadió: «Deberíamos esforzarnos por borrar la mancha y no colocar en nuestro museo un monumento de nuestra deshonra, sino devolver [la colección] a su lugar de origen».

Aunque los diputados que tomaron la palabra durante el debate se pronunciaron casi por igual a favor y en contra de la compra, la mayoría del Parlamento británico finalmente votó a favor. En consecuencia, a Elgin se le abonaron 35.000 libras de la época —equivalentes a casi 3 millones de libras actuales— a cambio de los mármoles del Partenón. Pese a su elevada cuantía, esta inyección económica se volatizó rápidamente: el propio Gobierno británico reclamó a Elgin 18.000 libras de una deuda que uno de los acreedores del noble le había cedido, y el resto del pago también se usó para saldar deudas con otros acreedores.

Tras esta adquisición, el Parlamento aprobó una ley por la que se confería la custodia de los mármoles a los administradores del Museo Británico. Dicha norma, en combinación con la posterior Ley del Museo Británico de 1963, en principio impide que la institución se desprenda de ellos y hace asimismo necesario que el Gobierno aprube una ley que permita la devolución de los mármoles a Grecia.

El Museo Británico

El Museo Británico es uno de los actores principales en la controvertida historia de los mármoles y también en algunas otras que se relatan en este libro. Como organismo público no departamental (NDPB, por sus siglas en inglés), forma parte de la Administración Pública de Reino Unido. Aunque los NDPB operan con independencia de los ministros, estos últimos son los responsables de estos organismos ante el Parlamento. El Museo Británico recibe financiación del Ministerio de Cultura. A modo de ejemplo, durante el año fiscal 2024-2025 (de abril de 2024 a marzo de 2025) esta ayuda ascendió a 74,2 millones de libras. Con un gasto total de 114,8 millones de libras para el mismo año fiscal, la subvención cubrió el 64,6 por ciento de los gastos del museo.

Además del control financiero del museo por parte del Estado, la mayoría de sus administradores (o *trustees*, un término que en ocasiones también se utiliza en textos en español) son nombrados por el poder ejecutivo. El Museo Británico cuenta con 25 administradores, de los cuales quince son designados por el primer ministro, uno por la Corona, cuatro por el ministro de Cultura, a propuesta de los presidentes de la Royal Society, la Royal Academy, la British Academy y la Society of Antiquaries of London, y los cinco últimos son elegidos por los propios administradores del Museo Británico. El director, que es el responsable de la gestión del museo, es nombrado por los administradores con la aprobación del primer ministro y el Ministerio de Economía determina su salario. En cuanto al presidente, es elegido de entre sus miembros por el patronato del museo (*board of trustees*). El actual presidente, George Osborne, fue ministro de Hacienda. Su nombramiento en 2021 se anunció en medio de la creciente preocupación por la posibilidad de que el Gobierno británico pudiese intentar manipular la gobernanza de sus museos nacionales para alinearla con sus agendas ministeriales.

La ya citada Ley del Museo Británico de 1963, que mencionaremos en varios capítulos, impide que los administradores dispongan de los objetos confiados al museo como parte de sus propias colecciones, excepto en situaciones más o menos estrictamente identificadas. Hubo un momento en el que pareció que una nueva ley inglesa, la Charities Act 2022 (ley de organizaciones benéficas), podría permitir que el Museo Británico devolviese objetos de sus colecciones por motivos morales. Sin embargo, la entrada en vigor del artículo relevante para esa cuestión se retrasó durante tres años. El anterior Gobierno conservador de Rishi Sunak anunció que, incluso cuando estuviese vigente, no se aplicaría a los museos. Al final, cuando en noviembre de 2025 el Ejecutivo laborista de Keir Starmer declaró que ese artículo iba a entrar en vigor, confirmó asimismo que museos como el Museo Británico quedaban excluidos de su aplicación. Por tanto, la Ley del Museo Británico de 1963 sigue siendo el texto clave en el que se sustentan las negativas a restituir.

ESCÁNDALOS EN TORNO A LOS MÁRMOLES EN EL MUSEO BRITÁNICO

Los mármoles del Partenón llegaron al museo en febrero de 1817. A finales de la década de 1930, se construyó la

Galería Duveen para albergarlos, pero no fue hasta años más tarde, en los sesenta, cuando esta se abrió al público de manera (más o menos) regular.

La forma de exponer los mármoles ha ido cambiando con el tiempo y ha generado controversia entre los especialistas. Por ejemplo, en el Partenón, los mármoles miraban hacia el exterior. Sin embargo, en el Museo Británico, se exponen mirando hacia el interior. Así, el friso oriental, culminación de la narración decorativa de la procesión (panatenaica), que en Atenas estaba situado sobre la entrada del edificio, en uno de los lados cortos del templo, en el museo se ha colocado en uno de los lados largos de la galería. Además, hace tiempo que se retiraron los moldes de escayola de los mármoles originales que permanecen en Atenas, que inicialmente se habían incluido en la exposición. La intención del sistema expositivo actual es presentar los mármoles como si estuvieran completos, ocultando lo que queda en Atenas. Esto tiene el efecto contraproducente de mostrarlos como esculturas aisladas, lo que hace que la conciencia del monumento desaparezca por completo.

Además de estas cuestiones expositivas, no puede pasarse por alto que el Museo Británico se ha visto afectado por varios escándalos relacionados con los mármoles del Partenón. El más notorio posiblemente sea «la limpieza de Duveen», llamada así por Joseph Duveen, la persona que dio nombre a la sala de la institución británica donde se exponen los mármoles. Antes de abordar este escándalo, hagamos un breve inciso para comprender qué se quiso limpiar exactamente.

Ya hemos apuntado que el Partenón tenía originariamente una decoración polícroma. Los pigmentos que se aplicaron sobre el mármol quedaron sellados debajo de una pátina superficial, o epidermis, de los mármoles que con el tiempo empezó a presentar una tonalidad marrón miel.

Desde que los fragmentos del Partenón llegaron a Reino Unido hubo a quien le incomodó esa policromía, que se había mantenido y era evidente gracias a la pátina de los mármoles. Para algunas personas las esculturas antiguas debían ser blancas y, por este motivo, la limpieza periódica de los mármoles en el Museo Británico en ocasiones ha tenido como objetivo eliminar su pátina. Estas intervenciones se han practicado desoyendo por completo las críticas que se hicieron públicas en diversos momentos. Ya en 1858 una oleada de cartas publicadas en *The Times* expresaban el enfado de los lectores por la limpieza de los mármoles y acusaban al museo de «vandalismo». De nuevo, en una carta de 1921 a *The Times*, el escultor estadounidense asentado en Londres Jacob Epstein expresaba su consternación y su alarma por la limpieza y la restauración de las antigüedades griegas y volvió a hacerlo en otro escrito de 1939.

Algunos años antes, en 1928, el Gobierno británico había aceptado la oferta de Joseph Duveen, un millonario marchante de arte con fama de poco escrupuloso, para financiar la construcción de una nueva galería en el museo. Duveen era conocido por retocar las obras de arte que pasaban por sus manos para posteriormente sacar un buen provecho de su venta. Así describía David Lindsay, uno de los administradores del museo, la influencia de Duveen:

> Duveen nos dio sermones y arengas, y dijo las tonterías más absurdas sobre la limpieza de obras de arte antiguas. Supongo que ha destruido más obras maestras antiguas por exceso de limpieza que nadie en el mundo y ahora nos dice que todos los mármoles antiguos deben limpiarse a fondo,

tan a fondo que los sumergiría en ácido. Imagínese, escuchamos pacientemente estas locuras jactanciosas...

Con la construcción de la nueva galería ya iniciada, a los hombres de Duveen les entregaron sus propias llaves de acceso al Museo Británico y estos las usaron según su libre albedrío. Está documentado que, entre 1932 y 1933 y en 1937, se incumplieron las buenas prácticas y la ética museística imperante en la época y los mármoles del Partenón se sometieron a un agresivo proceso de limpieza. A finales de 1938, John Forsdyke, el entonces director del Museo Británico, pasó, al parecer por casualidad, por el sótano del departamento de arte griego y romano y se fijó en unas herramientas de cobre y en un trozo de carborundo grueso. No cabía duda de que esas herramientas no eran adecuadas para limpiar mármoles antiguos. Al día siguiente, Roger Hinks, un conservador del museo, encontró otra escultura del frontón oeste sometida a un proceso de «limpieza» similar que había durado quince meses.

El director ordenó suspender la limpieza e informó de que «debido a los esfuerzos no autorizados e impropios para mejorar el color de la escultura del Partenón para la nueva galería de lord Duveen, algunas piezas importantes han sufrido grandes daños».

La limpieza tuvo el fatídico efecto de eliminar la pátina original de los mármoles. Una comisión de investigación interna reconoció que la superficie primigenia de las piezas «era un documento de la máxima importancia» y concluyó que «el daño causado es evidente».

El museo tomó rápidamente la decisión de mantener en secreto los daños ocasionados a los mármoles. La comisión de investigación consideró que solo los expertos podrían detectar aquellos deterioros y que el público general no se daría cuenta. Tampoco se adoptaron medidas disciplinarias.

La información sobre el escándalo empezó a circular en la primavera de 1939 y fue entonces cuando el escultor Epstein escribió por segunda vez a *The Times* para protestar por los daños que habían sufrido los mármoles. Sin embargo, con el inicio de la Segunda Guerra Mundial, Reino Unido tenía otras prioridades y el asunto quedó convenientemente olvidado.

Después de la guerra, los documentos relativos a la «limpieza de Duveen» pasaron a ser, a todos los efectos, clasificados, y el escándalo permaneció en secreto, hasta que fue desvelado, casi sesenta años después, por el historiador británico William St Clair. El posicionamiento de St Clair, quien hasta entonces se había mostrado partidario de conservar los mármoles en el Museo Británico, dio un giro de 180 grados y, a partir de ese momento, abogó por que los mármoles regresaran a Atenas.

Además de la «limpieza de Duveen», la idoneidad de la custodia de los mármoles por parte del museo también se ha puesto en duda en otras ocasiones. Por ejemplo, durante un simposio académico celebrado en 1999, cuyo objetivo era precisamente debatir esa «limpieza» que había sido revelada recientemente por William St Clair, no solo se consumieron bocadillos y bebidas dentro de la Galería Duveen, sino que también se animó a los participantes a tocar los mármoles. Otro escándalo estalló en el año 2024, cuando la institución permitió que se celebrara un desfile de moda en la Galería Duveen. También en el año 2025 surgieron nuevas tensiones entre Grecia y el museo, a raíz de una gala de recaudación de fondos que tuvo lugar en la misma galería y a la que acudieron celebridades.

También fue muy controvertido en el plano diplomático el hecho de que el Museo Británico prestase en 2014 la estatua del frontón oeste del dios fluvial Ilissos al Museo Estatal del Hermitage de San Petersburgo (Rusia). El traslado, que no se anunció hasta que la estatua llegó al Hermitage, se produjo en un momento en que Europa estaba imponiendo sanciones a Rusia por la anexión de Crimea. Este hecho provocó una fuerte reacción del Gobierno griego, entre otras cosas, porque el Museo Británico había insistido previamente en que los mármoles no podían trasladarse.

Otros problemas recurrentes son las goteras que se han producido en la Galería Duveen en varias ocasiones en los últimos años, así como accidentes laborales o incidentes causados por visitantes, que han provocado la rotura de algunas estatuas.

También se han causado daños a otras piezas que forman parte de la colección y se han producido robos de obras que posteriormente han aparecido en subastas online. Por ejemplo, joyas de oro griegas han desaparecido, han sido destruidas, cortadas en pedazos, o se les ha quitado el oro, probablemente para fundirlo. Se sospecha que estos robos se produjeron a lo largo de veinte años y que los cometió un empleado del museo con un puesto de responsabilidad. No debe olvidarse que la colección abarca unos ocho millones de objetos y que cerca de la mitad están todavía sin catalogar. La falta de un inventario exhaustivo ha facilitado este tipo de robos, y el hecho de que el museo haya tardado tanto en descubrirlos también plantea la triste pregunta de qué más puede haber desaparecido sin dejar rastro.

Demandas griegas solicitando la restitución de los mármoles

El reconocimiento formal de la independencia de Grecia respecto del Imperio otomano se produjo en 1832. Dos años más tarde, el nuevo Estado griego adoptó una ley que estipulaba que todas las antigüedades griegas en territorio nacional pertenecían al pueblo griego. En 1835, la Sociedad Arqueológica de Atenas dirigió una petición a los administradores del Museo Británico para la devolución de los mármoles de la Acrópolis. Un año más tarde, el Gobierno griego presentó la primera reclamación formal de restitución de parte de las piezas que Elgin había sustraído.

El Ejecutivo griego constituyó una delegación para entablar conversaciones con el Gobierno de Reino Unido y solicitar la repatriación de cuatro relieves desmontados por los colaboradores de Elgin del templo de Atenea Niké, otro de los edificios ubicados en la Acrópolis. Sin embargo, el intento de iniciar las negociaciones fracasó, lo que llevó al Gobierno griego a interrumpirlas por temor a «comprometer cualquier negociación futura».

En 1844, se solicitó de nuevo la restitución, en esta ocasión, a los administradores del Museo Británico. La petición esta vez procedía del conservador de antigüedades griego Kyriákos Pittakis y de la Sociedad Arqueológica de Atenas, que, según se recordó a los administradores, «actúa en conexión con el Gobierno [griego]».

En 1890, John Gennadius, diplomático griego de alto rango en Londres, sugirió que se devolvieran al menos los fragmentos arquitectónicos. Fue en torno a esa época cuando el municipio de Atenas también presentó una solicitud de restitución del friso del Partenón al Gobierno y al Parlamento de Reino Unido.

A pesar de que nunca se alcanzó el resultado deseado, a lo largo de los años, Grecia ha seguido reclamando con regularidad la devolución de los mármoles. Así, en 1939, era de dominio público en Gran Bretaña que «los sucesivos Gobiernos griegos han estado ansiosos por ver [los mármoles] devueltos a su lugar en el Partenón» (*The Daily Telegraph*). Las cartas al director publicadas por *The Times* en aquella época también mostraban que la gran mayoría de la opinión pública británica era favorable a la devolución de los mármoles a Grecia.

El asunto de la devolución también se debatió en Londres durante la Segunda Guerra Mundial, pero, tras la contienda y con el enfriamiento de las relaciones entre los dos países, no se volvió a solicitar. Sin embargo, la cuestión volvió a plantearse en el Parlamento británico en los años sesenta. Posteriormente, se impuso una «moratoria tácita» entre 1967 y 1974, durante el período de la junta militar en Grecia. La restauración de la democracia en el país heleno y, unos años más tarde, su adhesión a la Unión Europea, hicieron que las demandas de restitución se reactivasen.

En 1982, la ministra de Cultura griega, Melina Mercouri, anunció que Grecia presentaría una reclamación formal a Reino Unido para la devolución de los mármoles de la Acrópolis a través del Comité Intergubernamental de la Unesco.

Así, en octubre de 1983, el Gobierno griego solicitó formalmente la devolución. Tras un año sin respuesta por parte de Reino Unido, Grecia planteó una nueva reclamación en 1984 a través de la Unesco. Pasó otro año antes de que, en octubre de 1985, el Gobierno de Reino Unido rechazara la solicitud griega. Desde que el asunto se incluyó formalmente en la agenda de esta agencia especializada de las Naciones Unidas, este se ha mantenido, como es habitual en esta organización, en el orden del día del Comité Intergubernamental de la Unesco en calidad de punto pendiente, por lo que la no devolución de los mármoles se discute de manera regular.

En 2013, tras una nueva petición del Gobierno griego, la Unesco envió una carta oficial a Reino Unido y al Museo Británico informándolos de que el Ejecutivo griego se había puesto en contacto con este organismo para que desplegara sus buenos oficios a fin de explorar la posibilidad de una mediación o una conciliación bajo sus auspicios. Más de un año después, en octubre de 2014, esta misiva oficial seguía sin respuesta. El comité intergubernamental hizo un nuevo intento para que el Gobierno de Reino Unido aceptase la mediación. Finalmente, un año y medio después de la carta de la Unesco, a finales de marzo de 2015, Reino Unido y el Museo Británico informaron a la organización en cartas separadas de que declinaban esta solicitud institucional.

Desde entonces, la Unesco ha seguido adoptando recomendaciones en relación con la devolución de los mármoles. En 2021, tomó una relevante decisión en la que se reconoce el carácter intergubernamental de la controversia y se proclama la «obligación» de devolución por parte de Reino Unido.

Durante estos últimos años, Grecia ha seguido tratando de negociar para que las piezas se devuelvan. El primer ministro griego, Kyriákos Mitsotákis, ha intentado alcanzar un acuerdo tanto con el Ejecutivo de Reino Unido como con el Museo Británico. Sin embargo, estos acercamientos no han estado exentos de dificultades. En 2023, cuando Mitsotákis se disponía a reunirse con su entonces homólogo británico, el conservador Rishi Sunak, este anuló la cita, presumiblemente porque no quería tratar la cuestión de los mármoles.

A pesar de que el caso tiene carácter intergubernamental, parece que actualmente se están llevando a cabo negociaciones entre el Gobierno griego y el Museo Británico. Pese a su carácter secreto, las informaciones que se han filtrado sobre estas negociaciones apuntan que el Gobierno griego actual centra sus argumentos en la necesidad de «reunificar» el monumento más que en cuestiones de justicia cultural. Sin embargo, lo más llamativo es que, al parecer, la restitución de los mármoles no es una opción que se mantenga sobre la mesa en la actualidad. Las conversaciones giran más bien en torno a una «colaboración cultural» centrada en el «intercambio» de los mármoles por otros tesoros antiguos. Estas negociaciones supuestamente siguen avanzando en el momento de redactar estas líneas.

Argumentos tradicionales en contra de la devolución de los mármoles

Desde la primera vez que Grecia solicitó la devolución de las piezas que Elgin se había llevado del Partenón, los argumentos helenos se han centrado en la ilegalidad de la intervención. En cambio, las razones contrarias a la restitución de Reino Unido han ido evolucionando a lo largo de los años. Vamos a exponer, en primer lugar, algunos de los argumentos tradicionales más relevantes desde el contexto británico y, en la próxima sección, sistematizaremos los argumentos actuales del Museo Británico.

Uno de los argumentos antidevolución más populares ha sido que Elgin salvó el Partenón de la destrucción, pero... ¿es esto cierto? Esta idea tiene su origen en una publicación anónima que data de la época en que Elgin esperaba vender los mármoles al Gobierno británico y que, según se cree, era en realidad una publicación instigada o escrita por él mismo. La salvación del Partenón gracias a Elgin es una afirmación extremadamente difícil de sustentar. Como ya hemos indicado, los hombres de Elgin se llevaron la mitad del friso, un buen número de metopas y aproximadamente la mitad de las esculturas de los frontones. En este proceso se dañó gravemente el edificio, puesto que, entre otras cosas, se eliminó una cornisa, se rompió el entablamento que sostenía las metopas y se retiraron grandes bloques de mármol. Los expertos internacionales que estudiaron el Partenón a principios del siglo XX para determinar qué obras de conservación eran necesarias llegaron a la conclusión de que los daños causados por los hombres de Elgin habían afectado a la estabilidad de la parte del edificio que seguía en pie y que, por lo tanto, existía un riesgo inminente de derrumbe. St Clair comentó que, si Elgin era el «salvador» de los mármoles, sus acciones «habían estado a punto de provocar el derrumbamiento de la última parte sustancial del Partenón».

Otro argumento para justificar la «salvación» del edificio es el daño que los otomanos causaron a los mármoles. En efecto, desde la explosión de 1687, los otomanos utilizaban el mármol amontonado alrededor del Partenón como material de construcción. Es cierto que hubo viajeros occidentales que, como el mismo Elgin pero a una escala mucho menor, también se llevaron pequeños «recuerdos» de la Acrópolis. Sin embargo, a diferencia de Elgin, ni los otomanos ni esos otros viajeros occidentales se llevaron parte de la estructura del edificio.

Elgin declaró a la comisión parlamentaria de 1816 que «vio» la destrucción causada por los otomanos y esto le hizo decidirse a salvar los mármoles. Sin embargo, los hechos y el almanaque no corroboran esta afirmación: los hombres de Elgin empezaron a extraer los mármoles mucho antes de que este viese el Partenón por primera vez. La correspondencia del noble con sus subordinados en Atenas así lo atestigua: Elgin pide mármoles antiguos para decorar su casa, pero no manifiesta ninguna preocupación por salvarlos.

Si el diplomático británico salvó los mármoles, las piezas del Museo Británico deberían estar en mejores condiciones de conservación que las que permanecieron en Atenas, pero... ¿en realidad lo están? Los hombres de Elgin seleccionaron las partes más bellas y mejor conservadas del Partenón y se las llevaron. Sin embargo, según el catedrático emérito de la Universidad de Cambridge Anthony Snodgrass, las marcas de cincel y los restos de color presentes en los mármoles de Atenas, así como detalles anatómicos como las venas de los vientres de los caballos, no son visibles en las esculturas que se exponen en Londres.

Esto no implica que los mármoles de Atenas no sufrieran daños mientras estuvieron en el edificio. Las fotografías publicadas en *The Illustrated London News* en 1929, en las que se comparaban los vaciados contemporáneos realizados para el Instituto Arqueológico Alemán de Atenas y los antiguos vaciados de Elgin, mostraban un claro deterioro en los mármoles. También se produjeron daños por la contaminación atmosférica sufrida en Atenas antes de que las piezas originales se trasladaran al museo. No obstante, el aire de Londres también estaba contaminado y, en 1845, los administradores del Museo Británico eran ya conscientes de que los mármoles se estaban deteriorando por «la exposición a la atmósfera londinense, a su humo y suciedad y a las alteraciones del aire caliente y húmedo», así como a las estufas de carbón que se utilizaban para la calefacción del museo. Por otra parte, los expertos afirman que la limpieza con láser de los mármoles del Museo de la Acrópolis, concluida en el año 2021, ha eliminado de las piezas los efectos nocivos de la contaminación atmosférica de Atenas. Este fue el comentario al respecto del jurista belga Charles de Visscher, emitido cuando era juez de la Corte Internacional de Justicia:

> Es muy dudoso que los argumentos esgrimidos puedan justificar realmente el daño irreparable resultante de la acción de Elgin. El hecho es que el principio de la unidad y la integridad de un monumento de tan extraordinario valor artístico e histórico prevalece claramente sobre cualquier otra consideración en este caso.

Dando un paso más, e incluso considerando que Elgin hubiese salvado los mármoles al alejarlos del Partenón, ¿justificaría que hoy en día, más de dos siglos después, los mármoles se sigan exhibiendo en el Museo Británico?

Se ha apuntado que los mármoles reciben más visitantes en Londres que en Atenas. Esto, no obstante, no es necesariamente cierto, ya que se calcula que menos de tres de cada diez visitantes del Museo Británico pisan realmente la Galería Duveen donde se encuentran; según el propio museo, la piedra de Roseta es el objeto más visitado. Además, el lugar donde la mayoría de los visitantes ve una pieza no debería ser un argumento absoluto. Como sugirió el ensayista y periodista Christopher Hitchens, si esa argumentación fuera irrebatible, probablemente habría que trasladar los mármoles a Disneylandia.

Otro razonamiento a favor de mantener los mármoles del Partenón en Londres es que forman parte del patrimonio cultural británico. Es cierto que llevan dos siglos en Reino Unido y que la crónica de su adquisición, vinculada a una época de grandeza de Gran Bretaña, forma ya parte de su historia. Lo que es menos cierto es que los mármoles pertenezcan a la historia británica con la misma intensidad que a la historia griega. En palabras de la profesora Jenifer Neils, antigua directora de la Escuela Estadounidense de Estudios Clásicos de Atenas, «¿Cómo se sopesan dos siglos frente a veintidós?». A modo de ejemplo, el Partenón figura en la iconografía de los pasaportes griegos, pero no en la de los británicos. Asimismo, este templo ha aparecido en monedas, billetes y sellos griegos y es, además, el emblema del país heleno.

Una última argumentación en contra de la devolución de los mármoles es que la restitución significaría el fin de los museos universales. Según este análisis, la devolución crearía un efecto dominó que terminaría vaciando los museos del mundo. La realidad es que muchos otros museos ya han restituido importantísimas piezas artísticas a sus países de origen sin que haya supuesto un cataclismo. Cuando los mármoles del Partenón se devuelvan —si se devuelven— será precisamente porque las actitudes hacia la restitución han cambiado y no al revés, es decir, no es la devolución de los mármoles la que creará un efecto dominó y, además, las decisiones sobre la restitución de objetos culturales se toman caso por caso.

El argumento más radical, y posiblemente el más estrambótico que se ha invocado en contra de la devolución de los mármoles, fue el que defendió David Wilson en 1986. El entonces director del Museo Británico dijo en un debate televisado por la BBC que «arrancar los mármoles de Elgin de las paredes del Museo Británico es un desastre mucho mayor que la amenaza de volar el Partenón» y

73

comparó a quienes piden la devolución de los mármoles con Hitler y Mussolini. Resulta interesante que algunos de estos argumentos para retener las piezas en el Museo Británico ya fueran empleados por los franceses en 1815, cuando los diplomáticos británicos obligaron a Francia a devolver a sus países de origen el botín de Napoleón. En aquella época, los franceses sostuvieron que los objetos expuestos en el Louvre se habían adquirido legalmente, que esas obras de arte en realidad fueron rescatadas para la posteridad —sobre todo, por los viajeros británicos— y que estaban mejor cuidadas y eran más accesibles al público en el museo francés que en su país de origen. También defendieron que «la ruptura de la colección única reunida en el Louvre sería un acto de vandalismo». Es llamativo que este tipo de argumentos, que no surtieron efecto en el caso francés, sí que han conseguido hasta el momento imponerse en el caso de los mármoles del Partenón.

Argumentos actuales del Museo Británico en contra de la devolución

Junto con el argumento, ya abordado en este capítulo, que afirma que Elgin «actuó con pleno conocimiento y permiso de las autoridades legales de la época, tanto en Atenas como en Londres...», el Museo Británico, a través de una declaración de sus administradores publicada en su sitio web, ofrece hoy en día otros argumentos adicionales en contra de la devolución de los mármoles.

En primer lugar, esta comunicación explica que el Museo Británico «cuenta la historia de los logros culturales en todo el mundo» y que «las esculturas del Partenón son una parte significativa de esa historia». Los administradores «creen firmemente que la división de las esculturas entre dos grandes museos, cada uno de los cuales cuenta una historia complementaria pero diferente, supone una ventaja y un beneficio para el público». El Museo de la Acrópolis, sigue argumentando la declaración británica, permite que los mármoles del Partenón de Atenas «se aprecien con el telón de fondo de la historia ateniense» y, por su parte, «las esculturas del Partenón en Londres son una importante representación de la antigua civilización ateniense en el contexto de la historia mundial».

En respuesta a este discurso del Museo Británico, surgen las siguientes dudas: una vez que se empieza a tirar de ese hilo, ¿dónde se para?, ¿sería mejor que dividiésemos Stonehenge en dos y qué tal si fragmentásemos la abadía de Westminster, la catedral de San Pablo o la Alhambra de Granada? Este tipo de particiones haría que monumentos únicos pudiesen apreciarse tanto en el contexto de la historia local como en el de la historia mundial. Ya en 1796 el arqueólogo francés Antoine Chrysostome Quatremère de Quincy se opuso al expolio napoleónico y declaró que «*diviser c'est détruire*» ('dividir es destruir'). Esta es justamente una de las razones por las que los Estados, incluido Reino Unido, aprueban leyes para proteger la integridad de los monumentos públicos.

En segundo lugar, los administradores del Museo Británico alegan que la división de los mármoles no es un caso único, sino que los objetos culturales han sido «a menudo divididos y distribuidos por museos de muchos países». Como ejemplo citan retablos medievales y renacentistas. Sin embargo, la fragmentación de los paneles de los retablos y de los mármoles del Partenón son casos muy diferentes. El hecho de que los mármoles griegos estén artificialmente divididos entre dos museos de dos países distintos solo puede compararse con la partición de un monumento, por lo que debemos preguntarnos de nuevo: ¿podemos imaginar la Capilla Sixtina fraccionada en dos? Los mármoles del Partenón formaban parte de un edificio. Tanto estética como intelectualmente tienen muy poco sentido divididos en dos. Esta es la postura del arqueólogo británico Andrew Wallace-Hadrill, catedrático emérito de la Universidad de Cambridge y antiguo director de la Escuela Británica de Roma:

> La cuestión clave es dónde se exponen mejor: ¿separados de su procedencia y de otros fragmentos que los unen físicamente, expuestos del revés y bajo la opaca luz londinense, o a la vista del Partenón, reconectados con los fragmentos contiguos, expuestos del derecho y bañados por la luz mediterránea? Para mí la respuesta es evidente.

En tercer lugar, otra argumentación de los administradores del Museo Británico es que los mármoles «forman parte del patrimonio común de la humanidad». Ciertamente es así, pero no está claro por qué esto implica que deban permanecer en el Museo Británico. La noción de patrimonio cultural compartido se ha adoptado para garantizar la protección de los bienes culturales, no para determinar su ubicación. Con este mismo argumento, en 2004, el Senado estadounidense pidió a Reino Unido que devolviera los mármoles a Grecia «en reconocimiento de que el Partenón forma parte del patrimonio cultural de la humanidad y, por tanto, debe ser restituido».

Negociaciones secretas y perspectivas de futuro

En el momento de escribir estas líneas, el Gobierno griego sigue negociando con el Museo Británico. El museo dice estar limitado por la ya mencionada ley inglesa de 1963 en cuanto a lo que puede hacer y este ha sido un argumento de peso en su arsenal en contra de la devolución de las piezas. Por su parte, es ya una tradición que el Gobierno británico, con independencia de su composición, indique que se trata de un asunto que le corresponde al museo. De hecho, el Gobierno actual también lo ha afirmado al explicar que no tiene intención de cambiar la ley. Este pimpón de declaraciones parece conducir a un callejón sin salida. Tampoco ayuda a resolver esta reclamación que en marzo de 2025 el primer ministro laborista nombrase a cinco nuevos administradores del Museo Británico, entre quienes se encuentra una periodista, Tiffany Jenkins, conocida por su firme oposición a la restitución de los mármoles. En definitiva, este caso sigue abierto, por desgracia, y, mientras así sea, Grecia no va a cejar en sus solicitudes de restitución de los mármoles sagrados de Fidias. Ojalá el futuro nos ofrezca un giro de guion favorable a esta controversia, una de las más antiguas en el ámbito de la restitución de patrimonio cultural.

Los restos del príncipe etíope Alemayehu y los tesoros de Magdala

Un suicidio, una muerte, un príncipe heredero que se convierte en huérfano en cuestión de semanas. El traslado involuntario de un menor desde Etiopía hasta Reino Unido, su «reeducación» en la estricta sociedad victoriana, una nueva muerte que tal vez podría haberse evitado. Coronas de gran belleza, manuscritos únicos, objetos religiosos tan sagrados que tendrían que permanecer ocultos. Monarcas haciendo uso de su poder de mando o *imperium* para decidir el futuro de obras de arte excepcionales, ciudadanos e instituciones privadas concienciados con la carga simbólica y moral de la restitución de estas piezas, algunos museos incapaces de flexibilizar su rumbo. Hay historias reales tan sorprendentes y complejas que parecen extraídas de un relato de ficción. He aquí la crónica de la vida y la muerte del príncipe etíope Alemayehu y de los tesoros expoliados en su palacio real.

EL SAQUEO DE MAGDALA «NO FUE UN RELATO HEROICO DE CONQUISTA; FUE UNA HERIDA»

«Magdala no fue una aventura ni un relato heroico de conquista para llenar las páginas de un diario victoriano; fue una herida.» Con estas palabras, pronunciadas en el año 2021, el embajador etíope en Reino Unido dejó claro que la herida de Magdala sigue abierta. El origen de esa persistente lesión se remonta a la segunda mitad del siglo xix, más concretamente, a una «expedición punitiva» británica en el territorio del país entonces conocido como Imperio etíope o Abisinia.

En 1862, Teodoro II de Etiopía remitió una carta a la reina Victoria de Reino Unido. Con esa misiva el emperador etíope quería forjar una alianza con el país europeo. El «rey de reyes», considerado por su pueblo descendiente directo del bíblico rey Salomón, se hallaba en una situación interna muy complicada. Los caudillos regionales se oponían a sus esfuerzos unificadores y reformadores, de la misma forma que la Iglesia ortodoxa etíope desafiaba una redistribución de tierras decretada por el emperador para combatir el feudalismo. Consciente de su debilidad como gobernante, Teodoro II creía necesario contar con el apoyo de otros monarcas cristianos que le aportasen formación militar a su ejército para así poder proteger a su país de otras potencias regionales como Egipto.

La personalidad de Teodoro II debió de ser muy compleja. Se lo define como un modernizador enérgico y carismático, un líder militar talentoso, un hombre cultivado con un profundo interés por Occidente, pero a la vez aparece retratado como un mandatario imprevisible, cruel e inestable. Tal vez por ello Teodoro II se enfureció al no recibir respuesta a la carta que, esperanzado, había remitido a la monarca victoriana. El emperador se sintió insultado por el silencio británico y, como medida de presión, ordenó encarcelar al cónsul de aquel país y a más de una treintena de europeos (asistentes del cónsul, misioneros y hasta otro británico enviado a Etiopía para conseguir la liberación de la primera tanda de rehenes), con el argumento de que todos estaban conspirando contra él. Desde la perspectiva británica, esta escalada de animadversión del emperador etíope hacia Reino Unido era infundada. La reina Victoria no pudo responder a la carta de Teodoro II porque nunca llegó a saber de su existencia. El mensaje del dignatario etíope llegó al Ministerio de Asuntos Exteriores británico, pero este organismo no lo remitió, no se sabe con certeza por qué motivo, a la poderosa reina. Los rehenes europeos estuvieron privados de libertad durante más de tres años. La opinión pública británica estaba alarmada por las noticias publicadas en la prensa de la época, por lo que el Gobierno decidió finalmente dar un paso al frente y recurrir a la fuerza. Reino Unido no podía seguir retratándose como una nación pusilánime. En una intervención en el Parlamento británico en 1867, la reina Victoria acusó a Teodoro II de «violaciones del derecho internacional». La monarca decidió abordar la denominada «dificultad abisinia» organizando una gran expedición militar a Etiopía en la que se dice que participaron 13.000 soldados británicos e indios, junto con 26.000 personas más que ofrecían apoyo logístico, y unos 45.000 animales de carga.

Este enorme convoy se organizó con sumo detalle y se contó con plazas destinadas a civiles (periodistas, aventureros, miembros de sociedades científicas, arqueólogos, etcétera) que se encargarían de satisfacer los intereses propagandísticos, científicos y culturales de la Corona británica. El objetivo inicial de esta intervención no era ocupar permanentemente el país (de hecho, Etiopía fue el único territorio de África que se mantuvo independiente frente a la colonización, salvo durante la ocupación italiana de 1935-1941), sino únicamente liberar a los rehenes y castigar a Teodoro II.

Informes del Ministerio de Asuntos Exteriores británico de la época indicaban que la expedición punitiva respetaría los derechos individuales y que tras cumplir con su misión se retiraría del país, dejándolo en manos de los gobernantes etíopes. La potencia europea intuía que los conflictos internos en los que estaba inmerso Teodoro II facilitarían la ejecución de la campaña británica.

La expedición punitiva británica, compuesta por 250 naves, desembarcó en el golfo de Zula y avanzó más de quinientos kilómetros hasta llegar a Magdala (hoy conocida como Amba Mariam), un enclave ubicado en la región de Amhara. Teodoro II había conquistado en 1855 esta fortaleza situada en lo alto de una montaña y, tras disolver la corte de la ciudad de Gondar, la había convertido en la nueva capital del Imperio etíope. Este emperador había ordenado construir en Magdala un palacio suntuoso, junto con una iglesia, una biblioteca y una cámara de los tesoros que se nutría de reliquias sagradas, libros y manuscritos procedentes de los saqueos realizados por las huestes de Teodoro II.

Pese a que se consideraba que Magdala era una fortaleza casi impenetrable, entre otras cosas, por encontrarse situada a 2.400 metros sobre el nivel del mar, la realidad es que la expedición británica conquistó la fortificación con gran rapidez. La batalla, que ocurrió el 13 de abril de 1868, dejó tras de sí cientos de muertos y miles de heridos entre las tropas de Teodoro II. Mientras que los etíopes se defendían con armas rudimentarias, las tropas dirigidas por Robert Napier, oficial del ejército del Gobierno colonial británico en India (conocido con el nombre de *raj*), contaban con un armamento de fuego que les otorgaba una ventaja imbatible.

La conquista de Magdala está profusamente documentada en los diarios de los británicos que participaron en ella y los corresponsales que formaron parte de la expedición redactaron extensas crónicas sobre la misma. Estos testimonios escritos también detallan lo sucedido durante los días siguientes a la toma de la fortaleza. Un narrador contemporáneo ha descrito estos acontecimientos como «una de las mayores orgías de saqueo jamás emprendidas en nombre del Imperio británico», que culminaron con un «diluvio de fuego» que arrasó Magdala hasta sus cimientos.

Nada más vencer a sus oponentes, las fuerzas británicas se apropiaron de miles de objetos religiosos y culturales de Etiopía: piezas sagradas (cálices litúrgicos, cruces procesionales, tablas...), coronas, ornamentos, manuscritos, vestimenta y ricas telas, complementos, fotografías, etcétera. Los relatos de la época indican que la falta de sensibilidad de los expoliadores hacia el patrimonio cultural etíope se tradujo en roturas y desmembraciones irreparables de un buen número de piezas. Cuando en Magdala ya no quedaba nada de valor, la expedición británica prendió fuego a la fortaleza, con lo que puso el punto final de destrucción a su intervención punitiva. Parece claro que, estando sobre el terreno, Reino Unido olvidó por completo cuáles eran los objetivos iniciales de su incursión en Etiopía.

Esta campaña militar, con un número tan cuantioso de participantes, tuvo un coste económico muy elevado para el Gobierno británico. Por ello, cuando su ejército aún se encontraba en territorio etíope, se constituyó un «comité de premios» que llevó a cabo una subasta de los objetos expoliados en Magdala. A lo largo del 20 y el 21 de abril de 1868, esta puja, celebrada en la planicie de Delanta, generó una abultada recaudación: 5.000 libras esterlinas de la época (equiparables en la actualidad a 479.744 libras), que se entregaron a las tropas británicas en calidad de premio en metálico. Oficiales y civiles participaron en esta puja, dado que para ellos las piezas expoliadas en Magdala eran *souvenirs* exóticos que, de vuelta a su hogar, les recordarían su participación en tan exitosa campaña. En aquellos tiempos todavía no se había tomado conciencia de que este tipo de acciones contra el patrimonio cultural socavan gravemente la identidad cultural y política de la nación derrotada. Tampoco existían todavía convenios internacionales que protegiesen los bienes culturales en caso de conflicto armado.

El Museo Británico reconoce en su web oficial que uno de los postores más exitosos de esta subasta —que, no lo olvidemos, se nutría de la rapiña de Magdala— fue justamente un trabajador de su institución. Richard Rivington Holmes, asistente del Departamento de Manuscritos del Museo Británico, cubrió por indicación de los administradores del museo una de las plazas de arqueólogo que se habían ofertado en esta expedición militar y viajó a Etiopía financiado con un dinero público que posteriormente utilizó para adquirir piezas etíopes. Estudios académicos exhaustivos atestiguan que Holmes no solo compró un buen número de objetos en la subasta —que hoy siguen formando parte de la colección del Museo Británico—, sino que había conseguido acceder a la fortaleza de Magdala en el momento en que la tomaron los británicos. Esto le permitió adquirir a un precio absolutamente irrisorio varios objetos excepcionales que procedían directamente de las manos de los soldados perpetradores del expolio. Estas piezas se siguen exhibiendo en la actualidad en el Museo Británico y en el Museo V&A.

Como colofón, parece ser que Holmes ocultó al propio Museo Británico que tenía en su poder más piezas procedentes del saqueo de Magdala, como una tabla sagrada (*tabot*) cuya mera extracción de una iglesia etíope se considera un acto de sacrilegio. Como apuntaremos posteriormente, esta pieza nunca llegó a los museos británicos, sino que pasó a engrosar el patrimonio privado de Holmes. Estudiosos en la materia afirman que la presencia de Holmes en Magdala en calidad de representante del Museo Británico acredita que este expolio artístico en Etiopía se planificó cuidadosamente desde las islas británicas.

En el marco de esta narrativa de destrucción y rapiña masiva surge la siguiente pregunta: ¿cuál fue el destino del emperador etíope y su familia? Como veremos a continuación, Teodoro II, su segunda esposa, la emperatriz Tiruwork Wube, y el heredero etíope, el príncipe Alemayehu Teodoro, comparten un destino muy trágico. El emperador, atrincherado en su fortaleza de Magdala, se negó a rendirse ante el ejército británico. Para evitar que lo capturasen, Teodoro II se suicidó disparándose un tiro en la boca. Para ello usó una pistola que le había regalado la reina Victoria. Este acto desesperado del emperador lo convirtió en un héroe para su pueblo, que en 2018 celebró el ducentésimo aniversario de su nacimiento con diversos actos culturales en Gondar y Adís Abeba.

Para los británicos, el emperador era el objetivo último de su gigantesca expedición punitiva. Tal vez para mostrarle al mundo que su misión había sido exitosa, se permitió que algunos de sus miembros dibujasen *in situ* el cadáver de Teodoro II. Holmes hizo un boceto del rostro del difunto mandatario que, según indica el propio título de la pieza, se realizó tan solo un cuarto de hora después del suicidio de este. Hoy en día, esta truculenta imagen puede verse en la página web del Museo V&A, tras superar con un mero clic el aviso de que «este registro incluye contenido multimedia que se considera ofensivo».

Los diarios de algunos soldados británicos afirman que antes de quitarse la vida el emperador etíope le pidió a su consorte que entregase a su heredero, el príncipe Alemayehu, a los británicos. Según estas fuentes, Teodoro II temía que un niño de tan temprana edad no fuese a sobrevivir al estado de caos en que se sumiría el país cuando sus enemigos supiesen de su muerte. Frente a esta narrativa difundida en su día por los rotativos británicos (un príncipe salvado por los europeos de un destino mortal), voces actuales hacen una lectura muy distinta de este episodio dramático: Alemayehu fue en realidad un prisionero de guerra, un menor de edad secuestrado por los británicos. Este niño, predestinado a ocupar el trono de Etiopía, no pudo, además, seguir contando con la protección materna. La desdichada emperatriz falleció tan solo un mes después de la conquista de Magdala, al iniciar junto con su hijo un viaje extenuante hacia Reino Unido.

La desgraciada existencia del príncipe Alemayehu en Reino Unido

El príncipe Alemayehu se quedó huérfano a los siete años y, en ese momento de gran desconcierto y dolor, lo obligaron a embarcàr en el *Feroze* y a cruzar el canal de Suez para hacer una larga travesía en barco que lo alejaba definitivamente de su continente de origen. Este barco llevaba las bodegas repletas de miles de objetos religiosos y sacros de gran valor para el pueblo etíope y, además, estaba controlado por quienes habían aniquilado a los pobladores de Magdala y habían propiciado el final violento de su progenitor.

Al desembarcar en Reino Unido, llevaron al príncipe ante la reina Victoria (retatarabuela del actual rey Carlos

III), quien había cumplido ya cincuenta años y tenía nietos de una edad similar a la de Alemayehu. La soberana había seguido con gran interés las informaciones publicadas en la prensa de su país sobre el príncipe etíope y quiso ver al niño con sus propios ojos. Los rotativos de la época habían convertido a Alemayehu, por su historia dramática y su exotismo, en una involuntaria «estrella infantil».

El encuentro con la soberana tuvo lugar en 1868 en la isla de Wight, su lugar de nacimiento, donde, además, mantenía una residencia de verano. Parece que el príncipe africano causó buena impresión a la también emperatriz de la India, quien escribió en su diario que Alemayehu era «un chico agraciado, educado y elegante». En el diario de Victoria de Reino Unido también se recoge una frase sobre Alemayehu que, leída con ojos contemporáneos, resulta impactante: «No hay nada de negro en él».

Esta afirmación de la reina Victoria condensa bien la actitud de la sociedad victoriana respecto a las razas. En aquella época, la perspectiva etnocentrista hacía creer al pueblo británico que era de una raza superior a la africana. Muestra de ello fue la popularización de zoológicos humanos en Europa y la exhibición circense de personas como Sara Baartman, conocida como «la Venus de Hotentote». Pese a estas manifestaciones terribles de las concepciones sociales imperantes, el influjo de abolicionistas y misioneros abrió la posibilidad de que esa inferioridad se pudiese superar gracias a la educación occidental, que conseguía «civilizar» a los *negroes*. El mito del buen salvaje fue calando en la cultura popular con contribuciones como, por ejemplo, la del británico Rudyard Kipling, quien ideó la figura de Mowgli en *El libro de la selva*.

Tras su encuentro con el pequeño Alemayehu, la reina Victoria decidió otorgarle una asignación y encargó el cuidado del niño al capitán Tristram Charles Sawyer Speedy. Se dice que la madre de Alemayehu ya le había hecho el mismo encargo a este militar y aventurero británico antes de morir. Speedy conocía el idioma amhárico, lengua materna del príncipe etíope, ya que antes de participar en la expedición punitiva británica había trabajado en Etiopía entrenando al ejército del emperador Teodoro II, con quien terminó enemistado. Durante el viaje en barco a Reino Unido, el capitán se había ocupado del huérfano y había tejido lazos de amistad con él. Fuentes de la época describen a Speedy como un hombre excéntrico, con una indómita barba pelirroja y de gran envergadura, que siempre iba vestido con ropajes orientales. Tal vez lo que sus compatriotas calificaban como extravagante era lo que precisamente lo acercaba a Alemayehu, quien en una de las fotos que se recogen en la parte central del libro aparece descalzo, vestido con túnicas, echarpes (*shamma*) y collares etíopes y con peinados típicamente africanos.

En 1869, Speedy, su esposa Cornelia y el príncipe se instalaron en la India, país de origen del aventurero. Parece que fue una época feliz para el niño pero que, desgraciadamente, duró muy poco. Un nuevo canciller británico obligó al príncipe a regresar a Reino Unido cuando tenía once años y a iniciar su formación en diversas instituciones educativas de élite, como Rugby School y la Real Academia Militar de Sandhurst. Con ello posiblemente se esperaba que Alemayehu olvidase sus orígenes y se convirtiese en un aliado del Imperio británico, y en esa decisión podía subyacer la idea de que el príncipe era en realidad una especie de «bien público» de la nación británica.

Según narran los archivos de la época, volver a estar en el ojo público fue muy perjudicial para Alemayehu. En Sandhurst no consiguió obtener buenos resultados académicos, salvo en el ámbito deportivo. Estos documentos muestran asimismo que el frío clima británico le provocaba diversas dolencias, que se traducían en frecuentes faltas de asistencia a la academia militar. Se dice que en esta institución se sintió rechazado por sus compañeros, quienes le hicieron ver que un militar de color nunca conseguiría imponer su mando a tropas británicas. El muchacho estaba solo y desarraigado, y la profunda nostalgia que desarrolló hacia su país de origen no recibió ningún tipo de consuelo. Las cartas que envió su abuela desde Etiopía rogando por la vuelta de Alemayehu no recibieron respuesta porque probablemente nunca llegaron a las manos del príncipe. Algún autor ha fantaseado incluso con la posibilidad funesta de que el joven encontrase una corona usada por su padre o el vestido de su amada madre detrás de una vitrina de cristal mientras paseaba por las vastas salas de los museos británicos.

En las fotos que se conservan de esta época, el Alemayehu «europeizado» viste trajes elegantes con chaleco y corbata y luce zapatos impolutos, pero su rostro refleja una tristeza y un hastío profundos. El descendiente de un familiar del príncipe declaró recientemente a la cadena BBC: «Me compadezco de él como si lo conociera. Fue expulsado de Etiopía, de África, de la tierra de la gente negra, y permaneció allí como si no tuviera hogar». No cabe duda de que esa especie de «experimento antropológico» que se llevó a cabo con Alemayehu en Reino Unido no tuvo éxito.

Al cumplir los dieciocho años y dejar de percibir la asignación real, el príncipe etíope fue confiado a un tutor en la ciudad de Leeds para que siguiese recibiendo educación de forma particular. Allí los acontecimientos se precipitaron: el joven sufrió una pleuritis y, tras rechazar cualquier tratamiento médico, ya que se dice que temía que lo estuviesen envenenando, falleció a consecuencia de la enfermedad. Su vida y su muerte trágicas han quedado en la memoria del pueblo británico y se han narrado en cortometrajes (*Prince of Nowhere*), obras de teatro (*Abyssinia*), novelas (*The Prince Who Walked With Lions, The Night Language...*), dramas radiofónicos (*I Was a Stranger*) y pódcast (*The Unfinished Prince, Great Lives...*).

Los restos de Alemayehu: ¿por qué se le niega el eterno descanso al príncipe de Etiopía?

La reina Victoria escribió la primera frase de su primer diario en 1832, cuando era una adolescente. A partir de ese momento, no dejó de plasmar por escrito los acontecimientos de su vida. En la actualidad, se conservan 141 volúmenes de estos cuadernos, que suman un total de 43.765 páginas. Gracias a esta locuacidad narrativa de la soberana, sabemos de primera mano qué sentimientos le provocó la muerte del príncipe etíope: «Muy apenada y conmocionada al enterarme por un telegrama de que el buen Alemayehu ha fallecido esta mañana. ¡Qué triste! Ha muerto completamente solo en un país extraño, sin familiares ni nadie cercano a él [...]. Su vida no ha sido feliz y ha sufrido dificultades de todo tipo, pensando siempre que la gente lo miraba por su color de piel [...]. Todos lo sentimos mucho».

El gran impacto que le causó el fallecimiento del joven hizo que la monarca encargase una escultura para recordar al príncipe etíope. El busto de bronce, elaborado por el escultor británico Francis John Williamson, se colocó en la residencia favorita de la reina Victoria, Osborne House, en la isla de Wight. La reina también tomó personalmente las riendas a la hora de decidir dónde y cómo enterrar a Alemayehu.

Al funeral del príncipe acudieron el capitán Speedy y Robert Napier, a quien se le había concedido el título de barón de Magdala como reconocimiento del éxito de la campaña en Etiopía. Posteriormente, el cuerpo de Alemayehu se enterró en el castillo de Windsor. Esta enorme y suntuosa residencia real, en la que la monarca se alojaba con frecuencia, cuenta con una hermosa capilla donde se han celebrado diversas bodas reales (en aquella época, las de los hijos de la reina Victoria y, más recientemente, la de Camilla Parker Bowles con el entonces príncipe de Gales). El interior de la capilla de San Jorge alberga, asimismo, los sepulcros de un buen número de monarcas británicos. Así, Enrique VIII está enterrado en la bóveda bajo el coro, Jorge III en la bóveda real e Isabel II en la capilla conmemorativa de Jorge VI.

En recuerdo de Alemayehu, la reina Victoria ordenó que se colocase una placa de bronce en la capilla de San Jorge con una frase escogida por ella misma: «Era un extraño y me acogisteis». Con estas palabras, tal vez inspiradas en los Evangelios (Mateo 25:43), la monarca deseaba plasmar sus esfuerzos por darle una nueva vida al príncipe etíope. Sin embargo, la frase en realidad genera cierto desasosiego: ¿consiguió Alemayehu dejar de ser un extraño para la sociedad victoriana?, ¿realmente fue acogido por ella? Para Lemn Sissay, la respuesta es claramente negativa. Este conocido escritor británico de origen etíope, antiguo rector de la Universidad de Mánchester, ha sugerido que Alemayehu no fue bienvenido en la capilla de San Jorge.

Esto explicaría que su cuerpo esté enterrado en el subsuelo de una zona al aire libre que circunda el extremo oeste de la capilla. Se trata de un enterramiento colectivo que alberga a otras cuarenta personas y que está señalado en el césped con una cruz monumental. Aunque algunas fuentes denominan «catacumba» al lugar donde está enterrado el príncipe etíope, una consulta a la oficina de la capilla de San Jorge ha confirmado que en realidad es un enterramiento subterráneo sin ningún acceso desde el exterior. La web oficial de San Jorge recoge un listado de los 64 «enterramientos reales» realizados en esta capilla desde 1805. Alemayehu es el único de ese listado al que enterraron en esta fosa común exterior, una ubicación que tampoco está identificada en el plano que ofrece la web, que se limita a mostrar el interior de la capilla.

Desde 1879, fecha del fallecimiento del príncipe etíope, la historia de su país de origen ha sido extraordinariamente agitada (por dar algunas mínimas pinceladas: movimiento rastafari, ocupación italiana, anexión del territorio de Eritrea, fin de la monarquía, implantación de un sistema comunista, grandes hambrunas, violencia étnica, independencia de Eritrea, etcétera). Pese al curso convulso de su historia, el pueblo etíope no ha olvidado a Alemayehu. Existe una simpatía generalizada en torno al regreso de sus restos y se han hecho varias peticiones formales a este respecto.

En el año 2007, el entonces presidente de Etiopía solicitó sin éxito la devolución del cuerpo de Alemayehu a la reina Isabel II de Reino Unido. En defensa de peticiones como la recién mencionada, la escritora etíope-estadounidense Maaza Mengiste escribió en 2015 un texto para un periódico británico titulado «Este príncipe etíope fue secuestrado por Gran Bretaña; ahora debe liberarlo». En él Mengiste hacía hincapié en que «no hay ninguna razón viable para seguir manteniendo sus restos como rehenes. [Alemayehu] se ha convertido, como los objetos sagrados y valiosos que aún se encuentran en los museos y bibliotecas británicos, en una posesión [...]. Alemayehu sigue atrapado, una placa impone en la narrativa de su vida un sentimiento que no habría elegido».

Los familiares del príncipe etíope vieron la coronación de Carlos III en 2023 como una nueva puerta a la esperanza y declararon que «como su familia y como etíopes queremos que sus restos regresen, porque ese no es el país en el que nació». Sin embargo, la petición que presentaron al nuevo monarca ha sido expeditivamente rechazada por el palacio de Buckingham. Un portavoz del rey británico remitió un comunicado a la BBC en mayo de 2023 en el que se indicaba que «es muy improbable que sea posible exhumar los restos sin perturbar el lugar de descanso de un número considerable de otras personas en las inmediaciones» y se remarcaba que las autoridades responsables de la capilla tenían «la responsabilidad de preservar la dignidad de los difuntos».

Estos argumentos resultan poco convincentes, en el sentido de que todos los enterrados en ese espacio merecen descanso y dignidad, lo que pasa por llevar a cabo labores de identificación de los difuntos y tomar en consideración las peticiones de sus familiares. Diversos conflictos armados y etapas de represión política (Ruanda, Bosnia, Argentina, Colombia, España, etcétera) han dejado constancia de que en la actualidad se dispone de los medios técnicos necesarios para identificar cuerpos en fosas comunes a una escala claramente superior de la requerida en la capilla de San Jorge. Además, vale la pena recordar que, a diferencia de otros objetos que forman parte de las colecciones de los museos públicos británicos, los restos humanos están excluidos de la prohibición de descatalogación. La Ley de Tejidos Humanos de Reino Unido de

2004 precisamente permite la restitución de estos restos por razones morales.

Para los defensores de la vuelta de los restos de Alemayehu, esta respuesta negativa por parte de la Corona británica ha caído como un tremendo jarro de agua fría. Por un lado, la contestación de Buckingham no les parece determinante. La propia web de la capilla de San Jorge recoge más de una docena de casos de enterramientos reales en los que se han realizado exhumaciones. Entre ellos, los restos de la princesa Alicia de Battenberg, abuela paterna del rey Carlos III, que fueron enterrados en la capilla de San Jorge en 1969 y trasladados a una iglesia ortodoxa rusa en Jerusalén diecinueve años más tarde. Por otro lado, el hecho de que la casa real haya autorizado visitas a la cripta por parte de delegaciones etíopes les parece un exiguo premio de consolación. Quienes solicitan que los restos del príncipe puedan ser honrados en su país de origen consideran, además, que no existe ningún obstáculo de tipo religioso que impida un nuevo enterramiento. La restitución de los restos del príncipe etíope se argumenta en términos de justicia restaurativa, dignidad y humanidad: Alemayehu lleva más de ciento cincuenta años fuera de su país de origen, de modo que su regreso a Etiopía supondría un paso adelante histórico en términos de asunción de errores pasados y de reconciliación.

Mientras que las autoridades británicas siguen mostrándose inflexibles respecto a la devolución de los restos del príncipe etíope, parece que la sociedad civil de ese país está más sensibilizada a este respecto. Así, en una ceremonia oficial celebrada en septiembre de 2023, el embajador de Etiopía en Reino Unido recibió un mechón de cabello de Alemayehu. Como precedente, en otra ceremonia del año 2019, diplomáticos etíopes recibieron del Museo Nacional del Ejército británico unos mechones de Teodoro II, padre de Alemayehu. La entrega de 2023, facilitada por la Fundación Scheherazade, pudo llevarse a cabo gracias a la voluntad de una descendiente del capitán Speedy. La poseedora de esta reliquia de Alemayehu, que viajó desde Nueva Zelanda para asistir al evento, justificó esta devolución de origen privado afirmando que «el cabello del príncipe Alemayehu estaba muy lejos de su casa». Tanto los familiares del príncipe como el Comité Nacional de Restitución del Patrimonio Etíope agradecieron este gesto y manifestaron que ojalá fuese una señal de que el cuerpo del príncipe también terminaría regresando a su país de origen.

¿DÓNDE ESTÁN LOS TESOROS RELIGIOSOS Y SECULARES EXPOLIADOS EN MAGDALA?

El destino del heredero etíope y el del patrimonio cultural de su país están inevitablemente vinculados a la fecha del 13 de abril de 1868, cuando se produjo la toma y el expolio de la fortaleza de Magdala. En ese momento concreto, la suerte de Alemayehu y de una parte fundamental de la memoria histórico-artística del pueblo etíope cambió radicalmente. Ya hemos narrado en este capítulo que, casi 150 años después de su fallecimiento, los restos del príncipe Alemayehu siguen en Reino Unido, muy lejos de su país de origen. Todas las peticiones de restitución de los restos del príncipe, incluso la que se ha planteado al actual monarca Carlos III, han fracasado. Este inmovilismo de la Corona británica es, para muchas personas, incomprensible en un ámbito en el que la protección de la dignidad humana debería ser el epicentro del debate.

Para ofrecer una visión completa de este caso es necesario que nos preguntemos qué ha sido de los miles de objetos que la expedición punitiva británica expolió en la fortaleza de Magdala. Estas piezas, que formaban parte del día a día secular y religioso del príncipe Alemayehu en Magdala, narran el pasado del pueblo etíope y su titularidad y su ubicación actuales constituyen una auténtica «cuestión de Estado» para este país africano. Diplomáticos etíopes han exigido recientemente que estos tesoros «regresen al lugar que les corresponde, donde puedan seguir inspirando y educando a las generaciones futuras». Etiopía, a cuyo primer ministro se le concedió el Premio Nobel de la Paz en 2019, parece haber entendido que la reclamación del conocido como «tesoro de Magdala» no solo es procedente en el presente contexto poscolonial, sino que también puede ser una herramienta muy poderosa de política interna y proyectar prestigio y poderío en un país que actualmente se enfrenta a diversos conflictos políticos y étnicos. Veamos a continuación cuál ha sido el destino de todas estas piezas que llegaron a Reino Unido al mismo tiempo que el huérfano Alemayehu.

Según indican diversos escritos y grabados de la época, se necesitaron quince elefantes y unas doscientas mulas para poder transportar todos los objetos saqueados por los británicos en Magdala. Este pillaje de dimensiones descomunales no pareció escandalizar en exceso a la sociedad victoriana, que vivía con grandes expectativas el desarrollo de Reino Unido como una potencia colonial global. Hubo, no obstante, un destacado posicionamiento en contra de este saqueo al pueblo etíope, que tuvo lugar durante un debate parlamentario en 1871, cuando el entonces primer ministro de Reino Unido, William Ewart Gladstone, lamentó profundamente que hubieran traído esos objetos desde el Imperio etíope.

Gladstone, contrario a que el Museo Británico adquiriese estas piezas, subrayó que Reino Unido no estaba en guerra ni contra el pueblo ni contra las iglesias de Abisinia.

Según este estadista, que llegó a ocupar el cargo de primer ministro en cuatro ocasiones durante la segunda mitad del siglo XIX, considerar apropiado que un ejército británico sustrajese unos objetos que eran insignificantes para los británicos, pero probablemente símbolos sagrados e imponentes para los abisinios, era una actitud deplorable. La transcripción del discurso de Gladstone en el debate parlamentario recoge su opinión al respecto: «Si se adquirieran dichos artículos, debería ser [...] con vistas a conservarlos solo hasta que pudieran ser restituidos».

Pese a estas declaraciones tan contundentes, las piezas artísticas y religiosas procedentes de Magdala siguieron en poder de manos muy diversas en Reino Unido. Con el paso del tiempo, destacados museos británicos fueron aumentando sus colecciones de arte etíope, en buena parte gracias a la expedición punitiva que se llevó a cabo en el país africano. Por ejemplo, la web del Museo Británico reconoce que la autodenominada «colección de Magdala» está compuesta por piezas adquiridas por Richard Holmes *in situ*, otras aportadas posteriormente por personalidades como el secretario de Estado para la India o por la viuda del capitán Speedy —quien, entre otras cosas, entregó un llamativo collar con el que se había fotografiado a Alemayehu en diversas ocasiones— y otras que pertenecían a familiares de militares que participaron directamente en el asalto de Magdala.

El Museo V&A de Londres también aglutina un número importante de piezas procedentes del saqueo de la fortaleza etíope. Algunas de ellas fueron cedidas por la Administración británica o la india, y otras regaladas, legadas o vendidas por particulares o marchantes de arte. Por su gran vistosidad, en la colección de este museo destacan una corona votiva de filigrana, elaborada en oro con aleación de plata y cobre y ricamente adornada con cuentas de vidrio, así como un cáliz de oro macizo y un vestido bordado (*kamis*) que perteneció a la madre de Alemayehu. La Biblioteca Bodleiana, en la Universidad de Oxford, también posee una importante colección de más de medio centenar de manuscritos etíopes provenientes de Magdala —uno de ellos incluso contiene una antigua nota escrita a lápiz que explicita su origen— que llegaron mediante donaciones o compras en subastas en diversos momentos del siglo xx.

El Gobierno, el pueblo etíope y su antigua monarquía no se han resignado a que estos relevantes vestigios de su pasado se expongan en Reino Unido. Ya en el año 1872, Juan IV de Etiopía, antiguo enemigo de Teodoro II y su sucesor en el trono imperial, remitió una carta a la reina Victoria y otra al secretario de Asuntos Exteriores británico solicitándoles la devolución de dos piezas muy significativas expoliadas en Magdala en 1868. La primera era un manuscrito que se encontraba en el Museo Británico y recogía una crónica de la historia y de las leyes de la monarquía etíope (*Kebra Nagast*). El nuevo emperador temía que, si no poseía este manuscrito, el pueblo etíope no reconocería su autoridad. La segunda era un ícono venerado por los monarcas etíopes, quienes lo usaban como amuleto sagrado durante las campañas bélicas (*Kwer'ata Re'esu*).

Esta solicitud de restitución del monarca etíope tuvo un éxito parcial. En relación con el manuscrito, parece que el Gobierno de Reino Unido, sabedor de que Juan IV había facilitado en su día la expedición británica liderada por Napier, ejerció cierta presión sobre el Museo Británico y le indicó que la devolución de la pieza se consideraría «un acto amable y amistoso». La institución dijo tener dos copias del manuscrito y, en un gesto inédito en comparación con su *modus operandi* habitual, aceptó devolver al mandatario etíope una de ellas (según un experto, la que tenía menor valor artístico). Esta decisión se fundamentó en la Ley del Museo Británico de 1963. La prohibición de descatalogación prevé una serie de excepciones, entre ellas, que el objeto en cuestión esté duplicado. En relación con la segunda pieza, la propia reina Victoria le escribió al monarca indicándole que era imposible devolver el ícono, ya que se creía que no se hallaba en Reino Unido. En realidad, sí estaba allí, en manos de Holmes, cuyos herederos lo vendieron posteriormente en una subasta y, tras una historia azarosa, apareció en 1998 en una caja fuerte en Portugal.

Este resultado agridulce respecto de las dos piezas resume bien lo ocurrido con el patrimonio expoliado en Magdala por parte de la expedición británica. Algunas iniciativas favorables a la restitución sí se han coronado con un final feliz. Sin embargo, existen otras muchas crónicas de esfuerzos infructuosos o, dicho de otra forma, que hoy en día mantienen su final abierto.

Hay diversos ejemplos de restituciones llevadas a cabo con éxito. En 1924, el príncipe regente Haile Selassie visitó Londres. Este noble etíope, considerado por el movimiento rastafari una reencarnación del Mesías, estaba inmerso en un largo periplo internacional para recabar apoyos para que su país tuviese salida al mar. En la capital de Reino Unido lo recibió el rey Jorge V, quien le anunció que deseaba agasajar a la emperatriz Zewditu haciéndole llegar una corona de plata dorada con decoraciones de vidrio de colores que procedía de Magdala y formaba parte de la colección del Museo V&A desde 1869.

Aparte del incuestionable hecho de que ese mismo objeto que se iba a regalar a la emperatriz se había robado previamente al propio pueblo etíope durante una expedición británica, los historiadores relatan que este «obsequio» fue en realidad una especie de «premio de consolación» para la emperatriz: las normas y costumbres británicas de la época impedían que una mujer, aunque se tratase de una jefa de Estado, recibiese las más altas distinciones y honores por parte de Reino Unido, por lo que se optó por entregarle un objeto a cambio. La elección de la pieza concreta que el museo tendría que descatalogar también fue controvertida. En vez de escoger la magnífica corona votiva de filigrana que hemos mencionado, y que hoy en día sigue en poder del Museo V&A, la institución se decantó por una pieza que en la época fue definida como una corona «bárbara» y de «poco valor artístico».

El servicio diplomático británico custodió esta corona de plata dorada hasta Etiopía y se la entregó a la emperatriz en el palacio imperial de Adís Abeba en 1925. Cien años después no se sabe a ciencia cierta dónde se encuentra. El presidente de Etiopía no respondió a la consulta remitida en 2018 por el director del Museo V&A, deseoso de saber si se exhibía públicamente para así sopesar si llevar a cabo otras restituciones a Etiopía. Se ha apuntado que la corona pudo haber sido expoliada por tropas italianas durante la conocida como segunda guerra ítalo-etíope y que se halla en paradero desconocido desde aproximadamente 1935.

Hay otros dos ejemplos del poder de la monarquía británica para decidir sobre el futuro de las piezas expoliadas en Magdala. En una visita oficial a Etiopía en 1965, la reina Isabel II entregó al entonces ya emperador Haile Selassie I el gorro real y el sello que Teodoro II usaba para rubricar sus documentos. La monarca presentó el gesto como «una muestra de nuestra gratitud y estima por su trono y su persona».

Asimismo, la abadía de Westminster, en Londres, emitió un comunicado en 2024 anunciando que «en principio» había decidido devolver un *tabot* que representa simbólicamente el Arca de la Alianza y los Diez Mandamientos. Este se considera un objeto tan sagrado que solo pueden verlo en determinadas circunstancias sacerdotes de la Iglesia ortodoxa, lo que explica que los museos que los poseen no los exhiban al público. El destino final del *tabot* de Westminster, que el jefe de la Iglesia ortodoxa etíope ya había reclamado en 2007, está en manos del rey Carlos III. La famosa abadía de Westminster, en la que se coronó, tiene estatus de *royal peculiar*. Esto significa que no depende de una institución religiosa, sino de la monarquía, que tiene que autorizar que esta tabla de madera abandone su ubicación actual, la capilla mariana de Enrique VII de la abadía de Westminster.

La Iglesia en Reino Unido también ha protagonizado devoluciones de objetos expoliados en Magdala. Por ejemplo, en el año 2002, tuvo lugar una ceremonia en la iglesia de San Juan Evangelista de Edimburgo en la que se devolvió un *tabot* a la Iglesia ortodoxa etíope. Un sacerdote que había visitado Etiopía y conocía la gran relevancia religiosa de estas tablas para los etíopes encontró esta pieza, donada por un participante en el expolio de Magdala, de forma casual dentro de la iglesia de San Juan. Tan importante fue esta restitución que Etiopía declaró un día de fiesta nacional cuando el *tabot* regresó a la capital del país y miles de personas salieron a la calle a celebrarlo. Para los habitantes del país, las piezas expoliadas en Magdala en 1868 son «los bronces etíopes».

Por último, la sociedad civil de Reino Unido ha hecho igualmente esfuerzos tangibles para enmendar las consecuencias funestas del expolio de Magdala. Merece la pena destacar, aunque finalmente no pudiese fructificar por motivos de interpretación testamentaria, la voluntad de la aristócrata lady Valerie Meux de devolver al emperador Menelik II a principios del siglo XX cinco manuscritos etíopes bellamente ilustrados. Por el contrario, sí que culminó con éxito la iniciativa de los fideicomisarios del Wellcome Trust de restituir un manuscrito de Magdala que estaba en poder de esta organización benéfica. El Ministerio de Asuntos Exteriores británico consideró que su entrega al emperador Haile Selassie I en la década de 1940 llegaba en un momento muy acertado, justo tras la participación de las tropas británicas en la liberación de Etiopía de la ocupación de Mussolini.

Otra iniciativa exitosa es la que llevó a cabo en 2021 la Fundación Scheherazade, que se dedica a «tender puentes entre culturas, esforzándose por compartir valores y conocimientos». Esta organización posibilitó la que se ha definido como «la restitución de patrimonio más importante en la historia de Etiopía». Para ello, uno de los fundadores de Scheherazade tuvo que adquirir de forma privada diversos objetos etíopes (cruces, un escudo imperial, un texto religioso...), tanto a una casa de subastas británica como a un coleccionista ubicado en Bruselas.

En la ceremonia en la que se entregaron estas piezas, el embajador etíope las calificó como «hitos conmemorativos» que permitirían a Etiopía llorar las pérdidas provocadas por el ataque británico. El diplomático declaró que «para honrar la memoria de Magdala, reitero una vez más los llamamientos realizados por innumerables etíopes antes que yo para que los museos, coleccionistas y poseedores del patrimonio de Magdala devuelvan [estos objetos] [...]. Tengo la esperanza de que, con el regreso [de estas piezas] a Magdala, las relaciones entre nuestras dos naciones y nuestros pueblos puedan profundizarse y crecer cada vez más».

Historias como las recién expuestas, que han permitido que algunas de las piezas expoliadas en Magdala salgan de Reino Unido y regresen a Etiopía, han sido calificadas como «actos aleatorios de repatriación tardía» por parte de Afromet, una asociación privada creada en Adís Abeba en 1999 para impulsar la devolución de los tesoros etíopes de Magdala. El memorando que este grupo de presión remitió al Parlamento británico en el año 2000 está redactado con pulso muy firme. El texto parte de que el expolio de Magdala no solo fue un acto de injusticia, sino también un acto sacrílego, si se tiene en cuenta la naturaleza sagrada de parte de los objetos saqueados. Por ello, Afromet insta al Parlamento de Reino Unido «a reconocer el derecho elemental de todos los pueblos a luchar por la restitución de sus bienes culturales, no menos que por su libertad, cuando les es arrebatada por la fuerza».

Si el objetivo final es lograr la restitución de todos los tesoros de Magdala, Etiopía aún está lejos de conseguirlo. Han pasado casi ciento sesenta años desde la expedición que se adentró en Etiopía y en todo este tiempo solo una pequeña parte del botín obtenido por los británicos ha regresado a suelo etíope. Centenares de objetos expoliados en 1868 se hallan actualmente en un buen número de instituciones de Reino Unido (el Museo Británico, la Biblioteca Británica, el Museo V&A, la Biblioteca Real del Castillo de Windsor, la Biblioteca Bodleiana, la Biblioteca de la Universidad de Edimburgo, la Biblioteca de la Universidad John Rylands, la de Mánchester, etcétera). A ello hay que sumarle un número sin concretar de piezas que forman parte de colecciones privadas ubicadas en Reino Unido. También hay que añadir a este recuento un número indeterminado de objetos que se ubican en otros países. Un estudio dedicado únicamente a manuscritos expoliados en Magdala ha identificado ejemplares relevantes en bibliotecas de Austria, Alemania, Francia, Ciudad del Vaticano, India y Estados Unidos. Un miembro del Comité Nacional de Restitución del Patrimonio Etíope, creado en 2020 por el Ministerio de Cultura y Turismo con el amplio objetivo de recuperar el patrimonio saqueado, robado y exportado ilegalmente, ha calificado esta situación prolongada como «cada vez más anacrónica, irrelevante y vergonzosa».

En las últimas décadas, se han intensificado los esfuerzos por revertir el inmovilismo de algunas instituciones de Reino Unido por medio de iniciativas muy diversas. En 2007, Etiopía celebró la llegada del nuevo milenio (el país sigue una especie de calendario juliano de trece meses, que está unos siete años por detrás del calendario gregoriano que se emplea en Occidente). Aprovechando el interés internacional que despertaba la efeméride, un niño británico-etíope de nueve años remitió una emotiva carta al entonces primer ministro británico, Tony Blair, en la que solicitaba, sin éxito, su ayuda para que los objetos históricos de Magdala volviesen a Etiopía. A principios de 2008, el entonces presidente etíope también escribió una carta sobre los tesoros de Magdala, esta vez dirigida al Museo Británico, al Museo V&A, a la Biblioteca Británica y a la Biblioteca de la Universidad de Cambridge. En ella, el presidente declaraba que «los etíopes llevan mucho tiempo lamentando la pérdida de esta parte de su patrimonio nacional. Consideran que este acto de apropiación no tenía justificación en el derecho internacional. Por tanto, creo que ha llegado el momento de devolver los tesoros saqueados de Etiopía».

En 2025, el Gobierno y la Iglesia ortodoxa etíopes han anunciado el lanzamiento de una campaña para lograr la repatriación masiva de los objetos de Magdala, que ha contado con la participación de intelectuales y deportistas del país. Con ella esperan recibir el apoyo de líderes del Partido Laborista británico que *a priori* han manifestado una postura más receptiva que sus predecesores conservadores a las reclamaciones griegas de los mármoles del Partenón. El foco de esta campaña etíope es, en primer lugar, la Colección Real, ya que al ser Carlos III su propietario formal (por medio de una especie de fideicomiso), la devolución de los objetos no estaría sometida a los impedimentos legales que existen en destacados museos británicos. La Colección Real posee bellos manuscritos religiosos etíopes, fotos de la expedición a Magdala y del príncipe Alemayehu, las zapatillas de filigrana de oro de Teodoro II y una pieza especialmente macabra: el revólver, regalo de la reina Victoria, con el que el emperador etíope se suicidó y que los soldados británicos devolvieron a la soberana. Funcionarios del país africano han declarado que este tipo de tesoros son «inmorales». Herederos de Haile Selassie, el último emperador etíope, han manifestado asimismo que la repatriación sería un ejercicio de justicia restaurativa.

Esta última campaña a favor de la restitución impulsada por el Gobierno y la Iglesia etíopes también se centra en varios museos de Reino Unido. Por lo que respecta al Museo V&A, se aprecia en estos últimos años una evolución en su postura institucional. Una conservadora de la institución ha definido este avance en los siguientes términos: «Desde celebrar [las piezas de Magdala] como trofeos de guerra hasta reconocer su problemática procedencia y admitir la necesidad de apertura y transparencia a la hora de exhibir objetos de esta naturaleza».

Muestra de ello es que en el año 2017, al cumplirse el 150 aniversario del saqueo de Magdala, el museo organizó una exposición titulada «Magdala, 1868» en la que se quiso presentar la historia que acompañaba a estas piezas y no omitir la controversia que genera su exhibición en Reino Unido. Varios directores del Museo V&A han propuesto préstamos a largo plazo de las piezas expoliadas en Magdala que aún están en poder de la institución, y un cargo directivo incluso ha llegado a señalar que el museo está trabajando para «descolonizar sus colecciones y tener una conversación más honesta sobre la historia». Pese a todo, las piezas etíopes del Museo V&A aún no han sido restituidas a Etiopía. Argumentos jurídicos (la prohibición derivada de la National Heritage Act de 1983) y de seguridad (¿dónde está la corona entregada a la emperatriz Zewditu en 1925?) chocan con las reticencias de algunas instituciones y algunos representantes etíopes que no admiten que un mero préstamo de piezas sea suficiente para desagraviar un saqueo ingente de su pasado religioso y cultural.

El Museo Británico, por su parte, sigue poseyendo casi un centenar de objetos religiosos y seculares procedentes del expolio en Magdala. Al igual que sucede con la información que esta institución ofrece respecto de los bronces de Benín (véase el capítulo 3), su web plasma un relato muy cooperativo y positivo sobre estas piezas, pero esquiva la cuestión crucial de su restitución: «El museo sigue abierto a seguir dialogando sobre los *tabots* y las colecciones más amplias de Magdala. La opción sostenida a largo plazo del museo en relación con los *tabots* es prestarlos a una iglesia ortodoxa etíope en Gran Bretaña, donde el clero pueda cuidarlos según sus tradiciones [...]. El museo ha trabajado anteriormente en colaboración con el Museo Nacional de Adís Abeba y con el Instituto de Estudios Etíopes en iniciativas de intercambio de habilidades y transferencia de conocimientos [...]. El Museo Británico también mantiene una relación duradera y cordial con miembros destacados de la Iglesia ortodoxa etíope, tanto en Etiopía como en Londres».

Los partidarios de devolver estas piezas a Etiopía lamentan profundamente que todas las aristas de este complejo caso no se vean reflejadas en la explicación ofrecida por el Museo Británico. El 30 de marzo de 2022 se debatieron en la Cámara de los Lores las reticencias del Museo Británico para abordar la devolución de los *tabots* sagrados etíopes. Este debate se originaba en una carta remitida al museo por parte de la Fundación Scheherazade, respaldada con las firmas de varios políticos británicos y el antiguo arzobispo de Canterbury. Esta misiva, hasta el momento, no ha generado una respuesta «tangible» por parte del museo.

Dos años más tarde, en 2024, el despacho de abogados Leigh Day presentó una queja contra el Museo Británico ante la Oficina del Comisionado de Información de Reino Unido (ICO). El estudio jurídico, que actuaba en nombre de la web cultural Returning Heritage, acudió a la legislación inglesa en materia de libertad de información para pedir al museo que informase sobre las reuniones en las que sus administradores habían abordado la cuestión de los once *tabots* etíopes que aún están en su poder. El despacho consideró que la respuesta del museo había ocultado documentación relevante y que este había redactado indebidamente parte de la documentación proporcionada. Aunque ICO respaldó el derecho del Museo Británico a retener información, aceptando su argumento de que la divulgación de estos datos podría perjudicar las relaciones internacionales de Reino Unido con otros Estados, la cuestión de fondo de esta controversia sigue pendiente de resolución.

Returning Heritage y sus asesores defienden que no existe ningún argumento jurídico que impida hoy en día la devolución de las piezas a Etiopía. Dado que estos *tabots* son unos elementos tan sagrados para la religión ortodoxa que ni pueden ser exhibidos al público ni fotografiados, copiados o estudiados por alguien que no sea un sacerdote ortodoxo etíope (lo cual impide cualquier acción del personal del museo e incluso de sus propios administradores en relación con estas piezas), deben considerarse «no aptos para ser conservados» por parte del Museo Británico. Esta excepción prevista en la Ley del Museo Británico de 1963 (véase el capítulo 1) permitiría descatalogar estas piezas y que se entregasen a quienes les pudiesen devolver su significado, su uso y su relevancia originarios.

En definitiva, los restos del príncipe Alemayehu y una parte importante del patrimonio cultural expoliado en Magdala en 1868 continúan estando en la actualidad en Reino Unido. Como hemos visto, estas piezas están dispersas en varias instituciones británicas y están sometidas a diversos usos museísticos y normas jurídicas, lo cual dificulta la posibilidad de alcanzar una solución global a corto plazo tanto para los restos humanos como para el «tesoro de Magdala». Aunque se prevé que las restituciones se seguirán produciendo con cuentagotas, los defensores de una restitución total a Etiopía no pierden la esperanza de que una decisión futura a favor de la devolución haga caer el castillo de naipes británico.

3

Los bronces de Benín

En 2016, una mujer británica cobró 10 millones de libras por la venta de una escultura africana a un coleccionista privado. La pieza llevaba escondida sesenta y tres años en la cámara acorazada de un banco londinense. El padre de la vendedora, un marchante de origen judío, la había depositado allí tras la Segunda Guerra Mundial, con la esperanza de que una pieza tan excepcionalmente bella pudiese ser la salvación de su familia si una nueva tragedia llegaba a acechar al pueblo judío. Esta escultura de metal, que representa a un miembro de la familia real del reino histórico de Benín (la actual Nigeria), es una de las miles de piezas que el ejército británico expolió en el año 1897 a este reino y que en la actualidad siguen todavía en manos de particulares, museos e instituciones ubicadas a miles de kilómetros de África.

La migración involuntaria del patrimonio cultural africano es una de las muchas consecuencias del conocido como holocausto africano, una catástrofe colectiva provocada por el feroz colonialismo europeo. Desde esa perspectiva, los bronces de Benín han sido durante más de un siglo un símbolo destacado del expolio artístico perpetrado en África. A lo largo de este capítulo vamos a explicar cómo en la última década se ha ido fraguando un giro de guion francamente inesperado en torno a estos objetos artísticos.

Este conjunto de piezas extraordinarias es hoy en día el ejemplo más palpable en todo el mundo de que las restituciones internacionales de patrimonio artístico sí son posibles. Veamos a continuación por qué los bronces de Benín son, por mérito propio, la imagen del debate contemporáneo en torno a la descolonización de los museos occidentales, así como un efectivo antídoto contra la amnesia cultural.

El reino histórico de Benín

El reino histórico de Benín fue uno de los reinos de la región forestal de África Occidental. Desde el siglo XIII, este reino (que no debe confundirse con la actual República de Benín, una antigua colonia francesa denominada Dahomey hasta 1975) agrupaba una pluralidad de pueblos que compartían una misma lengua (edo) y un soberano común (oba). Este reino bañado por el océano Atlántico nunca llegó a contar con una gran amplitud territorial. En su momento de máxima expansión geográfica, estaba acotado por el delta del río Níger al este y la actual ciudad nigeriana de Lagos al oeste.

Pese a estas limitaciones, el reino de Benín gozó de un destacado esplendor económico, especialmente durante los siglos XV y XVII. Con el respaldo de una poderosa dinastía de reyes de carácter hereditario, Benín se convirtió en una potencia comercial que vendía grandes cantidades de diversas materias primas (marfil, pimienta, aceite de palma...) y mano de obra esclava a comerciantes portugueses y holandeses. A cambio, el reino recibía productos de relevancia estratégica, como metales y armas de fuego. Esta bonanza mercantil impulsó a su vez un florecimiento artístico, en el que artesanos refinados (fundidores, herreros, talladores...) crearon relieves, esculturas, máscaras, ornamentos e instrumentos musicales de elevada calidad técnica.

Sin embargo, a lo largo de los siglos XVIII y XIX, el reino de Benín se fue debilitando progresivamente como consecuencia de diversas intrigas sucesorias y de ataques provenientes del exterior. El final de este reino histórico llegó en 1897, momento en el que se incorporó por la fuerza al Imperio colonial británico. El hasta entonces independiente reino de Benín sufrió una «expedición punitiva», dirigida por el almirante británico Harry Rawson y respaldada por más de mil hombres.

La intervención británica se justificó por diversos motivos, entre ellos, el deber de represaliar la muerte de un grupo de hombres de una delegación bajo mando británico que se había adentrado en el reino de Benín. Asimismo, desde una perspectiva europea, se argumentó que la incursión conseguiría erradicar los ritos y costumbres salvajes que se decía que imperaban en el territorio. Por el contrario, desde una visión africana, esta violentísima invasión refleja la insaciable codicia de unos colonizadores eurocéntricos que acabaron con la independencia del reino y arrasaron sus estructuras políticas, sociales, religiosas y culturales. En ese sentido, los sucesos acontecidos en el reino de Benín en 1897 se han calificado como el paradigma del encuentro europeo-africano, que trajo consigo aciagas consecuencias para África, también denominada «el continente de la diversidad».

El expolio de los llamados «bronces de Benín»

En una fotografía en blanco y negro que se recoge en la parte central del libro se ve un grupo central de seis hombres de rasgos caucásicos con salacots en la cabeza. Cinco de ellos van vestidos con ropa ligera y clara, típica de los exploradores del siglo xix. El sexto lleva un uniforme más oscuro, propio de su cargo militar o administrativo, y tiene entre las manos varias hojas, de modo que podría estar tomando notas o haciendo un inventario. Todos ellos posan ante la cámara con una actitud que denota seguridad y control.

Lo más llamativo de la imagen, no obstante, no es ese grupo de hombres, sino una abigarrada montaña de objetos que rebosa los mismos bordes de la foto. Entre estas piezas sin ordenar que se vislumbran en la parte trasera de la estampa pueden identificarse armas, herramientas y pieles de animales. Además, en el primer plano de la imagen y alineados en varias filas, hay una amalgama de objetos de diversos materiales (marfil, metal, madera...). Entre estas piezas, junto a las que los hombres posan orgullosos, destacan más de una docena de colmillos de elefante, un taburete ceremonial y varias figuras zoomorfas y antropomorfas, así como vasijas y recipientes.

Esta fotografía, testimonio gráfico de la expedición punitiva de 1897, refleja la voracidad de la invasión británica. La capital del reino histórico de Benín fue asediada e incendiada. El depuesto oba Ovonramwen tuvo que exiliarse en Calabar, ciudad de la actual Nigeria, y su palacio fue arrasado. Como muestra la imagen, el patrimonio artístico del reino de Benín fue objeto de un pillaje generalizado que tuvo consecuencias funestas. Por ejemplo, los altares reales que se habían erigido en honor de los miembros de la dinastía real y narraban la historia del reino se desmembraron de forma irreparable.

No existen datos totalmente fiables sobre el número de piezas que desaparecieron del reino de Benín a raíz de la expedición punitiva, pero diversas fuentes calculan que fueron entre 2.500 y 5.000 objetos; incluso alguna fuente consultada habla de 10.000 objetos. Todos cayeron en muy diversas manos y tuvieron destinos igualmente diversos. Así, algunos de los participantes en la expedición punitiva retuvieron objetos artísticos de Benín. La Administración británica donó 203 piezas al Museo Británico y se dice que cuatro piezas, entre ellas, dos leopardos de marfil, se entregaron a la reina Victoria de Reino Unido en calidad de regalo.

Otra parte importante de este patrimonio artístico apareció en casas de subastas, donde fue adquirido por marchantes, coleccionistas privados y museos etnográficos ávidos de engrosar sus colecciones. Alemania y Estados Unidos son dos de los países en los que recalaron un número significativo de estas piezas subastadas. En definitiva, el patrimonio artístico del reino histórico de Benín, despojado a la fuerza de su simbolismo ritual y de su narrativa histórica, se disgregó por la totalidad del globo terráqueo en las primeras décadas del siglo xx. Se han identificado objetos procedentes de este gigantesco expolio en 161 museos, solo nueve de ellos están ubicados en Nigeria.

Este conjunto de piezas procedentes del expolio de 1897 se conoce popularmente como «los bronces de Benín». Aunque esta es también la denominación que se utiliza en el presente capítulo, no debe olvidarse que este término genérico se aplica no solo a las extraordinarias placas y esculturas metálicas de bronce elaboradas por los artesanos de Benín, sino también a otros objetos artísticos relevantes creados tanto con otros metales (aleaciones de bronce y latón o piezas de latón) como con materiales no metálicos (marfil, coral, madera, piel, cerámica...).

LOS BRONCES DE BENÍN: ¿TESOROS ARTÍSTICOS CREADOS POR UN PUEBLO BÁRBARO?

El 23 de febrero de 1897, *The New York Times* calificó la capital del reino histórico de Benín como «el lugar merecidamente designado como la ciudad de la sangre». En la noticia, que desgranaba los pormenores de la invasión británica, el rotativo estadounidense describe la ciudad como un enclave apocalíptico, en el que los horrorizados británicos hallaron abundantes seres humanos crucificados y tuvieron que soportar el apestoso olor a sangre que rezumaban las múltiples cabezas decapitadas en ceremonias religiosas.

Este tipo de narrativa, en la que también ahondó la prensa europea, llevó a considerar que el reino de Benín era un lugar absolutamente barbárico, oscuro y brutal. Esta perspectiva contribuyó a allanar, de cara a la opinión pública del momento, el camino del colonialismo europeo en África. Este colonialismo feroz hizo que las potencias europeas pasasen de poseer un 10 por ciento del territorio del continente africano en el año 1870 a ser dueñas del 90 por ciento de África en 1914.

Dentro de este marco, y con el supremacismo blanco como debate de fondo, la llegada del arte del reino histórico de Benín a Occidente supuso una sorpresa mayúscula para eruditos, curadores y artistas. Si bien hubo voces convencidas de que las piezas no se podían haber fabricado sin la pericia aportada por las metrópolis europeas, con el paso del tiempo se fueron imponiendo los argumentos de quienes reconocían la maestría de los artesanos africanos.

A modo de ejemplo, el controvertido antropólogo austríaco Felix von Luschan, quien ostentó cargos directivos en el Museo Etnológico de Berlín, afirmó que los bronces de Benín constituían un ejemplo de arte grandioso «que se encontraba entre las más altas cumbres de la escultura en vaciado». Dos conservadores del Museo Británico publicaron también varios trabajos sobre estas piezas, en los que reconocían que se trataba de un arte muy desarrollado y que los relieves de metal conformaban «un manuscrito valioso, un nuevo *Codex Africanus* que no estaba escrito en frágiles papiros, sino en marfil y latón imperecederos».

Se ha llegado a afirmar que las placas en altorrelieve del reino de Benín presentan el mismo nivel de sofisticación y calidad técnica que la Puerta del Paraíso, en el lado este del Baptisterio de Florencia, elaborada en el siglo xv por el escultor Lorenzo Ghiberti y obra cumbre del Renacimiento italiano. Estos altorrelieves africanos reflejan con gran detalle la crónica política y social de este reino centenario, puesto que plasman escenas cortesanas y cinegéticas y hasta representan a los emisarios portugueses que mantuvieron una viva relación comercial con el territorio.

Los artistas benineses no se vieron afectados por las limitaciones de representar seres vivos propias del islam, por lo que desarrollaron en libertad un arte figurativo de extraordinaria madurez. Usaron técnicas avanzadas de fundición en metal, como el procedimiento de la cera perdida, incluso antes de que se implantase este método en el Barroco europeo. Esta pericia técnica permitió que en el reino de Benín se moldeasen cabezas de reyes y reinas de destacado tamaño y peso, con rostros expresivos y exquisitos peinados y tocados ornamentales. Los marfiles de Benín, en forma de colmillos tallados, máscaras y ornamentos, también alcanzaron un elevado nivel de perfección artística. La contemplación en Europa de la belleza de los bronces de Benín impactó a artistas plásticos de primer orden mundial. Pablo Picasso visitó en 1907 el actual Museo del Hombre parisino acompañado por el fauvista André Derain. Las piezas del reino de Benín que allí se exhibían causaron una profunda impresión en el pintor español, lo que lo llevó a desarrollar el conocido como «período negro», antesala del cubismo. Picasso invertía en esta etapa las líneas cóncavas y convexas en las figuras, alargaba los rostros geométricos y les otorgaba una apariencia de máscaras, recurría a planos sin perspectiva y empleaba colores oscuros, ocres, grises y rojos. Esta «época africana» prendió la mecha de la rebeldía en el pintor malagueño, quien renunció al realismo y se adentró en nuevos universos artísticos. Un ejemplo paradigmático de esta evolución es el icónico lienzo conocido como *Las señoritas de Avignon*. Otros artistas como Matisse, Gauguin, Modigliani, Klee, Brancusi, Kirchner, Pechstein y Braque también abrazaron el primitivismo, lo cual a su vez impulsó las vanguardias del primer tercio del siglo xx europeo.

Desde una perspectiva estética, es incuestionable que los bronces de Benín son logros artísticos de sublime belleza. Sin embargo, este enfoque únicamente hace referencia a una de las múltiples facetas de estas excepcionales piezas. Para llegar a comprender la profunda singularidad de los bronces, hay que ir más allá de su papel decorativo y fastuoso y ser conscientes de que este tesoro cultural es un elemento sustancial de la espiritualidad y la identidad del reino de Benín. Estos elementos desempeñaban un papel esencial en las ceremonias dedicadas al culto de la dinastía reinante. Se consideraban objetos sagrados que ayudaban a conectar al pueblo con sus ancestros y sus deidades, gracias a la intervención de la autoridad divina del oba (protegían contra el miedo, preservaban frente al dolor, acompañaban en momentos de duelo, luchaban contra el olvido...).

Además, los bronces tenían un insustituible cariz conmemorativo y registral, ya que contaban la historia del reino histórico de Benín y desvelaban las raíces de su identidad y sus valores comunitarios. En ese sentido, también plasman los destinos individual y colectivo de los benineses. Diversos autores subrayan que los bronces de Benín son en realidad una biblioteca visual del reino y apuntan que, por ejemplo, en la coronación del oba Erediauwa, celebrada en 1979, se tuvo que recurrir a un molde de los bronces para determinar dónde debía colocarse correctamente un elemento de la parafernalia de la ceremonia.

Por todo ello, cuando estas piezas acabaron diseminadas por el mundo y exhibidas como trofeos exóticos conquistados por la civilización occidental, este patrimonio artístico y cultural sufrió un proceso de descontextualización irreparable. Su reubicación forzada en vitrinas y almacenes privó a los bronces de sus funciones y valores primigenios y, en ocasiones, se vieron sometidos a análisis e interpretaciones falaces. Los herederos del reino de Benín perdieron, además, la posibilidad de conectar, aunque fuese visualmente, con estos objetos que narraban su cultura y su pasado. Estas comunidades sentían que se les había extirpado el alma y así lo han manifestado con poemas como «La memoria de África», del afamado poeta nigeriano contemporáneo Niyi Osundare:

Pregunto por el bronce Oluyenyetuye de Ife.
La luna dice que está en Bonn.
Pregunto por la máscara Ogidigbonyingboyin de Benín.

La luna dice que está en Londres.
Pregunto por el taburete Dinkowawa de Ashanti.
La luna dice que está en París.
Pregunto por el busto Togongorewa de Zimbabue.
La luna dice que está en Nueva York.
Pregunto.
Pregunto.
Pregunto por la memoria de África.
Las estaciones dicen que está flotando en el viento.
El jorobado no puede ocultar su carga.

PIEDRAS EN EL LARGO CAMINO DE LAS PETICIONES DE RESTITUCIÓN DE LOS BRONCES DE BENÍN

La expedición punitiva británica de 1897 supuso el fin del reino independiente de Benín. Tras la muerte en el exilio del oba Ovonramwen, su hijo solicitó sucederlo en el trono, con lo que se restableció formalmente la monarquía en el año 1914. No obstante, este nuevo oba, Eweka II, no pudo ejercer un poder efectivo, dado que por aquel entonces el reino independiente de Benín había pasado a estar controlado por la autoridad británica y ya formaba parte del territorio de Nigeria.

Nigeria es hoy en día una república federal de fuerte corte presidencialista, regida por una Constitución democrática. En el país coexisten más de quinientas lenguas y más de doscientos cincuenta grupos étnicos que mantienen a sus propios gobernantes tradicionales. El sistema legal nigeriano reconoce el derecho consuetudinario (o de usos y costumbres) y, en ese contexto, líderes como el descendiente de los obas del reino histórico de Benín siguen desempeñando un papel relevante en Nigeria. Así, en la contemporánea Ciudad de Benín (nombre heredado de la capital histórica del reino de Benín), que se ubica en el estado de Edo, al sur de Nigeria, se erige un palacio real. En él reside actualmente el oba Ewuare II, quien fue coronado como el cuadragésimo oba de Benín en 2016. Aunque este oba posterior al reino de Benín ya no disfruta de los poderes soberanos que antaño caracterizaban a estos mandatarios, sigue gozando de prestigio entre la población, dado que puede actuar como asesor gubernamental y como pacificador en la resolución de disputas, y, a ojos de algunos, posee todavía una venerada supremacía espiritual.

Desde que se produjo el expolio de los bronces a finales del siglo xix, la dinastía de los obas de Benín ha recurrido a su autoridad para reclamar, en diversos momentos y por distintos canales, la devolución de su patrimonio cultural disperso por Occidente. El Gobierno de la República Federal de Nigeria también ha planteado en repetidas ocasiones reclamaciones en el mismo sentido. Estas iniciativas, así como varios pronunciamientos internacionales a favor de la restitución, han hecho que la trágica historia de los bronces de Benín no haya caído en el olvido. Sin embargo, desde una perspectiva finalista, no puede afirmarse que los primeros cien años de solicitudes de devolución de los bronces hayan sido especialmente exitosos.

En el año 1935 —veinticinco años antes de que a Nigeria le fuese concedida la independencia—, Akenzua II solicitó la devolución de dos taburetes de trono fabricados en bronce que formaron parte del botín artístico expoliado por la expedición punitiva de 1897. Para ello, este oba de Benín pidió ayuda a lord Plymouth, británico que en ese momento ostentaba el cargo de subsecretario de Estado para las Colonias. Ambas piezas se localizaron en el Museo

Etnológico de Berlín, pero las autoridades nazis se negaron a llevar a cabo la restitución solicitada. Lo único que se le permitió al oba beninés fue que encargase unas réplicas de los taburetes, con lo que tuvo que asumir la totalidad de los gastos de fabricación y transporte internacional de los objetos. Esto le supuso abonar unas 130 libras de la época para poder recibir las réplicas.

El final de la Segunda Guerra Mundial dio nuevas esperanzas al mandatario africano, quien volvió a instar la devolución de esos valiosos objetos, e incluso se apuntó que tal vez la Alemania vencida podría conformarse con recibir las réplicas de los taburetes (que se dice que eran de plástico), mientras que las bellas piezas originales regresarían a Benín. Sin embargo, este hipotético trueque no llegó a llevarse a cabo, ya que las autoridades británicas priorizaron el hecho de que un comerciante polaco había adquirido legítimamente los taburetes en una subasta pública en Londres y posteriormente los había donado lícitamente al museo berlinés. Como colofón a esta —hasta el momento— triste historia, ha de adelantarse que en 2022 el Gobierno alemán devolvió los taburetes a la Comisión Nacional Nigeriana para los Museos y Monumentos (NCMM, por sus siglas en inglés).

Antes de la independencia de Nigeria sí que se consiguió que algunas piezas expoliadas en 1897 regresasen a territorio africano. No obstante, el *modus operandi* que se tuvo que aplicar en estas recuperaciones distó mucho de ser el óptimo, ya que hubo que hacer desembolsos económicos para poder recuperar las piezas. A modo de ejemplo, la actual web del Museo Británico explica que en los años 1950 y 1951 la institución decidió desafectar (una forma de descatalogación) 29 placas de Benín de su colección, tras haber llegado a la conclusión errónea de que eran duplicados de otras piezas ya catalogadas. El museo se deshizo de esas «piezas dobles» vendiendo, intercambiando o donando 25 de ellas a la Colonia y Protectorado de Nigeria, vendiendo otra placa al Gobierno colonial de Costa de Oro (actual Ghana) y enajenando e intercambiando las restantes con comerciantes y coleccionistas privados.

En el ámbito internacional, Naciones Unidas mostró su apoyo a reivindicaciones como las que se habían hecho desde Nigeria al emitir en diciembre de 1973 una resolución sobre la restitución de obras de arte a países víctimas de expropiación, en la que afirmaba que «la pronta restitución a un país de sus objetos de arte [...] constituye una reparación justa por el daño causado». En la misma década, Amadou-Mahtar M'Bow, político senegalés y director general de la Unesco, hizo público un llamamiento en el que, en un tono muy personal y cercano, compartía su opinión sobre este tipo de casos:

> Los pueblos que han sido víctimas de este saqueo no solo se han visto despojados de obras maestras insustituibles, sino que se los ha desposeído de una memoria que sin duda los habría ayudado a conocerse mejor y, con toda seguridad, a hacerse comprender mejor por los demás [...]. La restitución de los tesoros artísticos que mejor representan su cultura, las obras a las que atribuyen mayor importancia, aquellas cuya ausencia les resulta psicológicamente más intolerable [es una reivindicación legítima].

Manifestaciones de este tipo hallaron su eco en la prensa de la época, pero no se plasmaron en acciones concretas que modificasen el *statu quo* de los bronces de Benín.

Otro momento relevante de esta larga carrera de obstáculos es el año 1977, fecha en la que se celebró en Nige-

ria un festival multidisciplinario de un mes de duración.
El Festac '77, inspirado por el espíritu panafricanista,
atrajo a medio millón de espectadores y contó con la participación de artistas de renombre mundial, como Stevie
Wonder y Gilberto Gil. Sus organizadores quisieron que
el símbolo oficial del certamen fuese la conocida como
«máscara colgante de Benín», una bella y detallada pieza
esculpida en marfil con incrustaciones metálicas fechada
en el siglo XVI. Se cree que esta máscara representa a Idia,
la primera reina madre (iyoba) del reino histórico de Benín, y posee un profundo significado ritual para el pueblo
beninés.

La presencia de la máscara de la hermosa Idia en el Festac '77 fue, no obstante, imposible de conseguir. La pieza se
hallaba en el Museo Británico y la petición de préstamo fracasó. La fragilidad de la máscara y el elevado coste del seguro fueron algunos de los argumentos manejados en la época
para evitar que la reina beninesa abandonase Londres. Por
lo tanto, el Gobierno nigeriano se tuvo que contentar con
encargar varias réplicas de la máscara a artistas de la etnia
edo y seguir honrando a esta reina madre reproduciendo su
imagen en el reverso de los billetes de la moneda nigeriana,
el naira.

Treinta años después, en la primavera de 2007, el Museo de Etnología de Viena inauguró una exposición titulada «Benín, reyes y rituales: artes cortesanos de Nigeria».
Esta muestra, que recogía casi trescientas obras representa-
tivas de la excelencia artística beninesa, se organizó gracias
a la colaboración de más de una veintena de instituciones,
entre ellas, el Museo Británico. Las piezas cedidas para este
transcendental evento se exhibieron posteriormente en el
Museo del Muelle Branly de París, en el Museo Etnológico
de Berlín y en el Instituto de Arte de Chicago. Por lo tanto,

esta *tournée* internacional de más de dos años no llegó a pisar el continente africano.

En el catálogo oficial de esta exposición se incluyó una emotiva nota firmada por Erediauwa I, trigésimo noveno oba de Benín, quien declaró: «Oramos para que el pueblo y el Gobierno austríaco muestren humanidad y magnanimidad y nos devuelvan algunos de los objetos que llegaron a su país».

En definitiva, a pesar de tantos esfuerzos prolongados en el tiempo, la realidad no admitía matices: a comienzos del siglo XXI, los bronces de Benín seguían estando muy lejos de Benín.

Cooperación internacional y diplomacia cultural: dos estrategias para la restitución de los bronces de Benín

Como acabamos de exponer, durante los cien años posteriores a la expedición punitiva británica, las peticiones de devolución de los bronces de Benín fracasaron. Sin embargo, en las dos últimas décadas, la situación ha cambiado radicalmente y hoy en día se afirma que estas piezas ya no son únicamente la encarnación del expolio y la violencia colonial, sino que han pasado a considerarse un símbolo mundial del proceso de descolonización de los museos occidentales. ¿A qué se debe esta transformación tan profunda? Sin duda, varios y complejos factores de índole política, social y cultural han intervenido en este proceso de cambio de nuestra percepción.

En primer lugar, por lo que respecta a los bronces de Benín, la cooperación internacional se personifica en el denominado Grupo de Diálogo de Benín. Este grupo de trabajo colaborativo multilateral está compuesto por representantes de museos de Austria, Alemania, los Países Bajos, Suecia y Reino Unido, así como por tres representantes clave de Nigeria: la Corte Real de Benín, el Gobierno del estado de Edo y la NCMM, en nombre del Gobierno federal nigeriano. Tras varios encuentros previos, el grupo se reunió en Leiden (Holanda) y el 19 de octubre de 2018 hizo pública una relevante declaración.

En ella expresaron su voluntad de crear un nuevo museo en Nigeria en el que se exhibiesen de forma permanente obras de arte icónicas de Benín procedentes de préstamos rotatorios de los museos participantes en este grupo. Este acuerdo se valoró como un cambio destacado en las prácticas museísticas de los integrantes del grupo, ya que hasta ese momento se había priorizado la seguridad de las piezas y se imponían estándares occidentales a su conservación.

La declaración del Grupo de Diálogo de Benín mostraba asimismo la disponibilidad de los socios europeos para ofrecer asesoramiento respecto de la construcción y el diseño expositivo del nuevo espacio museístico y preveía que socios europeos y nigerianos trabajasen en colaboración para desarrollar marcos de capacitación profesional, financiación y jurídicos que facilitasen la exhibición permanente.

De la misma forma, el documento concluía con una relevante afirmación: la construcción del museo «ocurre dentro de un contexto más amplio y no implica que los socios nigerianos hayan renunciado a reclamaciones para la devolución de obras de arte retiradas del palacio real de Benín, ni tampoco que los museos europeos hayan excluido la posibilidad de dichas devoluciones. Sin embargo, esto no forma parte de la labor del Grupo de Diálogo de Benín. Las cuestiones relacionadas con la devolución son asuntos bilaterales y es mejor abordarlas con cada museo en particular, dentro de sus sistemas nacionales de gobernanza».

El Grupo de Diálogo de Benín celebró otra reunión en Ciudad de Benín en 2019 y emitió una nota de prensa en la que, si bien el punto de partida seguía siendo que el grupo no tenía competencia para decidir la devolución de los bronces de Benín, sí se subrayaba que «reconoce el saqueo de Benín en 1897 y entiende que muchas de las colecciones de los museos se reunieron como resultado de este acontecimiento. Los miembros del Grupo de Diálogo de Benín, conscientes de la profunda pérdida que causó este evento, han compartido sus conocimientos sobre diversas iniciativas en toda Europa que actualmente buscan abordar el tema de la restitución. Existen complejidades jurídicas nacionales, internacionales e institucionales en la materia, en particular porque los museos miembros pertenecen a diferentes países y jurisdicciones con leyes y regulaciones distintas. El Grupo de Diálogo de Benín continuará compartiendo información y manteniendo a los socios actualizados sobre los cambios y brindando apoyo en esta conversación continua».

En las notas de prensa publicadas al hilo de las dos reuniones que el grupo celebró en Hamburgo y Londres en 2021 se muestra el papel tan destacado que ha tenido la cooperación internacional en la implementación de dos iniciativas transcendentales que se detallan al final de este capítulo: la creación tanto de un museo físico como de un archivo digital sobre los bronces de Benín.

El grupo ha desempeñado una función crucial en la construcción del actualmente denominado Museo de Arte de África Occidental (MOWAA, por sus siglas en inglés) en Ciudad de Benín, y ha sido de gran ayuda «para compartir y canalizar información, coordinar la comunicación y asesorar a museos de todo el mundo sobre cómo contribuir o restituir obras a este singular museo en formación».

También ha impulsado el proyecto Digital Benin, con el objetivo de analizar y catalogar las colecciones de Benín y sus archivos documentales y fotográficos. Para ello se ha creado una plataforma online que ofrece información detallada sobre los bronces de Benín dispersos por todo el mundo.

En segundo lugar, la diplomacia cultural también ha tenido un papel insustituible en el largo y tortuoso regreso de algunos bronces de Benín a África. Como se va a detallar en los siguientes apartados, es importante subrayar que las devoluciones de bronces de Benín que han tenido lugar hasta el momento no han sido consecuencia de una sentencia dictada por un órgano judicial nacional o internacional. Al contrario, entes como el Gobierno nigeriano o un miembro de la familia real de Benín han planteado las reclamaciones de piezas procedentes del expolio de 1897 por vías no judiciales. Estas peticiones, vehiculadas a través de solicitudes por escrito a Gobiernos o museos, han abierto diversos cauces de análisis y reflexión. Algunos se han desarrollado de forma preeminentemente unilateral por parte del país o la entidad pública o privada receptora de la solicitud; otros, en cambio, se han encauzado de forma más bilateral, con acercamientos y conversaciones entre el solicitante y la entidad solicitada.

Este tipo de procesos —y, como colofón, la restitución de las piezas reclamadas— se consideran una nueva manifestación de la diplomacia cultural. Esto es, se interpreta que países como Francia y Alemania han utilizado los bronces de Benín como una herramienta para revalorizar y mejorar el presente y el futuro de sus relaciones político-económicas bilaterales con varios países del continente africano.

Esta utilización —en el buen o en el mal sentido de la palabra— de los bronces puede generar sentimientos encontrados: ¿nos hallamos ante un avance ético reseñable o, por el contrario, estamos presenciando un nuevo truco de *soft power* de las antiguas potencias coloniales? A continuación explicamos cómo se forjó el destino de los bronces de Benín en cuatro países que son fundamentales en esta narrativa: Francia, Alemania, Reino Unido y Estados Unidos.

Francia: cómo surgió la chispa que prendió la mecha

Francia ha sido, junto con Reino Unido, uno de los grandes colonizadores de África, pues ha llegado a poseer casi el 40 por ciento del territorio africano. Se calcula que en la actualidad los museos públicos franceses albergan más de noventa mil piezas del África subsahariana y que la cifra aumenta considerablemente si se computan también las que se encuentran en manos de instituciones privadas y coleccionistas. Por ello, no debe extrañarnos que, desde hace ya varias décadas, Francia haya tenido que posicionarse respecto del destino de las abundantísimas piezas de origen africano que hay en su territorio.

En un contexto en el que las peticiones de restitución que recibía el Gobierno francés se iban resolviendo de forma individualizada, un caso iniciado en 2016 recibió un amplio seguimiento mediático. El Ejecutivo de la República de Benín (antigua Dahomey, no confundir con el reino histórico de Benín) solicitó formalmente a Francia la devolución de un conjunto de objetos que se exponían en el Museo del Muelle Branly de París.

La respuesta que el ministro de Exteriores galo remitió por escrito no pudo ser más categórica: «De acuerdo con la legislación vigente, estos bienes están sujetos a los principios de inalienabilidad, imprescriptibilidad e inembargabilidad. En consecuencia, su restitución no es posible». Esta negativa trajo consigo una cascada de reacciones globales. Por ejemplo, la fundación angoleña Sindika Dokolo se negó posteriormente a prestar piezas de su colección al museo parisino y varios activistas africanos del grupo Unité Dignité Courage llegaron a robar varias piezas africanas de museos franceses, en una suerte de intervenciones museísticas anticoloniales.

Sin embargo, este tratamiento inflexible por parte de Francia de las peticiones de restitución no es el posicionamiento actual de este país. Al contrario, existen ejemplos paradigmáticos de devolución por parte de un Estado que sigue debatiendo extensamente este asunto. Así, el punto de inflexión de la política francesa en materia de restitución de arte africano puede situarse en noviembre de 2017, momento en el que Emmanuel Macron, que acababa de ser investido presidente de la República Francesa, hizo su primer viaje oficial a África. El día 28 de ese mes, Macron pronunció un discurso en la Universidad de Uagadugú, situada en la capital de Burkina Faso.

Consciente de la importancia que tienen para Francia las relaciones poscoloniales, Macron verbalizó cuáles eran los principales retos que debían abordarse para que la conocida como *Françafrique* prosperase (terrorismo, migración, formación, etcétera). En su intervención, Macron también se refirió expresamente a la cultura y declaró que era el primer remedio para poder reconstruir un imaginario común poderoso.

En ese sentido, el presidente afirmó: «No puedo aceptar que una gran parte del patrimonio cultural de varios países africanos se conserve en Francia. Hay explicaciones históricas para ello, pero no hay ninguna justificación válida, duradera e incondicional. El patrimonio africano no puede existir únicamente en colecciones privadas y museos europeos. El patrimonio africano debe mostrarse en París, pero también en Dakar, Lagos y Cotonú: esa será una de mis prioridades. Dentro de cinco años, quiero que se den las condiciones para que el patrimonio africano vuelva temporal o definitivamente a África».

A raíz de estas declaraciones, que acapararon la atención de la prensa, el Gobierno francés encargó en marzo de 2018 a dos académicos, el economista senegalés Felwine Sarr y la historiadora del arte francesa Bénédicte Savoy, la elaboración de un informe sobre la restitución de patrimonio cultural africano. Siete meses más tarde, se hizo público un documento de 244 páginas que no dejó indiferente a nadie.

Este informe defiende la implantación de una nueva ética relacional que sustente la devolución a gran escala de piezas artísticas coloniales. Sarr y Savoy abogan por ofrecer una respuesta positiva a las demandas africanas de restitución no solo de objetos robados en el contexto de la guerra, sino también de otros recogidos durante misiones científicas antes de 1960 y de los entregados a museos franceses por agentes de la Administración colonial. Solo la prueba fehaciente de una ausencia de abuso en las transacciones justificaría la no devolución al país de origen.

Esta postura, calificada como maximalista, fue alabada por quienes aceptaban erosionar el sanctasanctórum de la inalienabilidad de las colecciones públicas francesas que proclama el artículo L.451-5 del Código del Patrimonio francés. Por el contrario, otras voces calificaron el informe Sarr-Savoy como decepcionante y radical y criticaron que convirtiese los museos en rehenes del sufrimiento creado por el colonialismo. Esta polarización argumental se reprodujo en el año 2020 en el Parlamento francés: el Gobierno había iniciado los trámites para aprobar una ley específica que permitiese restituir 26 piezas de arte africano a la República de Benín y una espada a la República de Senegal. Buena parte del arco parlamentario manifestó sus miedos ante esta iniciativa, ya que una proliferación de este tipo de leyes supondría un ataque a la integridad de las colecciones públicas francesas, configuradas bajo la concepción del museo universal.

Tras la entrega en 2019, en calidad de préstamo renovable, de la espada de El Hadj Umar Tall a Senegal, Francia aprobó finalmente la ley número 2020-1673. Con ella se vehiculó en noviembre de 2021 la ceremonia de restitución a la República de Benín del llamado «tesoro del reino de Dahomey». Las 26 piezas que hasta el momento se exponían en el Museo del Muelle Branly habían sido donadas a la institución por el general Dodds, líder del asalto cometido por el ejército francés al palacio del rey Behanzin en 1892. Entre las piezas expoliadas en la ciudad de Abomey se hallan tres esculturas de gran tamaño que representan a los últimos monarcas de Dahomey, tronos reales, altares sagrados, puertas talladas, cetros, un huso y un telar. Todas ellas son de una belleza, un valor y un significado únicos.

La restitución de este conjunto de piezas por parte de Francia ha tenido un gran impacto en la opinión pública del país, magnificado por las numerosas publicaciones y los documentales producidos sobre este tesoro en los últimos años. Entre ellos merece la pena destacar *Dahomey*, la producción senegalesa de la directora Mati Diop que obtuvo el Oso de Oro a la mejor película en el Festival de Berlín de 2024. En este documental, una de las piezas del tesoro narra su viaje de regreso a la República de Benín y muestra también el debate que esta restitución ha generado entre los jóvenes benineses. En palabras de Bénédicte Savoy, este expolio artístico «ha desarraigado a regiones enteras, y no hay que olvidar que desculturizar es también una práctica de guerra».

Una vez devuelto el tesoro del reino de Dahomey, el presidente Macron solicitó al controvertido Jean-Luc Martinez, exdirector del Museo del Louvre, un informe sobre cuáles deberían ser los criterios aplicables a la restitución de bienes culturales. Tal vez el dirigente galo quería tantear el terreno de cara a la elaboración de una ley general en materia de restitución de obras de arte. Macron era posiblemente consciente de que la compleja tramitación de diversas normas que autorizasen devoluciones concretas le iba a impedir cumplir la gran promesa que había dado a conocer en la Universidad de Uagadugú.

En realidad, los cinco años prometidos ya han pasado y es incuestionable que Francia sigue poseyendo un abundantísimo patrimonio africano en sus museos públicos, entre el que se cuentan diversas piezas que los británicos expoliaron en el reino histórico de Benín en 1897 y que actualmente se encuentran en los parisinos Museo del Muelle Branly y Museo Cluny. La anunciada adopción de una ley marco que permitiría la descatalogación de objetos africanos procedentes de las conquistas coloniales que se encuentran en colecciones nacionales francesas estuvo dos años sin concretarse. Sin embargo, en julio de 2025, tras la adopción de una nueva ley para devolver un objeto a Costa de Marfil, el Gobierno francés presentó un nuevo proyecto de ley marco, no limitado al patrimonio africano sino con «alcance geográfico universal». El objetivo de esta ley es facilitar la devolución a sus países de origen de los bienes culturales pertenecientes a las colecciones nacionales francesas que se expoliaron entre 1815 y 1972. Si este proyecto prospera, ya no se necesitaría aprobar una ley específica que autorizase cada devolución, sino que esta se llevaría a cabo de una forma más sencilla (con un decreto del Consejo de Estado, tras quedar probado el carácter ilícito de la apropiación de las obras reclamadas).

Mientras se decide el futuro de este nuevo proyecto, ha de reconocerse que las restituciones de arte africano que Francia ha realizado en estos últimos años constituyen una vigorosa chispa que ha encendido la mecha del debate en torno a la restitución del arte colonial tanto en territorio galo como en los países europeos y no europeos de los que vamos a hablar a continuación.

Alemania: cómo «el estilo alemán no es especialmente sexi, pero puede ser eficiente»

Con esta llamativa frase ha resumido un alto funcionario del Ministerio de Cultura alemán el cambio radical experimentado por la República Federal de Alemania respecto de los bronces de Benín. Desde finales del siglo XIX, Alemania es uno de los países que más bronces de Benín atesora en sus museos. Hay que tener en cuenta que solo el Museo Etnológico de Berlín poseía 512 piezas procedentes de la expedición punitiva en el país africano, lo que lo convertía en el poseedor de la segunda mayor colección del mundo tras el Museo Británico. Esta acumulación de objetos procedentes del reino histórico de Benín era una realidad no cuestionada ni por representantes museísticos ni por la sociedad teutona en general.

Sin embargo, varios acontecimientos de naturaleza muy distinta acaecidos a lo largo de esta última década han erosionado el consenso social en torno a la propiedad y la exhibición de los bronces por parte de instituciones germanas. Junto con los ecos de la ya analizada política del presidente francés Macron, en Alemania fue también muy impactante que en 2019 su Parlamento reconociese que el ejército imperial había cometido un genocidio (calificado como el primer genocidio del siglo xx) en Namibia entre 1904 y 1908. La creación del Foro Humboldt en Berlín ha generado también muchos debates de corte colonial. Hasta la ubicación de este nuevo megamuseo, inaugurado en diciembre de 2020, ha sido controvertida, dado que se encuentra en el lugar donde antaño se localizaba el palacio del káiser Guillermo II. Este heredero de Guillermo I fue uno de los grandes beneficiarios de la Conferencia de Berlín, que se celebraba a escasos metros de la actual ubicación del Foro y que organizó el reparto del continente africano. También las características y la procedencia de la colección que el nuevo museo albergaría han generado una polémica mayúscula, dado que se preveía exponer miles de piezas llegadas a Alemania en la época colonial.

Como consecuencia de estas discusiones, Bénédicte Savoy, coautora del ya mencionado informe Sarr-Savoy, renunció a su cargo en el consejo asesor de expertos del futuro museo, tras declarar a la prensa alemana que «el Foro Humboldt es como Chernóbil [...]. Si simplemente exhibes objetos y ya no trabajas en ellos intelectualmente, están muertos». En relación con los bronces de Benín, unos días antes de la apertura del museo, el embajador nigeriano acreditado en Alemania remitió a la canciller Merkel una carta en la que la instaba a devolver las piezas. Este tipo de manifestaciones públicas también hicieron mella en la ciudadanía alemana, cada vez más proclive a revisar su pasado histórico con ojos críticos.

Tal vez fue, efectivamente, la presión social de historiadores y activistas. Tal vez en realidad se impuso en el Ejecutivo alemán un pragmatismo —la típica *Realpolitik* alemana— con tendencia a evitar que los bronces eclipsasen la puesta en marcha de su gran apuesta museística. Tal vez en el país también influyeron experiencias previas como la restitución del arte expoliado por los nazis. En cualquier caso, hay constancia de que el Gobierno alemán impulsó a partir de 2019 el debate y el consenso en torno a la restitución de los bronces de Benín. En un primer momento, de forma unilateral, ministros federales y representantes de los diversos estados federales alemanes plasmaron los frutos de sus reuniones en documentos como la declaración del 29 de abril de 2021, al tiempo que adoptaban nuevas medidas en materia de transparencia, como la creación de inventarios de las piezas en poder de museos germanos, entre otras.

El debate en torno al futuro de los bronces de Benín se volvió asimismo bilateral. Así, el 13 de octubre de 2021, el Gobierno alemán y la CNMM firmaron en Abuya, capital de Nigeria, un memorando de entendimiento que preveía una amplia colaboración entre ambos países en el ámbito de la arqueología y la cooperación y la infraestructura museísticas. Este memorando también anticipaba un objetivo que desde la perspectiva alemana se ha calificado como «el modelo pionero para el tratamiento del arte colonial expoliado»: las instituciones y los museos públicos alemanes debían devolver sin condiciones a Nigeria los bronces de Benín.

En consonancia con ello, el 1 de julio de 2022, Alemania y Nigeria firmaron una declaración conjunta pionera en la que reconocían el gran valor artístico, histórico y actual de los bronces para las generaciones presentes y futuras de Nigeria, en particular, para el pueblo edo, así como su importancia universal para la humanidad. Tras indicar que hasta el momento se habían identificado en las colecciones alemanas más de un millar de piezas consideradas parte de los bronces de Benín, la declaración de 2022 afirmó taxativamente que todas debían restituirse incondicionalmente a Nigeria.

Con esta declaración conjunta, el Gobierno alemán había establecido las bases políticas y jurídicas para llevar a cabo una restitución internacional a gran escala de obras de arte expoliadas durante el período colonial. Como veremos en el capítulo 5, este documento y las negociaciones previas entre Alemania y Nigeria tienen lugar en paralelo al desarrollo de una nueva política en los Países Bajos, según la cual objetos que salieron de las antiguas colonias holandesas durante la dominación neerlandesa tienen que devolverse sin condiciones. Aunque esta política no se aplica a objetos procedentes de colonias sometidas a un poder colonial distinto al neerlandés, los Países Bajos también decidieron devolver 113 bronces a Nigeria a principios de 2025. En términos cuantitativos, se trata de la mayor restitución de bronces de Benín hasta el momento. Eppo Bruins, el ministro de Educación, Cultura y Ciencia neerlandés, justificó la decisión de su Gobierno con las siguientes palabras: «Esta restitución contribuye a reparar una injusticia histórica que todavía se siente hoy en día».

A partir de la declaración germano-nigeriana, diversas instituciones alemanas han ido firmando acuerdos individuales con la NCMM, que incluyen tanto la transferencia de la titularidad jurídica de los bronces a la República de Nigeria como su devolución física a este país.

A modo de ejemplo, el 20 de diciembre de 2022 (es decir, ciento veinticinco años después de la expedición punitiva británica), se celebró en Nigeria una ceremonia en la que la ministra alemana de Asuntos Exteriores entregó 21 piezas procedentes de museos de Berlín, Hamburgo, Stuttgart y Colonia. Entre ellas destacaba una cabeza de bronce de un oba, un trono con el símbolo de una pitón enrollada y una máscara en miniatura de una reina madre elaborada en marfil y decorada con perlas de cristal amarillas y coral rojo. Al recibirla, el ministro de Cultura nigeriano manifestó emocionado que la valiosa máscara «regresa adonde pertenece». La declaración de 2022 también incluye varias disposiciones sobre préstamos y exposiciones itinerantes.

En algunos casos, se ha acordado que las instituciones públicas y los museos alemanes puedan seguir exponiendo bronces de Benín, pero en calidad de préstamo realizado por Nigeria, lo cual supone un giro copernicano respecto de la hasta ese momento bien asentada titularidad alemana de las piezas artísticas. Así, los bronces de Benín que actualmente se exhiben en el Foro Humboldt (168 piezas elegidas por los representantes nigerianos) están acompañados de unas cartelas detalladas que indican que pertenecen a Nigeria.

En definitiva, esta concatenación de acontecimientos ha conllevado cambios profundos en los museos alemanes. Otra buena muestra de ello es lo que sucedió en el Museo Rautenstrauch-Joest de Colonia, la cuarta institución alemana si tenemos en cuenta el número de bronces que forman parte de su colección. En 2021, este museo organizó la exposición «¡RESISTE! El arte de la resistencia», en la que por primera vez se sacaron del depósito y se expusieron las 96 piezas del reino histórico de Benín que poseía la institución. Se dice que hasta el momento los visitantes del museo solo habían tenido la posibilidad de contemplar cinco de ese casi centenar de piezas.

En la actualidad, este museo de Colonia ha dado un paso más y ha inaugurado otra exposición dedicada a los bronces de Benín titulada «I MISS YOU. Sobre añorar, devolver y recordar». Su punto de partida es que el museo tiene un conocimiento meramente fragmentario de estas piezas («¿Qué están diciendo? ¿Qué historia esconden? ¿De dónde, cuándo y sobre quién? ¿Quién las hizo? ¿Quién las amó y honró? ¿Quién las perdió? ¿Quién las extraña?»). Por este motivo, la institución tiende la mano a diversos colectivos (expertos e instituciones de Nigeria, miembros de la diáspora nigeriana en Alemania, etcétera) para que aporten sus narrativas a un debate en construcción sobre el patrimonio cultural africano que se conserva en Alemania. La muestra «es un intento de transformar la ausencia en presencia [...], una plataforma para el duelo, para un proceso continuo e interminable de cicatrización de las grietas coloniales en nuestra sociedad. ¿Qué podría significar para los museos convertirse en actores activos de la "reparación global" de los traumas coloniales transmitidos transgeneracionalmente?».

Reino Unido: luces y sombras en torno a los bronces de Benín

Reino Unido muestra una realidad poliédrica en torno a los objetos robados en el reino histórico de Benín durante la expedición punitiva de 1897. Como veremos a continuación, tanto particulares como instituciones académicas y museos de este país han devuelto en los últimos tiempos objetos benineses relevantes a la actual Nigeria. Sin embargo, el Museo Británico, una institución sin parangón en el panorama museístico mundial, parece haberse quedado voluntariamente a la zaga respecto de este tipo de iniciativas favorables a la restitución.

Entre los ciudadanos de Reino Unido que han optado por devolver piezas artísticas de Benín destaca el doctor galés Adrian Mark Walker, quien viajó hasta África en 2015 para restituirle al oba de Benín dos objetos muy especiales: una escultura con forma pájaro conocida como «el pájaro de la profecía» y una campana metálica usada para invocar a los ancestros. Walker había heredado ambas piezas de su abuelo, un militar que había plasmado en su diario su participación directa en el saqueo de la antigua Ciudad de Benín. Durante más de un siglo, esas piezas artísticas se habían mantenido en poder de la familia Walker, que les había dado usos tan diversos como, por ejemplo, servir de topes de puertas. Durante su estancia en Nigeria, donde fue tratado como un héroe, el doctor Walker justificó su decisión de devolver estas dos obras de arte afirmando que «estos objetos son parte de la herencia cultural de otras personas [...]. Para la gente de Ciudad de Benín estos objetos no tienen precio».

Instituciones académicas relevantes de Reino Unido también se han posicionado a favor de la devolución de piezas beninesas. El obispo John Alcock fundó el Jesus College, una de las facultades de la Universidad de Cambridge, en 1496. En el escudo de este *college* se ve la cabeza de tres gallos negros con cresta roja, que tiene su origen en el escudo familiar de Alcock y hace una interpretación gráfica del apellido del clérigo.

En 1905, George William Neville, padre de un alumno del Jesus College, decidió donar a la institución académica una bella estatua de bronce que, precisamente, representaba a un gallo. Esta pieza formaba parte del botín que Neville había conseguido en la expedición punitiva de Benín.

En ese reino histórico, el gallo era un animal muy significativo, que se sacrificaba en honor de algunas de sus deidades. Las estatuas de gallos elaboradas en metal (llamadas *okukor*) eran objetos ceremoniales y se colocaban en los altares donde se veneraba a la dinastía real beninesa. La escultura donada por Neville estuvo expuesta en el comedor del Jesus College hasta el año 2016, momento en el que la institución decidió trasladarla al Museo de Arqueología y Antropología de la Universidad de Cambridge (MAA, por sus siglas en inglés). El sindicato de estudiantes de la universidad había solicitado que el gallo se devolviese «a la comunidad de donde había sido robado». Esta petición fue el punto de partida de una investigación más amplia, en la que una comisión de académicos y estudiantes de Cambridge revisaron múltiples archivos históricos para elaborar un informe sobre cómo la universidad se había beneficiado de la esclavitud y de la violencia colonial a lo largo de su historia.

En 2019, el Jesus College acordó que el *okukor* debía regresar a su lugar de origen, para lo cual consiguió la preceptiva autorización por parte de la Comisión de Beneficencia, un departamento no ministerial del Gobierno que regula las organizaciones benéficas que, como la Universidad de Cambridge, están registradas en Inglaterra y Gales. A raíz de esta decisión, la Universidad de Cambridge declaró que se había convertido en la primera institución del mundo en decidir la devolución de una pieza perteneciente a los bronces de Benín.

El 27 de octubre de 2021, se hizo entrega oficial en Cambridge de la escultura del *okukor* a la NCMM. En este evento histórico también participó el príncipe Aghatise Erediauwa, hermano menor del oba de Benín, quien declaró que «al llegar a la conclusión de que es inmoral conservar tales objetos, el Jesus College está desafiando el argumento erróneo de que el arte robado no se puede devolver».

Por su parte, Sonita Alleyne, barbadense y primera mujer rectora del Jesus College, manifestó que la restitución «es lo correcto por respeto al valor patrimonial único y a la historia de esta pieza».

La devolución de este gallo simbólico no es un hecho aislado en la historia reciente de la Universidad de Cambridge. En 2022, la institución, miembro del Grupo de Diálogo de Benín a través de su MAA, respondió positivamente a una reclamación formal presentada por la NCMM y decidió devolver al país africano más de un centenar de objetos procedentes de la expedición a Benín de 1897.

La posición de la Universidad de Cambridge tampoco es algo extraordinario dentro del contexto universitario de Gran Bretaña. El 28 de octubre de 2021 (es decir, solo un día después de la ceremonia de Cambridge), la universidad escocesa de Aberdeen entregó a representantes nigerianos una cabeza de bronce de un oba del reino histórico de Benín. Unos meses antes, un grupo de expertos designados por la universidad había acordado por unanimidad la devolución incondicional de esta pieza que la institución había comprado en una subasta en 1957, al concluirse que «la *Cabeza de un oba* había sido adquirida de una manera que ahora consideramos extremadamente inmoral».

Entre las 45 instituciones ubicadas en Reino Unido que poseen bronces de Benín, algunas han resuelto con celeridad las peticiones de devolución planteadas por la CNMM. Por ejemplo, el Museo y Jardines Horniman de Londres tardó unos seis meses en decidir devolver 72 piezas de su colección. En agosto de 2022, el museo declaró que «la evidencia es muy clara de que estos objetos fueron adquiridos por la fuerza, y la consulta externa apoyó nuestra opinión de que es tanto moral como apropiado devolver su propiedad a Nigeria».

Historias como estas han hecho que las solicitudes de restitución de los bronces de Benín no sean una cuestión desconocida para la opinión pública británica. A modo de ejemplo, Bernie Grant, afrobritánico miembro del Parlamento por el Partido Laborista, llegó a presentar el caso de los bronces ante la Cámara de los Comunes en la década de 1990. Grant era uno de los fundadores del Movimiento de Reparaciones de África (The Africa Reparations Movement-ARM UK). Este movimiento pedía que se reparase el daño causado a África y a la diáspora africana provocado por la esclavitud, la colonización y el racismo.

En el marco de estos objetivos, el expolio de estas piezas creadas en el reino histórico de Benín era el ejemplo perfecto para fomentar la reflexión sobre el derecho al patrimonio cultural, las construcciones de la identidad nacional y las reivindicaciones de memoria histórica desde una perspectiva africana. En su campaña de concienciación, Grant contó con el apoyo del hermano menor del oba, el príncipe Edun Akenzua, quien declaró que «lo que se llevaron eran capítulos de nuestro libro de historia» y, por tanto, abogaba por que todos los objetos robados se devolviesen a Ciudad de Benín y que el Museo Británico se conformase con conservar unas réplicas de los bronces.

Por el momento, no parece que esta institución esté por la labor de aceptar la propuesta del príncipe beninés, ni tampoco de atender con celeridad otros requerimientos oficiales en el mismo sentido. Así, en octubre de 2021, el Museo Británico recibió un escrito del Ministerio Federal de Información y Cultura de Nigeria solicitando la devolución de piezas nigerianas. Unos meses después, el ministro de Información y Cultura nigeriano visitó el museo londinense y aclaró algunas dudas interpretativas que la petición había suscitado. El Museo Británico presume de tener unas excelentes relaciones de trabajo a largo plazo con instituciones nigerianas y ha manifestado su compromiso de llevar a cabo una investigación exhaustiva y abierta de las historias de las colecciones de Benín. Como ejemplo de ello, la web del museo detalla su participación en diversos programas de formación y colaboración, como el Grupo de Diálogo de Benín.

Esta cuidada narrativa, no obstante, no consigue ocultar una clamorosa ausencia argumentativa: la institución no explica por qué todavía no ha devuelto ni una sola de las piezas de los bronces de Benín que posee. El Museo Británico alberga más de novecientos objetos procedentes de Benín y muchos de ellos, como se indica en su propia web, entraron a formar parte de su colección inmediatamente después de la expedición punitiva de 1897. En la actualidad, únicamente un centenar de esas piezas, que se exponen de forma rotativa, pueden visitarse, mientras que el resto permanecen en los almacenes del museo.

Esta postura inmovilista, cada vez más a contracorriente de la tendencia actual, ha provocado reacciones y rechazos en frentes muy diversos. A modo de ejemplo, recientemente se publicó un libro muy provocador, *The Brutish Museum* [El museo salvaje], cuyo título parece incorporar un juego de palabras aplicable tanto a los museos ilustrados en general como al Museo Británico en particular. Dan Hicks, profesor de Arqueología de la Universidad de Oxford, se posiciona en esta obra a favor de «la tarea permanente y urgente de restitución cultural a África», lo que significa que los museos se tendrán que «desmantelar, reu-

LOS BRONCES DE BENÍN

tilizar, devolver, reimaginar y reconstruir de diversas maneras», ya que «el mundo necesita museos de antropología en los que nada haya sido robado».

En la cultura popular también parece haber calado el repudio a estos posicionamientos antirrestitución. En la cinematografía africana se popularizó, por ejemplo, una película de 1979 de un director nigeriano titulada *The Mask* [La máscara]. En ella se presenta a un agente secreto africano que trata de robar una máscara de marfil (que podría ser la máscara de la reina madre Idia) de un museo (que podría ser el Museo Británico) para que esta pueda por fin regresar a Nigeria. El cine más comercial también ha reproducido enfoques similares. Así, en una escena de la película de 2018 *Black Panther* [Pantera negra] de Marvel se ve el robo en un museo de Londres de un artefacto originario de la imaginaria nación africana de Wakanda.

Estados Unidos: restituciones desde el otro lado del Atlántico

Las piezas artísticas procedentes de la expedición punitiva británica en Benín están dispersas por múltiples museos de todo el mundo. Así, junto con los tres países clave ya analizados en este capítulo, se han identificado bronces de Benín en instituciones ubicadas en Angola, Australia, Austria, Bélgica, Canadá, Dinamarca, Italia, Japón, Holanda, Noruega, Portugal, Rusia, Senegal, Suecia, Suiza y Emiratos Árabes Unidos. En España también hay catalogadas piezas procedentes del expolio de Benín en el Museo Etnológico y de Culturas del Mundo de Barcelona. En este apartado, y por cuestiones de extensión, solo vamos a hacer una breve mención a Estados Unidos, un país que tiene una relevancia especial en esta materia. En Estados Unidos existen al menos 38 instituciones que poseen bronces de Benín. En un país que cuenta con un 12 por ciento de población afroestadounidense, los bronces han sido objeto de admiración desde principios del siglo xx por parte de intelectuales como el panafricanista W. E. B. Du Bois y el escritor y filósofo Alain L. Locke. Asimismo, los artistas del llamado Renacimiento de Harlem manifestaron su fascinación por estas piezas y fueron conscientes del profundo significado que poseían en sus culturas de origen. Así queda reflejado, por ejemplo, en la película-instalación en blanco y negro de 2022 *Once Again... (Statues Never Die)* [Una vez más... (Las estatuas nunca mueren)], del artista Isaac Julien.

Esta vinculación emocional con los bronces de Benín por parte de población afroamericana también ha traído consigo consecuencias —en ocasiones insospechadas— en el ámbito de las solicitudes de restitución. En 2022, la dirección del Instituto Smithsonian de Washington acordó devolver 29 bronces de Benín a Nigeria. Sin embargo, el Restitution Study Group, una organización con sede en Nueva York, acudió a los tribunales estadounidenses para frenar la restitución. El grupo demandante, que aboga por que los descendientes afroamericanos de personas esclavizadas sean justamente indemnizados, alegó sin éxito que la devolución de las piezas a Nigeria negaría a los afroestadounidenses el derecho a su herencia y enriquecería injustamente a los herederos de los africanos que en su día fomentaron el comercio de esclavos.

En otro caso, colectivos como los estudiantes y profesores de la Escuela de Diseño de Rhode Island y de la Universidad Brown han presionado en sentido contrario. En

2018, protestaron en contra de la presencia de una cabeza
de oba de Benín en el museo de la escuela, lo cual desem-
bocó en la devolución de la pieza a Nigeria cuatro años
después. En 2021, el Museo Metropolitano de Arte de
Nueva York también restituyó al país africano dos placas
expoliadas en Benín que formaban parte de su colección y
firmó con la NCMM un memorando que potenciase futuras colaboraciones.

Digital Benin: una puerta de acceso igualitario al patrimonio histórico del reino de Benín

Seguro que, a estas alturas del capítulo, estás deseando contemplar en detalle la inconmensurable belleza de los bronces de Benín. Hace no demasiados años no habría sido posible de no tener la suerte de vivir en alguna de las ciudades
de Occidente que muestran estas piezas en sus museos o,
en su defecto, estar en disposición económica y física de
visitar estas instituciones. Hoy en día, la situación ha cambiado radicalmente gracias a iniciativas como Digital Benin, que tiene su origen conceptual en el Grupo de Diálogo de Benín y que actualmente administra el Museo de
Culturas y Artes del Mundo (MARKK, por sus siglas en
alemán) de Hamburgo.

Esta amplísima página web se puso en marcha en 2020
con financiación de fundaciones alemanas (Fundación de
Arte Ernst von Siemens y Fundación Gerda Henkel) y
actualmente cuenta con el apoyo de la Fundación Mellon
estadounidense. Digital Benin ha catalogado hasta el momento 5.299 objetos que proceden de la expedición punitiva británica de 1897 y que actualmente se hallan en 139
instituciones de 21 países. Las imágenes de cada una de

estas piezas van acompañadas de una completa ficha explicativa (nombre del objeto en inglés y edo, descripción, material, dimensiones y peso, origen, ubicación actual, material de archivo, etcétera). La configuración de este catálogo ha sido posible gracias a la colaboración de las 139 instituciones mencionadas y al asesoramiento de un grupo de académicos y expertos. Además, la web también incluye secciones sobre la historia del reino histórico de Benín y sus objetos, así como mapas y vídeos con múltiples testimonios orales. Digital Benin es asimismo un importante complemento a la iniciativa que vamos a presentar a continuación.

El Museo de Arte de África Occidental: ¿hasta dónde va a llegar el «efecto bronces de Benín»?

Una parte importante de los esfuerzos del Grupo de Diálogo de Benín se ha centrado en posibilitar la construcción de un museo en Nigeria que exhiba los bronces de Benín devueltos por diversas instituciones occidentales. Este proceso de negociación y captación de financiación internacional no ha estado exento de polémicas, ya que hubo un momento en el que el oba de Benín pareció decantarse por la construcción de un museo vinculado a su palacio real, frente a otro proyecto museístico defendido por el Gobierno del estado de Edo y la NCMM.

Esto, a su vez, reflejaba una falta de sintonía entre los distintos representantes nigerianos sobre otro asunto que generaba una honda preocupación en los museos occidentales: ¿a quién en concreto debían devolverse los bronces de Benín? Mientras que el oba se proclamaba como el custodio legítimo de una herencia cultural robada de su propio palacio, la NCMM se consideraba la autoridad administrativa actualmente competente para tomar posesión de las piezas restituidas por instituciones públicas y privadas extranjeras.

Finalmente, parece que se ha conseguido reunificar los esfuerzos nigerianos a través de un fideicomiso, The Legacy Restoration Trust, y que en la actualidad se centran en la construcción del Museo de Arte de África Occidental (MOWAA, por sus siglas en inglés), encargado al arquitecto tanzano británico David Adjaye. Se trata de un proyecto ambicioso que aspira a crear un «campus MOWAA» en el que, aparte de los espacios expositivos en los que se muestren los bronces de Benín que han retornado a África, también se instaure un instituto con diversos servicios (auditorio, salas de conferencias, biblioteca, etcétera), un laboratorio, un espacio comercial para las creaciones de los artesanos locales y un refugio creativo para artistas y académicos. El museo se ubicará en Ciudad de Benín y se pretende que este enclave, localizado a 480 kilómetros de Abuya y a 316 de Lagos, se convierta en la capital cultural de África Occidental.

Las esperanzas depositadas en este proyecto son extremadamente elevadas. Un gobernador del estado de Edo ha declarado que con esta apuesta museística aspiran a alcanzar el conocido como «efecto Guggenheim»; esto es, desean reproducir los efectos positivos que la ciudad de Bilbao ha experimentado en el plano económico, social y urbanístico gracias a su conocido museo. Por ahora, el MOWAA todavía está en fase de construcción y, en el momento del cierre de la publicación de este libro, no existe una fecha oficial para su inauguración, aunque en noviembre de 2024 se abrió un primer edificio de ese complejo museístico, llamado El Instituto. Pese a ello, tal vez un in-

147

dicio positivo es que *The New York Times* haya incluido Ciudad de Benín en su listado de «52 lugares para visitar en 2025».

¿QUÉ IMPIDE QUE TODOS LOS BRONCES DE BENÍN VUELVAN A NIGERIA?

Los acontecimientos en torno a los bronces de Benín han adquirido un ritmo vertiginoso en la última década. Declaraciones políticas de alto impacto, acuerdos históricos de poderes ejecutivos nacionales, presión creciente por parte de sectores ciudadanos del conocido como Norte Global, respaldo internacional a las reivindicaciones centenarias procedentes del Sur Global... Todos estos factores han confluido en la consecución de hitos que hasta ese momento se consideraban por completo inalcanzables. En concreto, la confluencia de estos factores se ha plasmado en la cesión de la titularidad de piezas importantes procedentes del expolio de 1897 y en su entrega física a autoridades nigerianas.

Sin embargo, si nos ceñimos a los datos meramente cuantitativos, esta narrativa triunfalista debe matizarse: los bronces que han regresado a su lugar de origen constituyen un porcentaje meramente simbólico en comparación con el gran número de los que siguen en poder de instituciones museísticas occidentales. Esto no es más que un reflejo de una realidad mucho más amplia, subrayada en el informe Sarr-Savoy: entre el 90 y el 95 por ciento del patrimonio cultural africano se encuentra actualmente en instituciones europeas y norteamericanas.

Responder con fundamento a la pregunta que encabeza este epígrafe final no es una tarea sencilla. Entre otras cosas, porque, como ya hemos expuesto, las decisiones a favor de la restitución que se han tomado hasta el momento reposan sobre una serie de estrategias políticas y acuerdos sociomorales que no son inmutables. Por tanto, aunque las circunstancias actuales conducen a presagiar que en el futuro próximo se seguirán restituyendo bronces de Benín a Nigeria, está por ver en qué cantidad y el argumentario concreto que las sustente.

Los Países Bajos podrían ser un ejemplo de la variabilidad de circunstancias y de sus posibles efectos en el ámbito de la restitución internacional de patrimonio cultural, como se ampliará en el capítulo 5. Entre 2023 y 2024, el Gobierno neerlandés restituyó formalmente unos ochocientos objetos de importancia cultural a Indonesia y a Sri Lanka. A principios de 2025 también devolvió 113 piezas expoliadas en 1897 en el reino histórico de Benín y siete objetos al pueblo Ysleta del Sur, una entidad tribal de nativos americanos de Estados Unidos. En septiembre de 2025, el país decidió devolver otros casi treinta mil objetos a Indonesia.

Cuando esta política novedosa se comenzó a implementar, los Países Bajos estaban gobernados por una coalición liderada por el partido liberal de centroderecha de Mark Rutte. Sin embargo, en la actualidad, la ultraderecha forma parte del poder ejecutivo. Aunque hasta el momento este Gobierno no ha desoído al Comité de Colecciones Coloniales, un órgano técnico que emite informes dirigidos al ministro de Educación, Cultura y Ciencia de los Países Bajos sobre restituciones de patrimonio cultural, el Partido de la Libertad de Geert Wilders sí que ha calificado recientemente la política de restituciones como una «venta del patrimonio colonial» inadmisible.

No se descarta, por tanto, que en el futuro la «recolonización» de los museos, con tendencia a potenciar un relato «unificador» de la historia, que empieza a despuntar en Estados Unidos, también llegue a Europa y genere un efecto ralentizador en el ámbito de la restitución internacional de obras de arte, incluidos los bronces de Benín. Por ello, pondremos el broche final a este capítulo presentando algunos de los motivos que hasta ahora han frenado el movimiento a favor de la restitución de estas obras. Este argumentario puede darnos pistas sobre qué seguirá impidiendo que en el futuro la totalidad de estas piezas vuelvan a Nigeria.

En este sentido, el famoso discurso del presidente Macron en la Universidad de Uagadugú muestra una (¿sorprendente?) «cara B» que aglutina buena parte de los miedos de quienes se oponen a la devolución de los bronces de Benín. El mandatario lo argumentó de esta manera: «No nos engañemos: en muchos países africanos a veces son los conservadores africanos quienes han organizado el tráfico y a veces son los conservadores o coleccionistas europeos quienes han salvado esas obras de arte africanas para África al protegerlas de los traficantes africanos. ¡Nuestra historia común es a veces más compleja de lo que instintivamente podemos pensar! El mejor homenaje que puedo rendir [...] es hacer todo lo posible para garantizar que haya seguridad y que se tomen las precauciones necesarias en África para proteger esas obras. Por lo tanto, estas asociaciones también tomarán todas las precauciones para garantizar que haya curadores bien capacitados, compromisos académicos y de Gobierno a Gobierno para proteger esas obras de arte».

No hace falta leer entre líneas para concluir que hay quienes no solo dudan de los medios humanos y técnicos de los que Nigeria dispone para conservar y exponer adecuadamente los bronces, sino que incluso se cuestiona la honestidad de determinadas personas con acceso directo a estas piezas. Si nos regimos por lo publicado en la prensa, no puede negarse que se han producido episodios muy difíciles de justificar. Por ejemplo, la reina Isabel II recibió en 1973 un insólito regalo: un auténtico bronce de Benín que el entonces presidente de Nigeria le entregó personalmente en una visita oficial a Reino Unido. Está documentado que esta pieza procedía del Museo Nacional de Lagos y que el propio jefe del Gobierno militar nigeriano había ordenado extraerla de su ubicación expositiva para que pudiese viajar con él a Reino Unido, pese a no contar con los preceptivos permisos de exportación. También se ha publicado que un empleado del Museo Nacional de Ciudad de Benín robó varias cabezas de bronce de un altar real ancestral que la institución había reconstruido, y que había alterado esta estructura para ocultar su robo.

Igualmente, la prensa alemana ha calificado rotundamente como «fiasco» el hecho de que, una vez devueltos algunos bronces a Nigeria, estos no se hayan expuesto en un museo público de forma automática, sino que se hallen en manos del oba, a quien consideran un propietario privado. Esta polémica en torno a quién debería ser en Nigeria el receptor legítimo de los bronces restituidos ha generado en la prensa española titulares tan tajantes como el siguiente: «África ridiculiza el *wokismo* de Occidente tras la devolución de los bronces de Benín». Textos de este tipo critican que las piezas devueltas puedan acabar en manos del oba, lo cual arroja sombras sobre cuándo y cómo los nigerianos podrán visitarlas. También se ha achacado a estas peticiones de restitución de objetos simbólicos que se trata de luchas estereotipadas, intentos de «tapar el sol con un dedo» por parte de países que no disponen de medios para proteger su patrimonio cultural.

Este tipo de argumentos, que frenan la devolución de los bronces de Benín, se incorporan a su vez en un debate mucho más amplio: el del valor de los museos universales. Una muestra de este enfoque se recoge en la «Declaración sobre la importancia y el valor de los museos universales». Este texto, firmado por 18 museos europeos y estadounidenses hace ya más de veinte años, aún reaparece de vez en cuando de la mano de quienes defienden que los museos universales no deben ser desposeídos de las piezas que forman parte de sus colecciones: «No deberíamos perder de vista el hecho de que los museos proporcionan también un contexto válido y valioso para objetos que hace mucho tiempo fueron desplazados de su fuente original [...]. Deberíamos reconocer que los museos sirven no solo a los ciudadanos de una nación, sino a la gente de todas las naciones [...]. Restringir el material de los museos cuyas colecciones son diversas y polifacéticas sería, por tanto, un perjuicio para todos los visitantes». En definitiva, con planteamientos como este no parece que el mero paso del tiempo vaya a traer consigo la restitución a Nigeria de la totalidad de los bronces de Benín dispersos por el mundo. El último capítulo de la historia de estas piezas aún está por escribir.

4

El busto de Nefertiti

«Obra absolutamente excepcional. Toda descripción es inútil, hay que verla.» Con estas palabras se refirió el arqueólogo Ludwig Borchardt en su diario de excavación a un maravilloso busto policromado de la reina Nefertiti. La pieza se descubrió el 6 de diciembre de 1912 en lo que se supone que era el taller del escultor Tuthmose en el yacimiento arqueológico de Tell el-Amarna, en Egipto Medio. El busto de Nefertiti, de tamaño natural, es único por su extraordinario estado de conservación, su belleza y sus colores vivos.

Poco tiempo después de este hallazgo, la pieza salió de Egipto en circunstancias ambiguas y su existencia se mantuvo inicialmente en secreto. El busto de Nefertiti, convertido hoy en la principal atracción del Museo Nuevo de Berlín, es objeto de una larga controversia sobre repatriación de antigüedades y obras de arte.

Neferneferuatón Nefertiti fue esposa del faraón Akenatón, también conocido como Amenhotep IV o Amenofis IV, quien reinó entre 1353 y 1336 a. C. en el antiguo Egipto. Akenatón fundó el nuevo culto monoteísta al dios solar Atón, lo que provocó cambios importantes en la sociedad egipcia, ya que se prohibió el culto a otros dioses. Akenatón es conocido también por las especulaciones existentes

sobre su aspecto físico. Parece ser que padecía malforma-
ciones llamativas en el rostro y el cuerpo (cara estrecha y
delgada, labios gruesos, mentón alargado, torso estrecho y
caderas protuberantes), que podrían haber sido consecuencia de un trastorno hereditario denominado síndrome de
Marfan.

En contraste con el físico de su marido, las imágenes de
Nefertiti muestran a una mujer bella; de hecho, su nombre
significa 'la hermosa ha llegado'. A pesar de su fama actual,
debida en buena parte al busto que protagoniza este capítulo, la realidad es que desconocemos muchos datos de su
vida. Si bien no hay duda de que fue la primera gran esposa
real de Akenatón, no sabemos con certeza si fue princesa
del reino indoiranio Mitani, si llegó a gobernar como faraona bajo otro nombre después de la muerte de Akenatón,
si cayó en desgracia o si murió prematuramente. Sin embargo, la historia que vamos a relatar no se refiere a la figura histórica de Nefertiti, sino a su mundialmente conocido
busto.

La fascinación de Europa por el antiguo Egipto

Para comprender mejor las circunstancias que condujeron
a la extracción del busto de Nefertiti del país del Nilo a
principios del siglo xx es importante dar un paso atrás en el
tiempo. El interés de los europeos por Egipto no era nada
nuevo, sino que se remontaba a la Antigüedad clásica. La
fascinación moderna por este territorio llegó a su punto
álgido con la egiptomanía que se expandió por Europa tras
la invasión de este territorio africano por parte de Napoleón. Cuando las tropas del militar galo, que unos años
después se convertiría en el emperador de los franceses,

llegaron a Egipto en el verano de 1798, no encontraron un país como tal. Los turcos otomanos habían conquistado el territorio en 1517 y este se había convertido en una provincia de su imperio. A pesar de las victorias francesas iniciales, la campaña de Napoleón terminó siendo un fracaso: los británicos, capitaneados por el famoso almirante Horatio Nelson, derrotaron a la fuerza naval gala en la batalla del Nilo. Este descalabro militar francés hizo que Gran Bretaña reforzase su poder en el Mediterráneo y pudiese también ejercer su influencia sobre el Imperio otomano.

A otro nivel, sin embargo, la campaña sí que fue exitosa para Francia. Los militares franceses no fueron solos a Egipto, sino que se hicieron acompañar de eruditos y científicos de la recién creada Comisión de Ciencias y Artes. Estos se desplazaron a Egipto para llevar a cabo un estudio enciclopédico de sus antigüedades y su historia, su geografía, su historia natural y sus recursos naturales. Ese trabajo se publicó en una obra monumental: *Description de l'Égypte*.

Uno de los acontecimientos más significativos de la expedición gala fue el descubrimiento de la piedra de Roseta trilingüe poco antes de que las tropas francesas abandonasen Egipto. Aunque la importancia del conjunto de sus tres inscripciones se intuyó de inmediato, no fue hasta más tarde que el historiador Jean-François Champollion descifró la escritura jeroglífica. Por aquel entonces, como expusimos en el capítulo 1, los franceses ya se habían visto obligados a entregar la piedra de Roseta a los británicos. Sin embargo, mientras todavía estaban en Egipto y tenían la piedra en su poder, los científicos galos hicieron copias exactas de las inscripciones. Gracias a estos duplicados fue posible «descodificarla» posteriormente.

Este hito científico, junto con la publicación de la obra de la Comisión de Ciencias y Artes antes mencionada, suscitó un gran interés por todo lo egipcio. En Europa, eclosionó una auténtica egiptomanía, que potenció el estudio de las manifestaciones artísticas de esta cultura y también permitió al gran público acercarse a una civilización ancestral tan avanzada como la egipcia.

Sin embargo, esta egiptomanía también tuvo consecuencias negativas. Una de ellas fue el saqueo de antigüedades egipcias para exhibirlas en museos y residencias particulares. También creó un interés morboso por las momias: público europeo y norteamericano pudo asistir en directo a la «apertura» de momias en lugares públicos abonando el precio de una entrada. Las momias incluso llegaron a venderse por trozos porque se creía que tenían propiedades medicinales. Un producto conocido como «mumia» y creado a partir de momias egipcias trituradas, fue una sustancia disponible en las boticas de Europa durante siglos y se consumía para curar todo tipo de enfermedades, desde un simple dolor de cabeza hasta la peste bubónica. El pigmento marrón momia o *caput mortuum*, que usaron muchos artistas de esa época, también se elaboraba a partir de auténticas momias egipcias. Algunos de estos artistas ni siquiera eran conscientes de la materia prima que estaban utilizando. La reacción del pintor prerrafaelita inglés Edward Burne-Jones cuando se dio cuenta de que sus pigmentos contenían porciones de momias molidas ha pasado a la historia: quedó tan horrorizado que enterró su tubo de pintura en el jardín.

Egipto en el siglo XIX y comienzos del siglo XX

Aunque en el momento de la invasión de Napoleón Egipto era nominalmente una provincia otomana, el territorio estaba gobernado *de facto* por los mamelucos, una casta de antiguos soldados esclavos a los que se les habían concedido altos rangos militares y administrativos en el Imperio otomano. Tras la expulsión de las tropas francesas en 1801, Egipto vivió un período de anarquía marcado por luchas internas entre los mamelucos, los albaneses y los otomanos. De estos enfrentamientos surgió una figura dominante, la de Mehmet Alí, un otomano albanés que se convirtió en gobernador de Egipto en 1805.

Mehmet Alí configuró este territorio como un estado semindependiente, estatus que mantuvo hasta el año 1882, momento en el que los británicos volvieron al país africano para ocuparlo. El reinado de Mehmet Alí se caracterizó por una serie de reformas militares, económicas y administrativas, inspiradas por asesores de origen europeo. A estas transformaciones las siguieron otras, legales y educativas, ya bajo el mandato de su nieto, Ismail Pachá. Mehmet Alí también se interesó por las artes y contrató a arquitectos europeos para construir edificios en El Cairo. Durante la misma época, pintores orientalistas occidentales, como Jean-Léon Gérôme, Eugène Fromentin y John Frederick Lewis, visitaron Egipto. En 1869, se inauguró la Ópera de El Cairo. Ese mismo año, comenzó a funcionar el canal de Suez, y Egipto se abrió aún más a las influencias europeas.

El canal de Suez fue un arma de doble filo para Egipto. Esta tremenda obra de ingeniería civil, llevada a cabo por el diplomático y empresario francés Ferdinand de Lesseps, fue financiada mayoritariamente por inversores franceses, pero aun así Egipto tuvo que asumir el 44 por ciento de los costes, lo que supuso una deuda enorme. Esta deuda obligó a Ismail Pachá (el nuevo jedive, es decir, virrey) a vender la parte egipcia a los británicos, por lo que el canal pasó a estar controlado por franceses y británicos. Dada la situación financiera de Egipto, Gran Bretaña y Francia se hicieron con el control de las finanzas egipcias y, con ello, con el dominio real del territorio. En 1879, Ismail Pachá fue destituido por el sultán por su mala administración. Tres años después, los británicos ocuparon Egipto con la excusa de salvaguardar sus intereses financieros en el canal de Suez. Para no enfrentarse con el Imperio otomano, al que Egipto seguía perteneciendo formalmente, prefirieron ejercer su control sobre el territorio sin formalizarlo. Sin embargo, con el estallido de la Primera Guerra Mundial en 1914, Egipto fue considerado una provincia enemiga al formar parte del Imperio otomano y los británicos establecieron un protectorado que duraría hasta 1922, cuando Reino Unido declaró que Egipto era un Estado soberano independiente.

Expediciones arqueológicas en Egipto a principios del siglo xx

A principios del siglo pasado el Servicio de Antigüedades de Egipto, el predecesor del actual Consejo Supremo de Antigüedades, estaba bajo control francés. El famoso arqueólogo francés Auguste Mariette creó este servicio en 1858 y ese mismo año se convirtió en su director. Los amantes de la ópera posiblemente conocerán a Mariette por otra razón: en 1870, cuando Ismail Pachá encargó a Giuseppe Verdi que compusiera una ópera para la nueva Ópera de El Cairo, fue este egiptólogo galo quien escribió la historia que posteriormente el libretista Antonio Ghislanzoni pondría en verso para *Aida*.

Desde su constitución, por tanto, el Servicio de Antigüedades estuvo dominado por intereses franceses. A pesar de que, como hemos visto, los británicos ocuparon Egipto en 1882, los franceses mantuvieron su hegemonía en algunas materias relevantes. Por ejemplo, con la firma en 1904 de un tratado de no agresión entre Francia y Reino Unido, se rubricó que los franceses seguirían dirigiendo este servicio de antigüedades. Aunque las expediciones arqueológicas tenían lugar en territorio egipcio y contaban con mano de obra local, durante este período se aprecia una voluntad por parte de los egiptólogos europeos de no ceder su control a nacionales egipcios. A modo de ejemplo, Mariette se opuso a formar a egipcios como arqueólogos profesionales. El francés parecía temer que los egipcios aprendiesen a traducir jeroglíficos y se convirtiesen en una amenaza para los arqueólogos europeos, que en aquellas fechas intentaban sacar el máximo partido de las expediciones arqueológicas en Egipto. Por este motivo, Mariette ordenó a los museos egipcios que no se permitiera que ningún egipcio copiase inscripciones jeroglíficas. A Mariette lo sucedió en el cargo el egiptólogo francés Gaston Maspero, quien volverá a aparecer en este capítulo. La dirección francesa del Servicio de Antigüedades continuó hasta principios de los años cincuenta, momento en el que se nombró al primer director egipcio, Mostafa Amer.

En 1912, entró en vigor una normativa en Egipto que, como punto de partida, establecía que todas las antigüedades que se encontrasen en su territorio pertenecían al Estado. No obstante, esta legislación también plasmaba las que habían sido las prácticas habituales hasta ese momento: debido a los elevados gastos realizados por la entidad que había excavado en un yacimiento, se permitía que los hallazgos arqueológicos se repartiesen a partes iguales entre el concedente de la licencia, Egipto, y el titular de esta.

Los funcionarios del Servicio de Antigüedades egipcio, en consenso con el poseedor de la licencia de excavación, hacían el reparto de los hallazgos, también conocido con el término francés *partage*, creando dos lotes de igual valor. No obstante, y según la misma legislación, el Servicio de Antigüedades se reservaba el derecho a recomprar cualquier parte del lote que inicialmente le hubiese correspondido al excavador, de modo que la Administración egipcia podía conservar esos objetos.

La controvertida entrega del busto de Nefertiti

A principios del siglo xx, la Sociedad Alemana de Estudios Orientales, dirigida por el arqueólogo Ludwig Borchardt, recibió una licencia de excavación en Egipto. James Simon, comerciante, coleccionista de arte y filántropo judío, cuyo legado sería posteriormente silenciado por los nazis, financió sus operaciones. El equipo de Borchardt comenzó a excavar en Tell el-Amarna en el invierno de 1911-1912. Esta región fue el emplazamiento de Ajetatón, la efímera capital establecida por el esposo de Nefertiti, el faraón Akenatón. Esta ciudad se ubicaba en la ribera oriental del río Nilo y fue abandonada poco después de la muerte de este faraón, aproximadamente en el año 1332 a. C.

El equipo de Borchardt centró sus esfuerzos en la ciudad, donde descubrieron varias casas y villas. Un año más tarde, en la segunda fase de las excavaciones, también hallaron un taller de escultura. Como veremos más adelante, este se atribuiría posteriormente a Tuthmose, un maestro escultor de la corte de Amarna. El 6 de diciembre de 1912, se descubrió en este taller el busto de Nefertiti, posicionado boca abajo pero casi intacto. El mérito oficial de este descubrimiento recayó completamente en el alemán Borchardt, aunque en realidad fue Muhamad Ahmad al-Sanusi, un egipcio que formaba parte del equipo de excavación, quien encontró el busto.

El 20 de enero de 1913, se procedió a realizar el reparto de los hallazgos de la Sociedad Alemana de Estudios Orientales en su excavación. En este proceso representó al Servicio de Antigüedades Gustave Lefebvre, un funcionario de origen francés, epigrafista y papirólogo, quien se cree que estaba especialmente interesado por las inscripciones. En este caso, los arqueólogos europeos hicieron una primera propuesta de reparto por lotes y presentaron dos listados de piezas. En uno de ellos incluyeron el busto de Nefertiti, al que describieron como «busto de yeso pintado de una princesa». Esta descripción era inexacta en más de un sentido: la «princesa» era una faraona y el busto era de piedra caliza y yeso. Encabezaba el otro listado el retablo conocido como *Estela de Akenatón y su familia*, que contenía una representación de Akenatón y Nefertiti. Borchardt sabía que Maspero, a quien Lefebvre representaba y que posteriormente tenía que aprobar el reparto, era un apasionado de las imágenes de esta pareja real. Este segundo listado se completó con varias inscripciones del gusto de Lefebvre.

Una vez que se presentaron los dos listados, el Servicio de Antigüedades de Egipto se dispuso a ejercitar su derecho a elegir entre ellos. Lefebvre revisó las fotografías de los hallazgos y tuvo acceso a los registros de la excavación. Los descubrimientos se habían colocado en cajas abiertas en una habitación poco iluminada. Parece que Lefebvre hizo una inspección superficial y no consideró necesario examinarlos mejor. Su decisión estaba ya tomada.

Bruno Güterbock, secretario de la Sociedad Alemana de Estudios Orientales, fue testigo de esta división. Según él, durante el reparto, el busto de Nefertiti ya estaba embalado y colocado dentro de una caja en este almacén poco iluminado. Las fotografías que Borchardt enseñó a Lefebvre de la pieza presentaban a Nefertiti desde un ángulo que ocultaba «toda la belleza del busto», pero que al mismo tiempo servían para «refutar las habladurías posteriores de terceros de que se había mantenido algo en secreto».

Según el relato de Rudolf Anthes, otro de los colegas alemanes de Borchardt, a Lefebvre se le engañó «para que eligiera el lote equivocado». Borchardt «podía ser un zorro, después de todo, cuando era necesario». Más tarde, él mismo comentó: «El reparto fue [...] extremadamente difícil. Todavía no sé cómo me las arreglé para dirigir la división de esta manera [...]. Los hombres de El Cairo eran demasiado perezosos para mirar en la caja».

Investigadores en la materia coinciden con esta interpretación de cómo se hizo el reparto. Según el jurista alemán Kurt G. Siehr, «parece muy probable que Borchardt, deseoso de conservar el busto de Nefertiti para Alemania, o bien no revelara del todo el hallazgo a la autoridad egipcia de antigüedades [...] o bien ocultó el busto diligentemente bajo algunas antigüedades sin importancia, o bien Gustave Lefebvre, como epigrafista y papirólogo, no reconoció la importancia del busto de Nefertiti».

Es cierto que Borchardt no describió con precisión la efigie de Nefertiti en el informe del reparto de hallazgos. Como hemos visto, se refirió simplemente a un busto de yeso de una princesa pintada, aunque en su diario de excavación sí que habló del busto de la «reina» y de una obra de arte de belleza indescriptible. Esto refuerza la idea de que minimizó la importancia de su hallazgo o que incluso hubo un intento de generar un engaño, argumento que utilizaron los políticos egipcios durante las negociaciones de 1946 para solicitar la restitución de la pieza. Según un artículo publicado en el diario alemán *Der Spiegel* en 2009, Güterbock había escrito en 1924 que Borchardt «quería que nos quedásemos el busto» y para ello presentó una fotografía que no mostraba a Nefertiti en su mejor luz.

En definitiva, parece que el Servicio de Antigüedades de Egipto desconocía las características reales de este busto hasta que Nefertiti se expuso en Berlín unos años más tarde. En palabras de Siehr, Egipto «nunca aceptó, a sabiendas, que esta pieza formase parte legítima de la mitad alemana de los hallazgos de Tell el-Amarna».

La reina Nefertiti llega a Alemania

El busto de Nefertiti —conocida como Nofretete en alemán— llegó al país germánico en febrero de 1913 y permaneció varios meses en el domicilio berlinés del mecenas de la excavación, Simon. Allí lo admiraron visitantes tan ilustres como el emperador alemán Guillermo II. Unos meses más tarde, Simon prestó la escultura original, procedente de Egipto, a la Colección Real de Arte de Prusia, y conservó una copia de la pieza en su casa.

En marzo de 1913, también llegaron a Berlín los otros hallazgos del yacimiento de Tell el-Amarna, incluida la parte egipcia del reparto, ya que Maspero los había prestado generosamente para una exposición que se inauguró el 5 de noviembre de 1913 en el Museo Nuevo de esta ciudad. Un dato muy llamativo es que, aunque la exhibición permaneció abierta hasta principios de 1914 —tuvo tanto éxito que hubo que prolongarla—, el busto de Nefertiti no formó parte de ella. La imagen de la reina se presentó brevemente al principio de la muestra, pero casi de inmediato se retiró por petición del mismo Borchardt. Según Güterbock, el arqueólogo no quiso exhibir el busto por miedo a que los oficiales del Servicio de Antigüedades de Egipto se dieran cuenta de lo que habían dejado salir del país y que, enojados, decidiesen revocar la licencia de excavación de la Sociedad Alemana de Estudios Orientales en Egipto. La historia muestra que estos temores resultaron ser fundados, pues, una vez que la obra se expuso en Berlín, sucedieron precisamente esas dos cosas: Egipto pidió la devolución del busto y, como veremos, la Sociedad Alemana de Estudios Orientales perdió su licencia de excavación.

Por aquellas fechas, Borchardt elaboró un artículo científico en el que hacía referencia a varios hallazgos arqueológicos egipcios. Publicó el trabajo en una revista con la que el arqueólogo tenía una estrecha relación: la de la Sociedad Alemana de Estudios Orientales. En el texto, Borchardt incluyó una foto parcial del busto de Nefertiti, pero sin hacer hincapié en las extraordinarias características de la pieza, con lo cual sus lectores no prestaron especial atención al busto. Esa era justamente la intención del arqueólogo, quien confirmó que se eligió este enfoque de la imagen «para que sea imposible darse cuenta de toda la belleza del busto». Al mismo tiempo, esa publicación serviría para «refutar cualquier acusación de secretismo más adelante, si fuera necesario».

Mientras tanto, en 1920, el filántropo Simon donó la efigie de Nefertiti al Museo Egipcio de Berlín. El descubrimiento en 1922 de la tumba de Tutankamón, el niño rey, por parte de un equipo de excavación británico dirigido por Howard Carter avivó el interés de los occidentales por la egiptología. Este acontecimiento pudo, a su vez, haber precipitado la exposición del busto de la reina egipcia en 1924. La Primera Guerra Mundial estaba aún muy reciente y el antagonismo entre Gran Bretaña y Alemania continuaba. Según el académico Sebastian Conrad, la presencia de Nefertiti en Berlín podía convertirse en «una prueba del estatus de *Kulturnation* de Alemania en un momento de marginación geopolítica».

Siguiendo con la sucesión de acontecimientos, cuando el Servicio Antigüedades egipcio supo que el busto de Nefertifi había empezado a exhibirse en 1924 en el Museo Nuevo, tomó conciencia de su enorme pérdida. A consecuencia de ello, la renovación de la licencia egipcia de excavación de Borchardt se canceló en 1925. Asimismo, el país africano comenzó a solicitar la devolución de la pieza por distintas vías.

Pierre Lacau, jefe del Servicio de Antigüedades de Egipto, escribió a las autoridades alemanas explicando que, desde su punto de vista, el busto nunca debería haber salido del país y que, al menos por razones morales, tenían que devolverlo. Los trabajos científicos del profesor Siehr argumentan que en el momento de la salida de Nefertiti hacia Alemania la exportación de bienes culturales de Egipto ya requería una autorización expresa y que, en el caso del busto, las autoridades egipcias no la habían concedido.

Dado que Alemania no tomó en consideración la solicitud inicial de Lacau, este egiptólogo francés convenció al ministro de Obras Públicas egipcio en 1927 para que, a cambio de la restitución de la escultura de Nefertiti, ofreciera entregar dos esculturas que se encontraban en territorio egipcio (la de Ranefer, del Reino Antiguo, y la de

Amenhotep, hijo de Hapu, del Reino Nuevo). Las negociaciones en esa fase se llevaron a cabo entre egiptólogos y se argumentó que de este modo no se pondrían en peligro las relaciones políticas germano-egipcias. Entre tanto, el controvertido Borchardt se jubiló como director de la Sociedad Alemana de Estudios Orientales en 1929, lo cual hizo pensar por un momento que se podría alcanzar un acuerdo en torno al busto. Incluso un artículo publicado en *The New York Times* llegó a describir de forma ensoñadora cómo se produciría una supuesta devolución: «El busto de la bella reina Nefertiti [...] ha empezado su viaje de regreso al país egipcio, mientras que [las esculturas de Ranefer y de Amenhotep] se dirigen a Berlín». Esta restitución realmente no llegó a producirse. De hecho, había fuertes intereses en contra de que tuviese lugar. Por ejemplo, un intercambio de cartas entre el Museo Británico y el embajador británico en Berlín en esta época muestran que en la esfera británica se defendía la idea de que había que impedir a toda costa la devolución del busto a Egipto, ya que podría abrir la puerta a una indeseable restitución de piezas extraordinarias, como la piedra de Roseta y los mármoles del Partenón. Finalmente, las negociaciones se dieron por concluidas sin éxito en junio de 1930. De nada sirvió la carta abierta publicada en un periódico alemán que el mismo Simon dirigió al ministro germano de Ciencia, Educación y Cultura para apoyar la devolución del busto a Egipto.

Unos años más tarde, en otro vaivén de la historia, parece que la Legación Real Egipcia en Berlín convenció a diplomáticos y políticos alemanes para que se devolviese el busto con el fin de agasajar al rey egipcio Fuad I en su cumpleaños. Sin embargo, en octubre de 1933, Hitler vetó la devolución de la pieza y llegó a afirmar que estaba enamorado de Nefertiti. Durante la Segunda Guerra Mundial, se evacuaron los museos de Berlín y sus tesoros culturales se trasladaron a lugares seguros. Fue una medida preventiva acertada, ya que más de un tercio del Museo Nuevo, así como el resto de las instituciones ubicadas en la Isla de los Museos, sufrieron daños. Nefertiti, empaquetada dentro de una caja que se había etiquetado como «la reina de colores», fue trasladada primero a la cámara acorazada del Banco Gubernamental Prusiano y después a un búnker situado cerca del zoo de Berlín. En 1945, el busto fue depositado en una mina de sal de Merkers, en Turingia, junto con las reservas de oro y divisas de Alemania.

Los aliados tomaron esa mina unos meses más tarde y la protección del busto quedó encomendada a su Programa de Monumentos, Arte y Archivos. Este programa trabajó para rescatar y proteger el patrimonio cultural durante la Segunda Guerra Mundial a través de una unidad compuesta por conservadores, historiadores del arte y educadores conocida como *Monuments Men*. El gran público ha sabido de su labor por medio de la película germano-estadounidense del mismo título, escrita y producida por George Clooney y Grant Heslov en 2014.

Estados Unidos envió en 1946 el busto de Nefertiti a Wiesbaden, capital del estado de Hesse, donde se expuso al público. Ese mismo año, Egipto volvió a requerir la restitución de la pieza. El primer ministro egipcio Mahmoud Fahmy al-Nokrashy Pasha apuntaba en una carta enviada el 10 de febrero de 1946 al Departamento de Estado de Estados Unidos que, dado que Hitler había sido derrotado, no había razón para seguir rechazando la demanda egipcia de la devolución del busto.

A principios de los años cincuenta, Egipto continuó explorando, sin éxito, la posibilidad de negociar con Alemania la devolución de Nefertiti. Parece que, a finales de 1952, el Gobierno alemán tuvo la intención de restituir el busto de Nefertiti a Egipto, pero nuevamente la oportunidad pasó sin llegar a culminarse. A mediados de esa misma década, la escultura se envió a Berlín Occidental, donde se expuso en el Museo Dahlem y, posteriormente, en el palacio de Charlottenburg. Las reivindicaciones para que Nefertiti regresase a la Isla de los Museos, ubicada en esos momentos en Berlín Oriental, no prosperaron. Tras la reunificación de Alemania, el busto regresó en 2005 al Museo Nuevo, sede de la colección del Museo Egipcio, donde hoy en día se sigue exponiendo. Según la web oficial de los museos berlineses, Nefertiti «es la estrella indiscutible del Museo Nuevo».

La excepcionalidad artística del busto de Nefertiti

El busto de la reina Nefertiti, de 47 centímetros de altura y pintado con colores vibrantes, se halla en un estado de conservación excepcional. El núcleo del busto está compuesto por una base de piedra caliza, cubierta de una capa de estuco que el escultor utilizó para darle su forma definitiva antes de aplicar la pintura. La cara de Nefertiti es serena y asombrosamente simétrica y bella. Su corona azul con una cobra en la parte frontal, su espectacular collar y un cuello muy elongado añaden señorío y exuberancia a esta pieza única.

La mayoría de las esculturas egipcias que conocemos no son representaciones exactas de la persona que retratan, sino más bien obras de arte simbólicas. En cambio, el busto de Nefertiti, de tamaño natural, destaca por su realismo singular y por el trabajo meticuloso de los antiguos artistas. Para policromar el rostro se utilizaron pigmentos naturales del Egipto antiguo, como el azul egipcio, el ocre rojo, la frita verde, el oropimente amarillo y el negro carbón. Pruebas realizadas por los Museos Estatales de Berlín en 2009 documentaron la presencia de múltiples capas de pintura. El rostro tiene una armonía perfecta y está pintado con gran atención a los detalles como el perfilado de los ojos, los labios rojos y los pelos de las cejas. En la nuca y en el cuello los músculos están bien representados, aunque, en comparación con el rostro, el tratamiento en ambos es menos atento al detalle y algo superficial.

Como toda pieza que procede de una civilización antigua, el busto presenta algunos defectos, la mayoría menores, como pequeñas astillas o arañazos en la cara. Más graves son los daños en la parte superior de la corona y en las orejas, a las que les faltan diversos fragmentos. También hay algún rastro de humedad, probablemente a causa del agua de lluvia que pasaría a través del techo y caería sobre el busto cuando este se encontraba en el taller de su creador.

El ojo derecho de Nefertiti tiene una pupila de cera de abeja teñida de negro y un iris de cristal de roca pulida. Sin embargo, el ojo izquierdo carece de pupila. Cuando se descubrió la escultura en Egipto, ya se percataron de que faltaba la incrustación del ojo izquierdo. Hay constancia de que en ese momento se buscó la pieza ocular. Según el propio Borchardt, «los escombros, incluso los que ya habían sido retirados, fueron registrados de inmediato, y algunos de ellos fueron tamizados. Se encontraron algunos fragmentos más de las orejas, pero no la incrustación del ojo».

El arqueólogo alemán también apuntó que el fondo de la cuenca del ojo izquierdo era liso y no estaba preparado para poder acomodar una incrustación y que, además, no se habían detectado rastros de material adhesivo en él. Todo hacía concluir a Borchardt que el ojo nunca tuvo una incrustación, lo que a su vez podría significar que, como apuntaremos posteriormente, tal vez el busto de Nefertiti nunca llegó a terminarse.

Nefertiti: un ícono atemporal de belleza en la cultura popular

El busto de Nefertiti causó sensación en cuanto se presentó al público en Alemania. Todas las descripciones de la pieza de la época recurren a la palabra «hermosa» y hablan de su «belleza». La obra no es solo un ícono de belleza antigua, sino que hoy en día se sigue considerando que representa un ideal de belleza femenina.

La reina Nefertiti es uno de los personajes más relevantes del antiguo Egipto para nuestra cultura popular. La conocida como «señora de Egipto» ha protagonizado manifestaciones culturales de muy diversa índole. En el ámbito de la literatura, Terenci Moix consiguió contagiar su pasión por la historia de Egipto a sus lectores. Su obra de 1996 *El amargo don de la belleza* muestra en su portada el busto de Nefertiti. El texto fabula en torno al amor obsesivo que un pintor cretense pudo sentir por la majestuosa reina egipcia. En este ámbito de la novela histórica existen muchos libros protagonizados por Nefertiti y publicados en diversos idiomas, como *La reina sol* de Christian Jacq y *Nefertiti* de Michelle Moran. También se han dedicado publicaciones infantiles y juveniles a la vida y la época de la reina Nefertiti (en España, por ejemplo, un volumen de la serie del extraterrestre Pupi). La reina egipcia incluso ha aparecido en un cómic de Mickey Mouse.

La cinematografía ha contribuido asimismo a que la figura de Nefertiti no caiga en el olvido gracias a producciones como *Nefertiti, reina del Nilo* (1961) y *Nefertiti, la hija del sol* (1995). La ópera contemporánea *Akenatón*, escrita por el compositor Philip Glass y estrenada en 1984, relata el azaroso reinado de este faraón egipcio y de su famosa mujer. La música pop también ha coronado a la reina Nefertiti y nos ha ofrecido imágenes como la aparición de su busto y la modelo Imán vestida de la reina Nefertiti en el videoclip del tema *Remember the Time* de Michael Jackson en 1992.

Cantantes afroamericanas de tanto éxito como Rihanna y Beyoncé han hecho uso de la imagen de Nefertiti. Así, Rihanna apareció en la portada de *Vogue Arabia* encarnando a la conocida como «la Mona Lisa de Amarna» en 2017. El vestuario de Beyoncé en el festival de Coachella de 2018 también emulaba claramente a Nefertiti. Este tipo de acciones han generado un abanico de interpretaciones que van desde el apoyo al feminismo «de color» de estas «mujeres fuertes» hasta las acusaciones de apropiación cultural para fines vacuos.

Una exposición celebrada en 2023 en el Museo Nacional de Antigüedades de Leiden también ha alimentado la controversia en este ámbito. «Egipto en *hip-hop, jazz, soul & funk*» mostraba cómo diversos músicos contemporáneos han interpretado Egipto —y figuras históricas como Nefertiti— en sus creaciones. El Servicio de Antigüedades de Egipto ha condenado el enfoque afrocentrista de la muestra y ha acusado a la institución europea de «falsificar la historia». La Administración egipcia mostró su descontento al respecto prohibiendo las excavaciones del museo holandés en la necrópolis de Saqqara, cerca de El Cairo.

El busto de Nefertiti: ¿obra maestra o mero estudio para una escultura?

Quizá una de las interpretaciones más inesperadas que hizo Borchardt en sus conferencias sobre Nefertiti a partir del año 1923 fue que el busto no era una obra completa, sino un mero estudio para elaborar una escultura posterior. Tras las muchas alabanzas del alemán sobre la impresionante belleza de la pieza, esta interpretación, además de sorprender, parece generar un anticlímax en esta narración.

El corte del busto (concretamente los lados sin pintar de los hombros) indica, según el egiptólogo alemán, que la pieza no iba a formar parte de una estatua más grande. Además, si el busto carecía de la incrustación del ojo izquierdo era porque ese trabajo era innecesario en un simple estudio, dado que el ojo que faltaba habría sido la imagen espejo del ojo derecho ya elaborado. Resumiendo, para Borchardt, diversos datos indican que la pieza era solo un modelo.

Como ya hemos visto al principio del capítulo, la efigie de Nefertiti se encontró en lo que se cree que era el taller del escultor Tuthmose. Durante las excavaciones en Tell el-Amarna, se halló un pequeño objeto de marfil, parte de un par de anteojeras para caballos, en lo que pudo haber sido un antiguo pozo de basura. El objeto lleva una inscripción que incluye las palabras «el supervisor de obras, el escultor Tuthmose». Posteriormente, se argumentó, aunque no existe unanimidad entre los estudiosos en la materia, que el nombre del escultor debía asociarse tanto a la casa principal encontrada en el complejo como al taller.

De cualquier modo, el famoso busto se encontró en un taller de escultura en la capital, Ajetatón, junto con un busto de tamaño natural del faraón Akenatón, esposo de Nefertiti y fundador de la ciudad. Sin embargo, a diferencia de la imagen de Nefertiti, el busto de Akenatón estaba roto e incompleto. Su rostro, según Borchardt, estaba «bastante maltratado». Dado que la ciudad de Ajetatón se abandonó después de la muerte de Akenatón, es lógico que sus habitantes se llevaran consigo los objetos más valiosos que todavía pudieran utilizar. Por lo tanto, los hallazgos del yacimiento solo representan lo que quedó cuando la ciudad, la casa y el taller quedaron desiertos, y también lo que sobrevivió a siglos de saqueos.

Si bien la interpretación del arqueólogo alemán de que el busto de Nefertiti fue un modelo de una escultura ha sido generalmente aceptada por los egiptólogos, no termina de ser totalmente convincente. Por ejemplo, es posible que se creara como una escultura autónoma y no como parte de una más grande, ya que el uso del busto como género escultórico existía en el antiguo Egipto. Otros yesos encontrados junto a las efigies de Nefertiti y Akenatón se dejaron sin pintar, excepto unas líneas de contorno negro y rojo, y, de hecho, son identificables como modelos. Sin embargo, los bustos de Nefertiti y Akenatón parecen haber quedado casi completamente terminados. Además, ¿una aplicación perfecta de pintura como la del busto de Nefertiti era necesaria para un modelo, cuando los colores utilizados para la piel y la corona, por ejemplo, eran de uso habitual? En definitiva, ¿de verdad era necesario invertir tantos esfuerzos en un mero estudio escultórico? El misterio —o la duda— persiste.

El busto de Nefertiti: ¿auténtico o falso?

La autenticidad del busto de Nefertiti no se puso en duda
durante un siglo, ni por parte de Alemania, que se ha negado a devolverlo, ni por parte de Egipto, que ha seguido
reclamándolo a pesar de las negativas alemanas. Sin embargo, un libro publicado en 2009 (*Le buste de Néfertiti. Une
imposture de l'égyptologie?*) incorpora a la apasionante historia de la reina egipcia un nuevo giro argumental. El historiador del arte y periodista suizo Henri Stierlin defiende
que el busto es falso y que, en realidad, Borchardt se lo
encargó al escultor Gerhard Marcks en 1912. Según Stierlin, Borchardt fingió que la pieza no era falsa con el fin de
no avergonzar a un príncipe sajón que, al ver a Nefertiti,
había dado por hecho que semejante belleza solo podía ser
una valiosa antigüedad. El autor Erdoğan Ercivan, afinca-
do en Berlín, defendió la misma postura sobre la falsedad
del busto en un libro de la misma época (*Missing Link der
Archäologie*).

Aunque sugerentes, los argumentos que cuestionan la
autenticidad del busto de Nefertiti son conjeturas que hasta el momento no se han corroborado científicamente.
Stierlin argumenta que, si bien es posible datar con carbono 14 los pigmentos de la pieza, que sí parecen ser antiguos
tintes egipcios, el busto en sí no se puede datar con precisión porque su núcleo está hecho de piedra caliza recubier-
ta de yeso. Además, la datación con carbono 14 mide la
desintegración de los isótopos radiactivos del carbono y
necesita restos orgánicos, que, en este caso, son escasos. El
diario alemán *Der Spiegel* publicó que una datación basada
en la cera de abeja del ojo derecho sí habría demostrado
que el busto se creó en el antiguo Egipto. Sin embargo,
parece que esta circunstancia no es necesariamente conclu-

yente, ya que la muestra de cera se obtuvo en 1920, pero pudo haberse contaminado porque tardó décadas en analizarse.

Para el periodista suizo esta falta de autenticidad del busto de Nefertiti explicaría que no exista ningún informe de excavación sobre su descubrimiento y que la pieza tampoco se exhibiese públicamente hasta once años después, en 1923. Además, Stierlin insiste en cuestionarse cómo el busto podría haber caído boca abajo y mantenerse milagrosamente incólume a pesar del golpe, especialmente, cuando otro busto del mismo taller se encontró hecho añicos. Los argumentos de Stierlin, sin embargo, son refutables. Por un lado, el hecho de que la información no se publicase en el momento del descubrimiento del busto se podría explicar por la voluntad de ocultarlo del Servicio de Antigüedades de Egipto, lo cual enlaza con la opinión del jurista alemán Siehr. Por otro lado, aunque es cierto que solo unos pocos supieron del busto inicialmente, en Alemania su existencia no era secreta.

NARRATIVAS PARALELAS: «NEFERTITI QUIERE VOLVER A CASA»

En la década de 1980, dos autores alemanes publicaron un libro con un título llamativo: *Nefertiti quiere volver a casa*, en el que se proclamaba un sentimiento favorable a la devolución del busto. Como veremos a continuación, no es precisamente la falta de solicitudes de restitución por parte de Egipto lo que ha hecho que hasta el momento el busto de Nefertiti no haya vuelto a su continente de origen.

Las demandas egipcias de devolución del busto de Nefertiti no concluyeron en la década de 1950. Dos décadas después, en el marco de los nuevos esfuerzos de descolonización cultural de países que se habían independizado recientemente, Egipto retomó la cuestión de la restitución del busto. Sin embargo, las respuestas ofrecidas por los representantes de Alemania fueron categóricas e incluso sorprendentes: a Nefertiti «le gusta vivir en Berlín» y «los seres humanos siempre han cometido injusticias»; por estos motivos, no había necesidad de «convencernos para que nos sintamos culpables».

Una personalidad egipcia clave a la hora de plantear las peticiones de restitución del busto de Nefertiti es Zahi Hawass. Este famoso egiptólogo trabajó en el Consejo Supremo de Antigüedades egipcio entre los años 2002 y 2011 y posteriormente fue nombrado ministro de Antigüedades de su país. En el ejercicio de sus cargos, Hawass tuvo diversos contactos con las autoridades alemanas, pero estos acercamientos no dieron resultados positivos y las relaciones de cooperación en temas arqueológicos entre los dos países en ocasiones se tensaron. Por ejemplo, Hawass rechazó una invitación a la reapertura del renovado Museo Nuevo berlinés en 2009. En 2011, la Fundación del Patrimonio Cultural Prusiano, que supervisa los Museos Estatales de Berlín, rechazó una nueva solicitud de restitución de Hawass.

Desde la perspectiva germana, Nefertiti «es y sigue siendo la embajadora de Egipto en Berlín». Ante esta postura, Hawass replicó:

> Aunque Nefertiti ha sido una maravillosa «embajadora de Egipto en Alemania» durante la última década, su diplomacia simbólica y cultural no está ligada a su presencia física en el Museo Nuevo. Incluso con su restitución a Egipto viajeros de todas partes, incluidos ciudadanos y eruditos

alemanes, seguirán siendo más que bienvenidos para estudiarla y visitarla.

No se tiene constancia de que el Gobierno egipcio haya vuelto a plantear sus demandas de restitución del busto de Nefertiti en los últimos diez años. No está claro si esto significa un cambio de enfoque (es decir, que los esfuerzos del país se centran más bien en la protección de los yacimientos arqueológicos) o si, por el contrario, el Ejecutivo del país africano considera que, una vez que la demanda de restitución ya se ha planteado, esta se mantiene abierta hasta que se resuelva de forma definitiva.

Otro foco de atención en los últimos años ha sido la apertura del nuevo Gran Museo Egipcio (GEM). El museo, cuya inauguración se retrasó repetidamente en los últimos veinte años, se abrió parcialmente en octubre de 2024 y su apertura definitiva tuvo lugar en noviembre de 2025. A diferencia de la antigua sede, el Museo Egipcio de El Cairo, que se ubica en el corazón de El Cairo, en la plaza Tahrir, el GEM está situado cerca de las pirámides de Guiza. Su edificio se diseñó con el fin de que fuese una construcción realmente faraónica: con una superficie de 500.000 metros cuadrados (el equivalente a unos setenta campos de fútbol), el GEM se presenta como el mayor museo arqueológico del mundo dedicado a una sola civilización.

Hawass lanzó una nueva campaña a favor de la repatriación del busto de Nefertiti en septiembre de 2024. El egiptólogo concedió una rueda de prensa a título privado en la que explicó que no está pidiendo la restitución de todos los artefactos sacados de Egipto en un pasado lejano, sino solo la de tres objetos que son especialmente relevantes: la piedra de Roseta, que se exhibe en el Museo

Británico, el zodíaco de Dendera —un bajorrelieve que forma parte de la colección del Louvre—, y el busto de Nefertiti. Como ya señalamos en la introducción del libro, centrar la reclamación en unas pocas pero muy destacadas piezas es también el enfoque que ha adoptado Grecia en la actualidad en cuanto a la devolución de los mármoles del Partenón.

Hawass lleva años luchando por la repatriación de objetos culturales egipcios. Sin embargo, en estos momentos, sus esfuerzos no parecen ser compartidos por el Gobierno de su país. Por esta razón, el egiptólogo ha abierto en su sitio web una petición sobre las tres piezas mencionadas y pide a sus seguidores que firmen el siguiente texto: «Para que el Gobierno egipcio solicite a Gobiernos extranjeros la devolución de las piezas debe existir un interés público suficiente, por eso inicié esta solicitud». Esta petición está dirigida al ministro de Cultura alemán, a la Fundación del Patrimonio Cultural Prusiano y a los administradores del Museo Nuevo berlinés.

Según Hawass, las instituciones que siguen exhibiendo estas piezas y se niegan a devolverlas son imperialistas. La misma opinión defiende la egiptóloga egipcia Monica Hanna, quien afirma que la presencia del busto de Nefertiti en Berlín no supone una confirmación del papel de la reina como embajadora de Egipto en Alemania: «Una embajadora es responsable de los intercambios diplomáticos [...]. Si como embajador solo te permiten viajar en una dirección, eres un rehén». La egiptóloga ha abogado públicamente por la «descolonización de la arqueología egipcia».

Narrativas paralelas: Nefertiti ya es berlinesa

En 1946, cuando el primer ministro egipcio pidió la devolución del busto de Nefertiti, algunos de los *Monuments Men* se posicionaron en contra de forma contundente. Uno de ellos, también director ejecutivo de la Galería Nacional de Arte de Washington D. C., Lamont Moore, escribió en febrero de 1946:

> La pieza es para el museo de Berlín lo que la *Victoria alada* y los mármoles de Elgin son para sus respectivas instituciones. Durante más de una generación, turistas y estudiosos la han asociado con el museo de Berlín y devolverla a Egipto en esta fecha tan tardía tendría como principal objetivo satisfacer el *amour-propre* de los egipcios en un sentido nacionalista. Devolver ahora esta pieza a Egipto sería seguir el principio nazi de confiscar obras de arte con el pretexto o por la fuerza para aumentar sus propias colecciones. [...] Creo que, si las autoridades egipcias tienen éxito en su plan, podríamos enfrentarnos a un problema similar que podría no ser fácil de resolver una vez que se haya establecido el precedente de Nefertiti.

Con este argumento, Moore repitió los razonamientos típicos que se enarbolan en contra de otras devoluciones: el temor a los precedentes y el gran peso del «nacionalismo», que más tarde formó parte de la teoría del académico y coleccionista estadounidense John Henry Merryman, ya mencionado en el capítulo sobre los mármoles del Partenón. Sus razonamientos no están vinculados a las circunstancias de una u otra devolución, sino que expresan una posición general en contra de la restitución de patrimonio cultural.

La teoría de Merryman afirma que el país de acogida no es nacionalista por quedarse el patrimonio cultural reclamado, pero sí que lo es el país de origen si pide su devolución. Este punto de partida parece permitir, entre otras cosas, que un país —o un académico de un país— «internacionalista» (el país que retiene el patrimonio cultural) critique los motivos de un país «nacionalista» (el país en el que se originó el patrimonio cultural controvertido) para pedir una devolución. Sin embargo, este enfoque jamás permite lo contrario: no se acepta una investigación o un cuestionamiento de los motivos de un país «internacionalista» para querer retener el patrimonio cultural creado por otros países.

Esta teoría fue muy criticada y hoy en día ya está mayoritariamente superada, aunque algún académico influido por los escritos de Merryman de hace cuarenta años todavía la sigue invocando. Prueba de ello es que incluso los museos universales son reticentes a enarbolarla y optan por escudarse en otros argumentos cuando se resisten a la restitución de una pieza.

Además de las premisas del citado *Monuments Man* en 1946, existe una realidad adicional: Alemania identifica a Nefertiti como suya. La reina egipcia ha ejercido una influencia enorme en el mundo occidental. Son sin duda su belleza y su elegancia las que hacen que Berlín quiera reivindicarla como «alemana», pero... ¿realmente lo es?

Como comentábamos al comienzo del capítulo, la egiptomanía imperante en Europa a principios del siglo xx hizo que Alemania rápidamente «adoptase» a Nefertiti como si fuese una auténtica germana. Desde que se expuso al público, los periódicos se referían a ella jocosamente como «la mujer más vieja de Berlín». A principios de los años treinta, cuando se debatió el asunto de la devolución del busto a Egipto, los periódicos describieron a Nefertiti como alemana y, desde entonces, se sigue presentando a la bella reina egipcia como ciudadana de Berlín. Tan profunda ha sido la devoción germana por el busto que publicaciones de la década de 1930 relatan cómo los visitantes incluso depositaban flores junto a él. En este posicionamiento también tiene un papel destacado el interés económico germano. Según la página web oficial de los Museos Estatales de Berlín, 828.000 personas visitaron el Museo Nuevo en 2019. El busto es su atracción principal y un ícono generador de *merchandising* de lo más diverso. No en vano, desde su llegada a Berlín, la prensa nacional lo calificó como «la piedra más preciosa de la diadema de tesoros artísticos de Alemania».

NEFERTITI NO ES TRANSPORTABLE: ¿ES LA
INTELIGENCIA ARTIFICIAL LA ÚNICA OPCIÓN PARA QUE
EL BUSTO «REGRESE» A EGIPTO?

Según el Museo Nuevo berlinés, los exámenes realizados por su laboratorio de investigación indican que el busto de Nefertiti es extremadamente frágil: bolsas de aire entre el núcleo de piedra caliza y el yeso lo hacen vulnerable. La pintura y la incrustación del ojo derecho también se hallan en un estado muy delicado. Por lo tanto, afirma el museo, «desde el punto de vista curatorial y de conservación, el busto, al igual que muchos otros objetos de la colección del museo, ahora ha sido clasificado como "no transportable"».

La no transportabilidad de la pieza es un argumento tan frecuente contra la restitución que, de tanto repetirse, puede perder parte de su valor. ¿Son en realidad objetos frágiles que no pueden devolverse o más bien se califican como frágiles todos aquellos objetos que no se quieren devolver? Como veremos en el capítulo 6, esta es también la razón principal para no restituir a México el penacho de Moctezuma. Por supuesto, es imposible decidir con certeza lo frágil que es un objeto con solo mirarlo. Sin embargo, en el caso del busto, hay que señalar que parece haber sido muy resistente. Por ejemplo, a pesar de haber caído boca abajo, Nefertiti sobrevivió, mientras que el busto de su esposo, encontrado en el mismo taller, estaba roto en mil pedazos.

El debate sobre la devolución de Nefertiti se avivó en 2016 cuando dos artistas, Jan Nikolai Nelles y Nora Al-Badri, colgaron en internet un escaneo del busto con el propósito de cuestionar las políticas museísticas de no devolución de patrimonio cultural. Este escaneado online permitía que cualquiera pudiese hacer una copia de la obra con una impresora 3D. También ofrecieron un ejemplar a las autoridades egipcias.

Los artistas afirmaron que habían llevado a cabo el proyecto de forma secreta en el Museo Nuevo. Sin embargo, la alta calidad del *Nefertiti Hack* que los artistas publicaron planteó dudas. Se sugirió que podrían haber obtenido el escaneado del propio museo o que lo habían producido por medios distintos al declarado.

La pregunta que subyace en este tipo de acciones es la siguiente: ¿por qué el museo en cuestión y otras instituciones no publican ellos mismos los escaneos de sus piezas más relevantes? En el caso de los mármoles del Partenón, por ejemplo, se llevó a cabo de forma secreta un escaneo 3D del caballo de Selene en el Museo Británico. El Instituto de Arqueología Digital generó la copia de tamaño real de la cabeza de este caballo, creada con mármol del monte

Pentélico. Este instituto, una iniciativa conjunta de las universidades de Harvard y Oxford y el Museo del Futuro de Dubái, consideró que una copia digital de esta pieza podría ayudar al debate sobre la restitución.

Volviendo a Nefertiti, en 2019, el artista y activista Cosmo Wenman publicó el escaneo oficial del busto, que el museo berlinés poseía desde el año 2008. La Fundación del Patrimonio Cultural Prusiano tuvo que concederle acceso a este escaneo, después de que Wenman ejerciese presión basándose en la ley alemana de libertad de información. Dado que los datos 3D del busto de Nefertiti se publicaron en internet, ya no tenía mucho sentido que el museo los mantuviera en secreto, por lo que también los hizo públicos bajo licencia Creative Commons en 2019.

En cualquier caso, hay que tener en cuenta que una impresión 3D no es ni podrá ser un reemplazo del objeto cultural auténtico. Ofrecer una copia 3D dista muchísimo de una restitución de patrimonio cultural en el sentido en que estamos usando el término en este libro. Las controversias sobre la devolución del patrimonio cultural versan sobre las piezas originales y no sobre copias sin valor histórico. En el caso contrario, el Museo Nuevo bien podría quedarse con la copia en 3D y devolver la obra original a su país de origen.

Perspectivas de futuro

Por el momento, Berlín no tiene la voluntad política o museística de devolver el busto de Nefertiti a Egipto. Este punto de vista contrasta con el planteamiento que Alemania ha adoptado respecto de la restitución de los bronces de Benín. ¿Puede esto deberse a que las circunstancias de las respectivas extracciones en los países de origen fueron diferentes? Como hemos visto, existen dudas sobre la forma en que Nefertiti salió de Egipto, mientras que hoy en día no se cuestiona que los bronces de Benín fueron un botín de guerra. La no restitución del busto de la bella reina egipcia ¿podría ser consecuencia de que unos tesoros culturales se consideran más valiosos que otros, de modo que un país puede estar dispuesto a renunciar a alguno de ellos pero no a los demás? ¿O tal vez es la diplomacia cultural la que en realidad está dictaminando qué restituciones son las más beneficiosas para el país que posee la pieza? Mientras no se encuentre una solución política aceptable para ambas partes, el debate sobre el busto de Nefertiti seguirá abierto. De la misma forma, también seguirán activas las peticiones egipcias, oficiales y extraoficiales, para lograr que su reina regrese a las tierras bañadas por el Nilo.

5

Dioses, armas y un hombre prehistórico
de Java

En el año 1836, Johan Frederik Walraven van Nes, jurista neerlandés y funcionario de la Administración colonial neerlandesa en Indonesia, avistó una estatua mientras escalaba el volcán Semeru en la isla de Java. La figura, tallada en roca volcánica, databa del siglo XIII y representaba al dios hindú Ganesha, con su característica cabeza de elefante y sus cuatro brazos. La parte posterior de la estatua era plana, lo que hacía pensar que originalmente había estado pegada a la pared de algún templo, aunque no se tiene certeza de cuál.

Fascinado por su descubrimiento, Van Nes no se quedó de brazos cruzados, sino que se aseguró de que la estatua se trasladara a Pasuruan, una ciudad cercana de Java Oriental en la que este empleado público ejercía su cargo en las Indias Orientales Neerlandesas. Más tarde, cuando el funcionario regresó a los Países Bajos con un permiso laboral, esta pieza de gran tamaño y gran peso se quedó en Indonesia. Sin embargo, en noviembre de 1841, el Ministerio de la Marina y Colonias organizó, con el beneplácito de Van Nes, los preparativos para el transporte de la estatua a los Países Bajos, cuyo envío se llevó a cabo en abril de 1843.

Tras llegar a la Europa continental, la estatua se incorporó a la colección del Museo Nacional de Antigüedades de la ciudad de Leiden en calidad de donativo por parte de Van Nes. En 1904, la pieza se trasladó al Museo Nacional de Etnología, el precursor del actual Museo del Mundo de Leiden, y allí se quedó durante más de cien años. En septiembre de 2023, Indonesia solicitó formalmente la devolución de la estatua del dios Ganesha a través de una petición cursada por su Ministerio de Educación, Cultura, Investigación y Tecnología. Unos meses más tarde, en junio de 2024, el Comité de Colecciones Coloniales neerlandés, un órgano permanente que asesora al ministro sobre las solicitudes de restitución, emitió un informe recomendando la «restitución incondicional» de la estatua a Indonesia. A finales de 2024, la pieza volvió al país asiático, donde se exhibió en el Museo Nacional de Indonesia, en Yakarta, como parte de una exposición dedicada a objetos culturales indonesios devueltos por los Países Bajos.

Esta estatua del dios hindú Ganesha forma parte de los cientos de piezas que los Países Bajos han restituido a su antigua colonia de Indonesia en los últimos años. Como veremos a lo largo de este capítulo, también se han devuelto otras esculturas hindú-budistas, joyas, armas, monedas y textiles. A pesar de que estas piezas están profundamente conectadas con la historia de Indonesia, salieron de este Estado insular durante la colonización neerlandesa entre finales del siglo XVII y la década de 1940. A diferencia de lo que sucedió en el caso concreto de la estatua de Ganesha, los colonizadores europeos no encontraron todos estos objetos de forma casual. En realidad, muchos de ellos fueron un botín de guerra.

Las restituciones de patrimonio cultural que actualmente están llevando a cabo los Países Bajos están fundamentadas en un informe elaborado en 2020 por un organismo asesor del Gobierno neerlandés. Este documento proclama que, aunque «no es posible deshacer las injusticias históricas que se cometieron durante el período colonial [...], sí se puede contribuir a reparar las injusticias asumiendo la responsabilidad del legado de ese pasado al tratar con objetos culturales coloniales».

A partir de la emisión del informe, los Países Bajos han hecho dos grandes entregas de piezas a Indonesia, en 2023 y 2024. En otoño de 2025, el Comité de Colecciones Coloniales recomendó la restitución a Indonesia de 28.000 objetos adicionales que el Gobierno aprobó de inmediato. Se trata de una colección de historia natural que incluye el conocido como «hombre de Java», de quien hablaremos con detalle más adelante.

Con independencia de lo que suceda con otras demandas que se puedan plantear en el futuro, hay que reconocer que el enfoque neerlandés de estos últimos años es innovador y merece nuestra atención. Esta política de restitución de patrimonio artístico no solo tiene como objetivo la devolución incondicional de patrimonio artístico «manchado» por el colonialismo, sino que también refleja una clara voluntad política de reconocer los errores cometidos en épocas históricas pasadas.

LOS EUROPEOS EN INDONESIA

Mucho antes de la colonización neerlandesa, los europeos ya conocían el archipiélago indonesio, con sus miles de islas. Marco Polo, el famoso comerciante y viajero veneciano, llegó a Indonesia en 1292. En su libro *Los viajes de Marco Polo*, conocido también como *El libro de las maravi-*

llas, se incluye una descripción de la isla de Sumatra y de algunas de sus características principales. Marco Polo relató, por ejemplo, las prácticas caníbales de una tribu local y aludió asimismo al «unicornio» de la isla, al que describió con profusión de detalles (más pequeño que los elefantes, pero con pezuñas de elefante y piel de búfalo, con un único cuerno negro grande en el centro de la frente, la cabeza de un jabalí y un aspecto espantoso). El autor admitió que este unicornio no se parecía en absoluto a la imagen que se tenía de ellos. Esta criatura, por supuesto, no era en realidad un unicornio, sino el rinoceronte de Sumatra, una especie que hoy en día se encuentra en peligro de extinción. Unos treinta años después de que Marco Polo visitase Sumatra, otro europeo conoció el archipiélago indonesio. Odorico de Pordenone, viajero y misionero franciscano, también relató sus viajes y la cultura de las islas en esta época.

En 1494, España y Portugal firmaron el Tratado de Tordesillas, con el que se repartieron los derechos de navegación oceánica y de conquista de territorios no europeos. A comienzos del siglo XVI, los portugueses fueron los primeros europeos que quisieron establecerse en el archipiélago indonesio. En 1512, se abrieron camino hacia las islas Molucas, también conocidas como islas de las Especias. Como su nombre deja entrever, estas islas eran importantes para el comercio de condimentos como la nuez moscada y el clavo, que en ese momento eran productos de ultramar muy demandados en Europa.

Unos años más tarde, en la década de 1520, Carlos I de España envió sus propias expediciones al archipiélago indonesio. A diferencia de las iniciativas portuguesas, estas no tuvieron mucho éxito a causa de, entre otros motivos, las furiosas tormentas en el Pacífico. Con la firma del Tratado de Zaragoza en 1529, España cedió sus derechos sobre las islas de las Especias a Portugal, lo que convirtió a este último imperio en el único dueño de las rutas del archipiélago indonesio durante casi un siglo. Sin embargo, a finales del siglo XVI, con la llegada de nuevos competidores europeos, la influencia portuguesa llegó a su fin.

LA COLONIZACIÓN NEERLANDESA DE INDONESIA

La primera expedición holandesa al archipiélago se organizó desde Ámsterdam en 1595. Este viaje inicial fue muy dificultoso, ya que de los 249 hombres que partieron en cuatro barcos solo 89 hombres y tres barcos regresaron a los Países Bajos dos años después. Aun así, los beneficios obtenidos por esas tres embarcaciones convencieron a mercaderes y aventureros del interés de aquellas tierras lejanas. Por ello, en 1598, se iniciaron nuevas expediciones marítimas al archipiélago asiático, que culminaron con la llegada a puertos neerlandeses de barcos cargados de esas especias tan codiciadas.

Por aquel entonces había varios empresarios neerlandeses compitiendo entre sí por esta ruta comercial y empezaba a evidenciarse que esa competencia no era deseable. Ya en 1598 los denominados Estados Generales de los Países Bajos —es decir, el Senado y la Cámara de Representantes— habían propuesto que las compañías competidoras se fusionasen, cosa que no sucedió de inmediato.

Mientras tanto, al otro lado del canal de la Mancha, un grupo de empresarios británicos que se dedicaba al comercio con Asia creó la Compañía Británica de las Indias Orientales. Este dato pudo haber convencido a los neerlandeses para acometer también la fusión de sus compañías, que finalmente tuvo lugar en marzo de 1602. La entidad resultante se llamó Compañía Neerlandesa de las Indias Orientales. Pronto se evidenció que no se trataba de una empresa como las demás, ya que se le concedieron poderes casi soberanos y, gracias a ellos, pudo reclutar personal bajo juramento de lealtad, construir fortalezas, firmar tratados en Asia y hasta hacer la guerra.

En diciembre de 1603, la primera flota zarpó en dirección a las Indias Orientales. En los años siguientes, la Compañía se asentó en Asia, con fábricas en Borneo, Java, Sumatra y las islas de las Especias, entre otros lugares. Poco después, los neerlandeses trataron de imponer su monopolio en el comercio de nuez moscada a las islas de Banda, ubicadas junto a las Molucas. Los líderes de estas islas convocaron una reunión con el presunto objetivo de negociar con los neerlandeses, pero en realidad les tendieron una emboscada y los asesinaron. Esta matanza se utilizó con frecuencia como excusa para justificar la posterior represión neerlandesa, que casi exterminó a los habitantes de estas islas.

Uno de los supervivientes de la emboscada fue Jan Pieterszoon Coen, quien, tras su regreso a los Países Bajos, convenció a la Compañía Neerlandesa de las Indias Orientales para que lo nombrara director general, convirtiéndose así en realidad en gobernador general de este territorio insular. Coen desempeñó un papel crucial al proporcionar el impulso necesario para afianzar el dominio de la Compañía en las Indias Orientales Neerlandesas. De regreso a Indonesia, y a diferencia de sus predecesores, Coen no dudó en usar la fuerza. Con el fin de establecer el monopolio neerlandés, casi toda la población de Banda fue deportada, expulsada, esclavizada, murió de hambre o fue masacrada en la década de 1620. Se calcula que de los quince mil habitantes de las islas de Banda solo sobrevivieron unos mil. Una vez diezmada la población bandanesa, se la sustituyó por colonos neerlandeses, quienes a su vez trajeron miles de esclavos de otras islas para cultivar la tierra.

El monopolio neerlandés sobre especias como el clavo de olor se mantuvo hasta el año 1770, cuando el científico agrícola, horticultor y administrador colonial francés Pierre Poivre robó algunos retoños de clavo de olor de las islas de las Especias y los plantó en dos islas que pertenecían a Francia: la isla de Francia (actual Mauricio) y la isla de Bourbon (actual Reunión).

La Compañía Neerlandesa de las Indias Orientales no se disolvió hasta el 1 de enero de 1800, momento en que sus posesiones territoriales pasaron a ser propiedad del Estado neerlandés, aunque políticamente la situación no fue lineal. Cuando Napoleón Bonaparte conquistó lo que por aquel entonces se conocía como las Provincias Unidas de los Países Bajos, proclamó que Java era francesa. Un poco más tarde, en 1811, los británicos capturaron la isla por la fuerza. Tras la derrota de Napoleón en Waterloo, los Países Bajos recuperaron sus colonias de ultramar. Durante la época colonial, Indonesia fue tan importante económicamente para los Países Bajos que su explotación llegó a constituir un tercio de la renta nacional. Mientras tanto, se sometió sistemáticamente a la población local de Indonesia a violencia y opresión y las rebeliones indígenas se aplastaron de manera brutal.

Un ejemplo de ello es la guerra de Java, o guerra de Diponegoro (denominada así en honor al príncipe javanés que lideró la oposición a los colonos), que tuvo lugar en Java entre 1825 y 1830. Durante esta contienda, al menos doscientos mil civiles javaneses y siete mil soldados indonesios fallecieron, mientras que el bando neerlandés, que salió victorioso, contabilizó la pérdida de ocho mil soldados europeos. En cuanto a Diponegoro, a pesar de que le habían prometido un salvoconducto, lo traicionaron y capturaron durante lo que él pensaba que iban a ser unas negociaciones de paz.

Estos conflictos bélicos tuvieron unas consecuencias nefastas para el patrimonio cultural indonesio. En 1894, durante la guerra de Lombok, las autoridades coloniales atacaron la isla en una gran operación militar. El Real Ejército de las Indias Orientales Neerlandesas saqueó 230 kilos de oro, 7.000 kilos de plata y grandes cantidades de joyas y piedras preciosas. A este conjunto de objetos se lo conoce como el «tesoro de Lombok» y, como veremos más tarde, los Países Bajos lo han devuelto recientemente a Indonesia.

En 1906, los colonos llevaron a cabo una importante intervención militar en Bali. La excusa fue el presunto asalto por parte de las poblaciones locales de un barco que había naufragado dos años antes. El propietario del barco, un comerciante chino, exigió una indemnización porque afirmaba que los balineses habían saqueado la embarcación. Los neerlandeses decidieron reclamar el coste al rajá, el soberano local. Sin embargo, su pretensión fue rechazada, ya que el rajá de Badung en Denpasar, en el sur de Bali, negaba que el saqueo se hubiese producido.

Esta respuesta negativa hizo que los neerlandeses planteasen un ultimátum a este rajá y al de Pemecutan. Acto seguido, los colonizadores llevaron a cabo una invasión militar que provocó la muerte de muchos balineses. Entre las víctimas se cuentan también quienes participaron en rituales de suicidio colectivo o ataques suicidas (*puputan*), con el fin de morir antes que entregarse al enemigo.

Un descendiente de una de las supervivientes relata que en el palacio del rajá unos miembros varones de la fa-

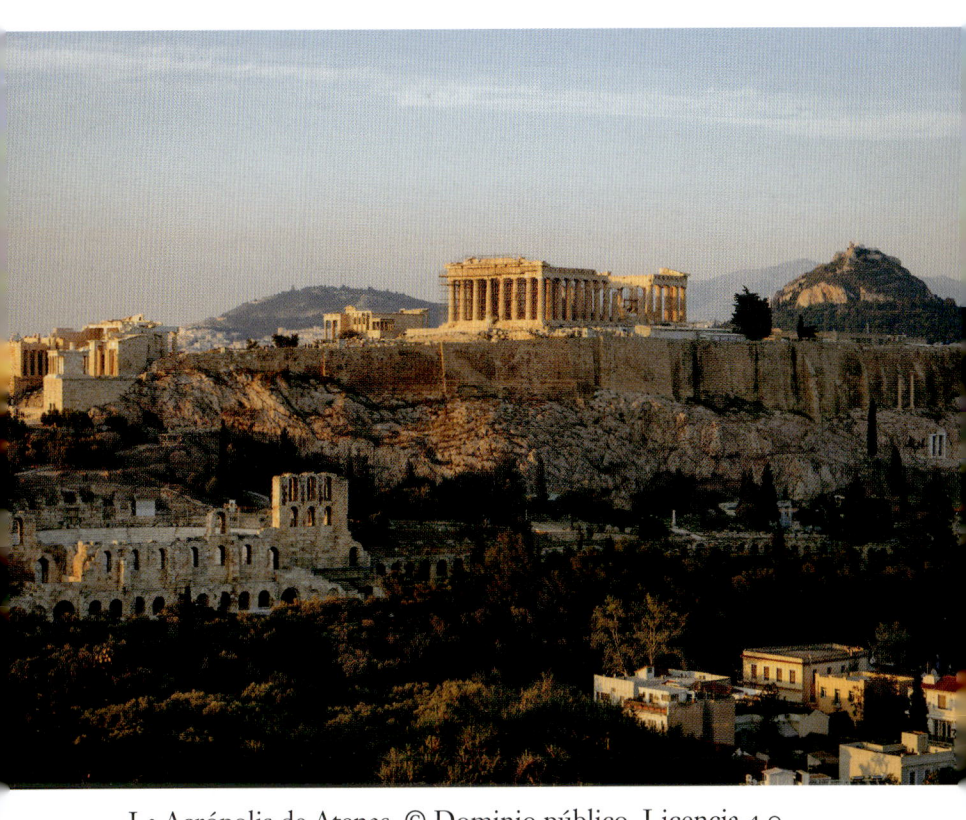

La Acrópolis de Atenas. © Dominio público. Licencia 4.0.

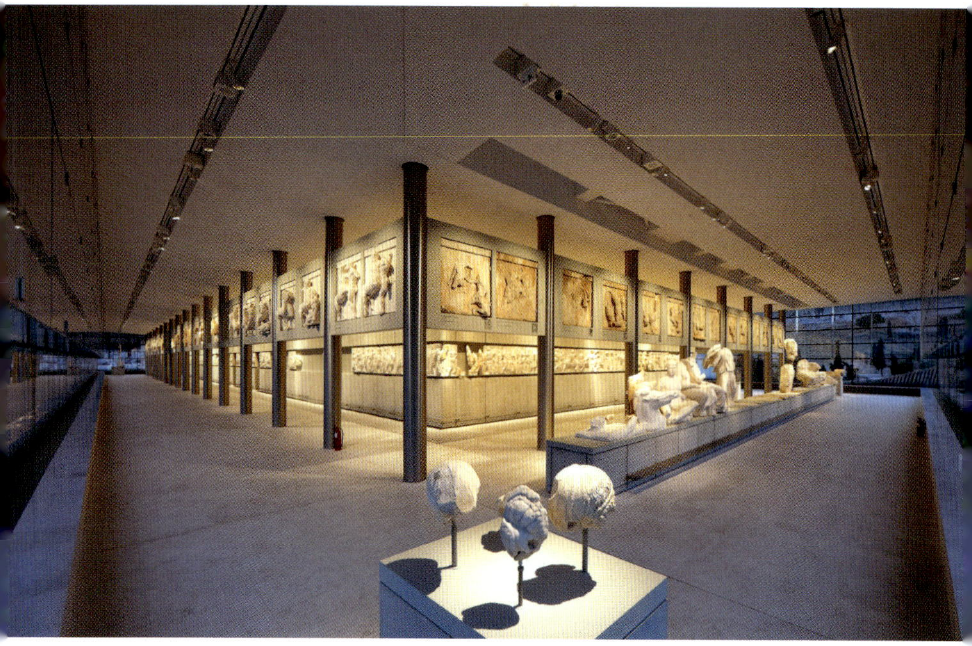

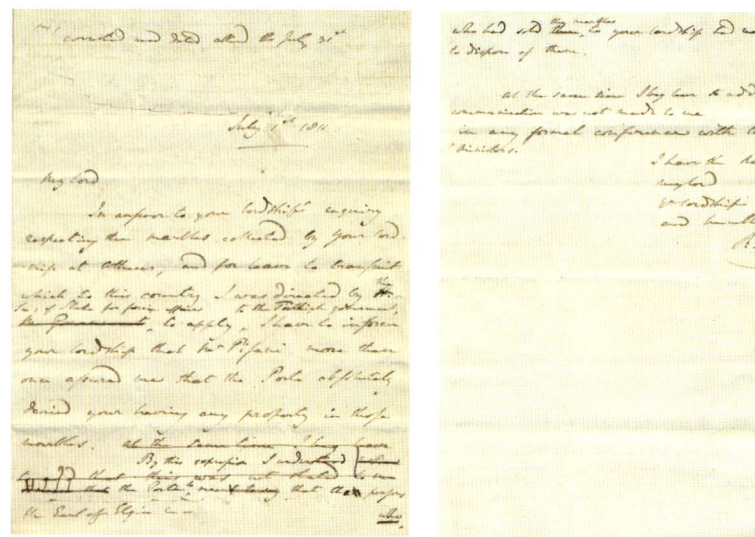

La Galería del Partenón en el Museo de la Acrópolis.
© Nikos Daniilidis, 2009 / Acropolis Museum Photo Archive.

Borrador de carta de Robert Adair a Elgin, fechada el 31 de julio
de 1811. Cortesía de © T. Theodorou.

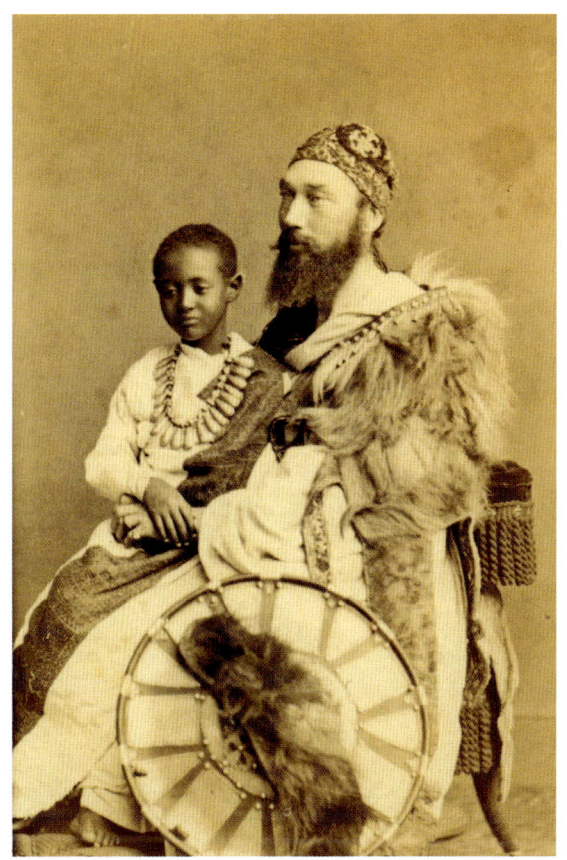

El capitán Speedy y el príncipe Alamayehu
posando con atuendos típicos de Etiopía,
1868. © Zip Lexing / Alamy / Album.

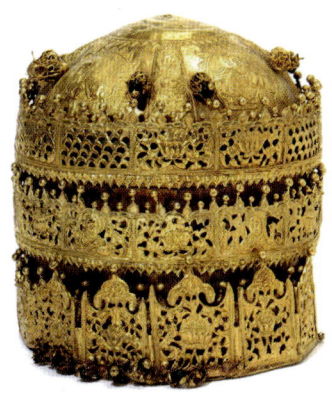

Corona expoliada por las tropas
británicas tras la destrucción de
Magdala en 1868, Museo Victoria y Alberto de Londres. © Victoria and Albert Museum, London.

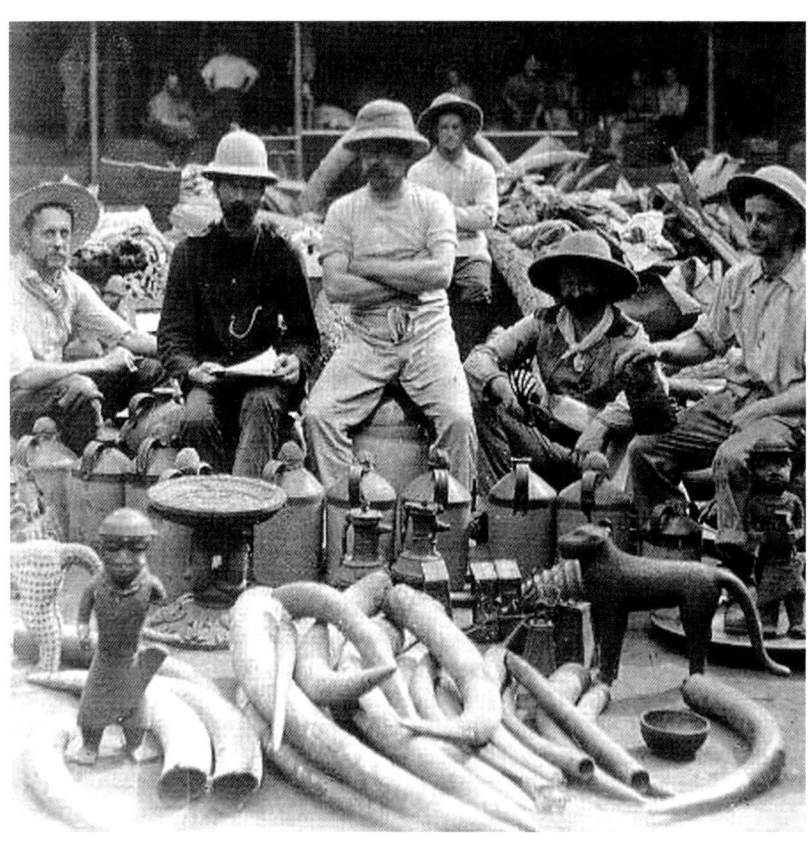

Soldados británicos con objetos saqueados en Benín (actual Nigeria), 1897. © Pictures From History / Universal Images Group / Album.

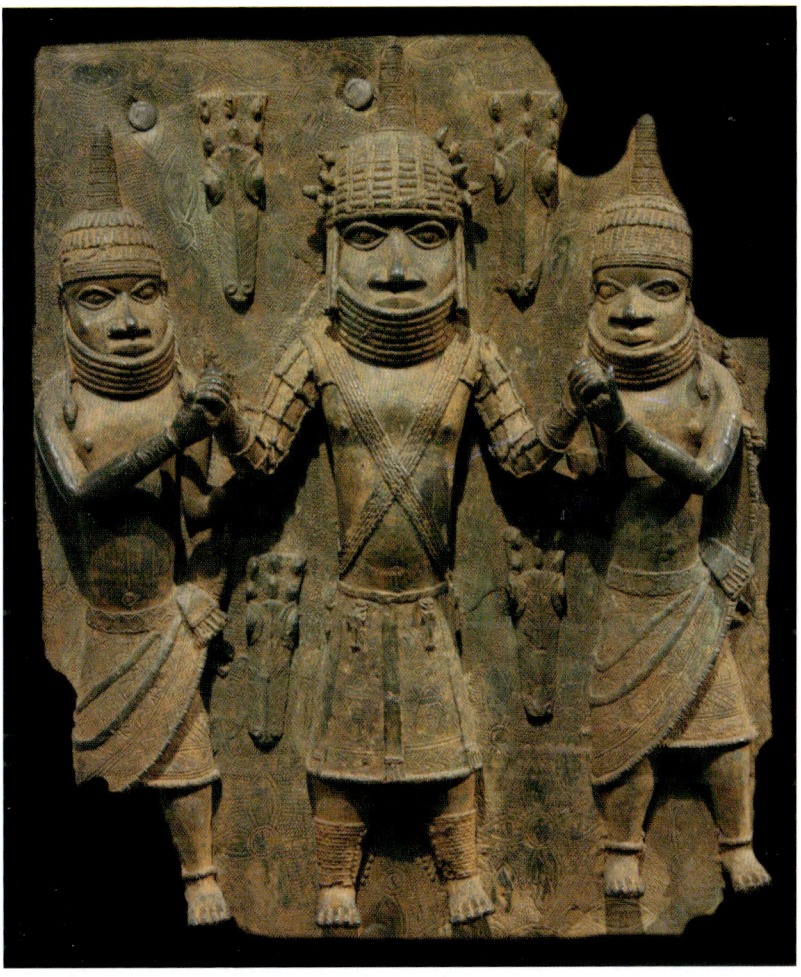

Placa de latón, una de las piezas conocidas como «bronces de Benín», Museo Británico. © Pictures From History / Universal Images Group / Album.

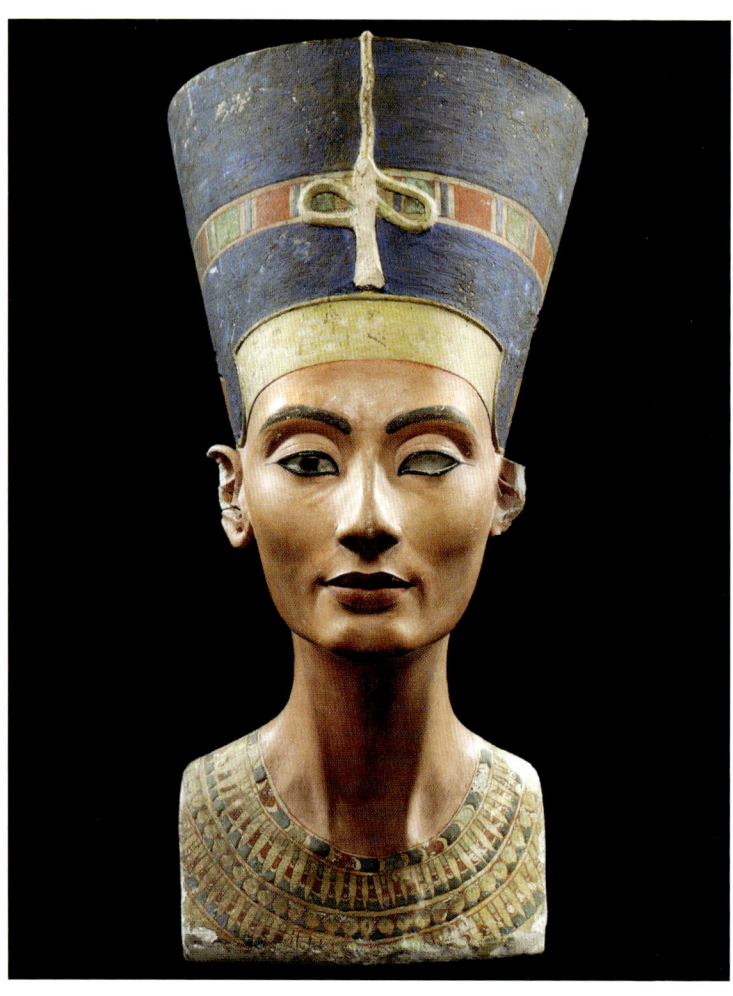

Busto de Nefertiti, Museo Nuevo de Berlín. © Album / Alamy / Album.

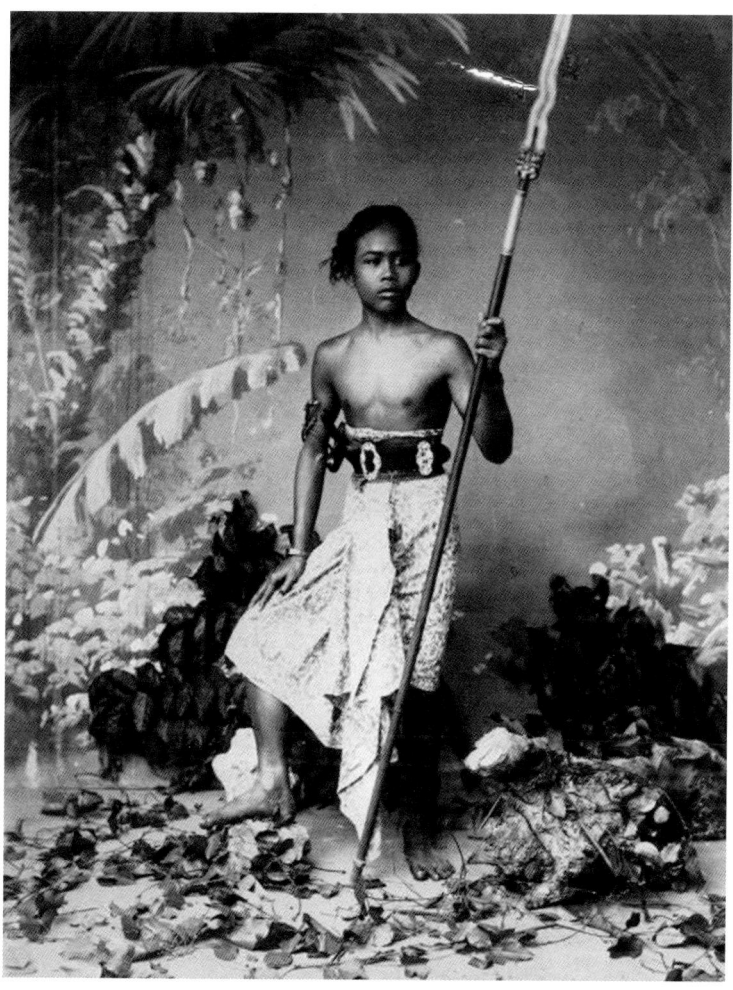

Retrato de estudio de un guerrero de Yogjakarta portando un kris, Colección de la Fundación del Museo Nacional de Culturas del Mundo, en Ámsterdam. © Wereldmuseum Amsterdam.

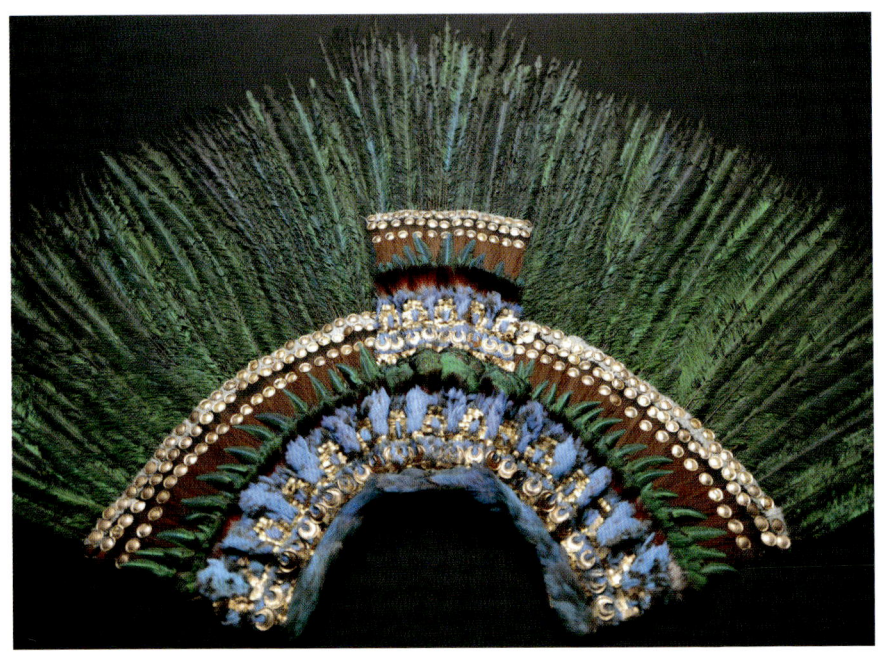

El conocido como penacho de Moctezuma, Museo del Mundo en Viena. © APA-PictureDesk / Alamy / Album.

milia real, presagiando que iban a morir, aconsejaron a sus mujeres —los hombres nobles balineses eran polígamos— que regresaran con sus hijos a sus casas paternas. Otras mujeres que oyeron por casualidad este consejo hicieron lo mismo, aunque en el caso de al menos una de ellas consta que su marido trató de impedir que se marchara. En los días siguientes, mientras continuaba la batalla en torno al palacio, otras mujeres que se habían puesto a salvo regresaron a morir allí, alegando que se trataba de una cuestión de honor.

Cuando el rajá de Denpasar intuyó que un final violento los acechaba, decidió también incinerar los restos de su hermano mayor, que se hallaban en el palacio. Los cadáveres de la realeza no se enterraban, sino que se conservaban junto a la familia hasta que llegase el momento de su cremación. Una muestra de la desesperación colectiva que rodeaba al rajá de Denpasar en esos momentos fue que durante la ceremonia de incineración una mujer se inmoló arrojándose al fuego.

Los neerlandeses no aprobaban ese tipo de práctica funeraria, que estaba muy extendida en Indonesia. Tres años antes, en 1903, el rajá de Tabanan, en Bali, había muerto y sus esposas, como era habitual, se prepararon para la conocida como «quema de viudas» (*mesatiye* en balinés o *satí* en sánscrito). Dos buques de guerra neerlandeses llegaron a la costa de Tabanan para intimidar a los balineses e impedir que la ceremonia se llevara a cabo. Estas situaciones se solían usar como pretexto para atacar los reinos locales. Sin embargo, en aquella ocasión, los neerlandeses llegaron a un acuerdo según el cual la ceremonia se celebraría conforme a lo planeado pero el nuevo rajá firmaría una resolución para prohibir esta práctica a partir de entonces. Aunque en los años siguientes otros rajás aceptaron pactos similares, la práctica no desapareció por completo. La costumbre y la presión social para que las mujeres de la nobleza indonesia participasen en estas ceremonias macabras siguieron siendo fuertes.

Cuando ya era evidente que los balineses no podían ganar, la familia del rajá de Denpasar y su séquito se purificaron ritualmente para afrontar la muerte. Vestida de blanco, la familia real salió de su palacio y caminó hacia los neerlandeses. Las mujeres portaban sus mejores ropas y joyas valiosas. Los soldados neerlandeses comenzaron a disparar y quienes no fueron asesinados de inmediato se detuvieron para rematar a los heridos de su propio bando antes de seguir avanzando hacia la muerte. Se estima que en este asedio murieron más de mil balineses, incluidos niños, y que los neerlandeses solo perdieron a cuatro hombres, aunque otros relatos hablan de más víctimas.

Después del *puputan*, los militares neerlandeses robaron todas las armas que pudieron. Testigos presenciales afirmaron que los vencedores europeos se apropiaron de numerosos krises. El kris es una daga asimétrica típica de Indonesia, donde se la considera tanto un arma como un objeto espiritual al que a menudo se le atribuyen poderes mágicos. Una muestra de la relevancia del kris en la cultura indonesia es que la Unesco lo ha declarado patrimonio cultural inmaterial de la humanidad. Estas dagas, que contaban con unas empuñaduras magníficas, poseían además un elevado valor económico: se estimaba que el precio de cada pieza era de al menos 1.000 florines de la época. El pillaje de los soldados neerlandeses fue tan intenso que se dice que llegaron a retirar puntas de lanza doradas de los cadáveres todavía tibios para poder quedarse con ellas.

Mientras tanto, el palacio de Denpasar ardía. En la época, se dijo que este edificio en llamas fue saqueado por balineses y que la población local incluso retiró vigas de madera y puertas enteras del palacio. Sin embargo, informes no oficiales publicados en periódicos neerlandeses apuntaban que sus soldados también participaron en el robo. De hecho, según algún relato, se descubrió a soldados en una estancia del palacio llena de tesoros.

El mismo día de 1906, los militares neerlandeses se dirigieron hacia el palacio del otro rajá de Badung, ubicado en Pemecutan. El rajá y sus seguidores decidieron inmolarse apuñalándose en el exterior del palacio, que también había sido incendiado. En este edificio los militares neerlandeses encontraron objetos de oro y plata, aunque la versión oficial relataba de nuevo un saqueo liderado por balineses. Parece que en realidad algunos trabajadores forzosos del ejército neerlandés robaron objetos del palacio y después intentaron venderlos, mientras que otros entregaron joyas a las autoridades neerlandesas. El botín que los militares holandeses se llevaron incluía armas, cañones, pólvora y una importante cantidad de joyas. Esa noche, por orden del Gobierno neerlandés, se incineraron los cuerpos de los dos rajás. Con la caída de estos dos mandatarios, toda la zona de Badung quedó bajo control neerlandés.

El siguiente paso de las fuerzas coloniales fue avanzar hasta Tabanan, reino aliado de Badung, donde el rajá se rindió con la esperanza de poder negociar. Tras ser informado de que en realidad lo iban a obligar a exiliarse a Madura o Lombok, su hijo y él prefirieron suicidarse en la prisión de Denpasar donde habían sido retenidos. A diferencia de lo que ocurrió en los otros palacios, el de Tabanan no fue incendiado, pero tampoco consiguió librarse del saqueo. Las autoridades coloniales organizaron una subasta pública de las posesiones del rajá para apoyar económicamente al resto de la familia, que sí había aceptado exiliarse a Lombok. Los neerlandeses no querían vender a los balineses los objetos considerados sagrados o poseedores de poder espiritual (*pusaka*), como el kris del rajá, por lo que los compraron las autoridades neerlandesas.

Más tarde, ese mismo año 1906, la hermana menor del rajá de Tabanan lideró un movimiento de resistencia contra las fuerzas neerlandesas de ocupación iniciado en el pueblo de Wongaya Gede, en Tabanan (Bali). Treinta y tres balineses perdieron la vida y el ejército neerlandés confiscó las lanzas y krises con los que iban armados. En 1908, en Klungkung (Bali) los hechos se repitieron y, con la derrota del último rajá que desafiaba el poder colonial, los neerlandeses se convirtieron también en los gobernantes indiscutibles de Bali.

Hay que reconocer que la colonización neerlandesa no dejó únicamente una huella negativa en Indonesia. La esclavitud, la quema de viudas, la caza de cabezas —la recolección en calidad de trofeo de la cabeza de los enemigos batidos en combate—, el canibalismo, la piratería y los sistemas políticos feudales se abolieron bajo el dominio holandés. Sin embargo, es también incuestionable que a principios del siglo xx la colonización supuso un alto coste en vidas humanas, recursos, dignidad, libertad y cohesión social en este país asiático.

El 17 de agosto de 1945, Indonesia declaró unilateralmente su independencia. Dos días antes, Japón había anunciado su capitulación en la Segunda Guerra Mundial. El líder nacionalista indonesio Sukarno, quien hasta ese momento había apoyado a Japón, se convirtió en el primer presidente de Indonesia. El político se aferró al cargo durante veintidós años, hasta que fue derrocado por uno de sus militares.

Esta declaración de independencia puso en marcha la denominada Revolución Nacional de Indonesia, que los neerlandeses intentaron reprimir con uñas y dientes para restablecer su poder sobre el archipiélago. La lucha armada se prolongó hasta diciembre de 1949, momento en el que la creciente presión internacional obligó a los Países Bajos a reconocer la independencia del país asiático. Durante esta revolución, ambas partes hicieron uso de una violencia extrema. Un informe del año 2022 financiado por el Gobierno neerlandés confirmó que los militares neerlandeses habían recurrido a encierros, torturas sistemáticas durante los interrogatorios y ejecuciones extrajudiciales para doblegar a la población local. Se estima que aproximadamente cien mil civiles indonesios y unos cinco mil soldados neerlandeses perecieron en esta época. Este informe desencadenó una disculpa oficial por parte del entonces primer ministro neerlandés y actual secretario general de la OTAN, el liberal conservador Mark Rutte. Dos años antes, el rey Guillermo Alejandro de los Países Bajos también se había excusado por la «violencia excesiva» ejercida contra Indonesia durante el período colonial. Este enfoque diferencia claramente a los Países Bajos de otras antiguas potencias coloniales europeas, que hasta la fecha no han pedido perdón por su pasado en ultramar. El presente capítulo demuestra cómo el reconocimiento de este tipo de injusticias pretéritas puede ser un paso importante para llevar a cabo restituciones del patrimonio cultural.

El expolio de objetos culturales en Bali

Las autoridades coloniales consideraron que la propiedad privada era en general inviolable y por este motivo solo incorporaron al patrimonio del Estado neerlandés los bienes de los rajás balineses después de sus derrotas. Sin embargo, los colonizadores también se apropiaron de todos los bienes «sin dueño» que se encontraban en el campo de batalla asiático, incluidos objetos personales valiosos como joyas y krises.

Tras la derrota de los rajás de Badung en 1906, los militares neerlandeses inventariaron el botín. Entre los objetos saqueados en los palacios y campos de batalla había diversos krises que todavía estaban manchados de sangre indonesia. Unos días después, el gobernador general de las Indias Orientales Neerlandesas recibió una carta del Ministerio del Interior neerlandés pidiéndole que tuviera en cuenta los intereses del Museo Nacional de Etnología de Leiden a la hora de repartir el botín. Este conjunto de valiosas piezas permaneció en Bali durante unos días más, hasta que se cargó en un barco con destino a Batavia, la capital de las Indias Orientales Neerlandesas.

Cuando la nave llegó a este enclave, hoy conocido como Yakarta, se descubrió que el inventario inicial era inexacto: faltaba una caja, por lo que se elaboró un nuevo registro. Los objetos que se consideró que no tenían valor se pusieron a la venta. En ese momento, varios museos neerlandeses solicitaron que se les enviara una parte del botín. Al final, el Museo Nacional de Etnología de Leiden recibió 186 piezas, que se exhibieron por primera vez al año siguiente, en 1907. El Museo de Geografía y Antropología Cultural de Róterdam obtuvo 59 objetos, el Museo Colonial de Haarlem, otros 35, y el Museo de la Industria de Haarlem recibió un solo objeto (un kris).

Estas instituciones han cambiado de denominación con el paso del tiempo y actualmente conforman un museo multisede —Ámsterdam, Leiden y Róterdam— denominado Museo del Mundo. A sus instalaciones llegó, por tanto, un conjunto amplio de piezas compuesto de armas (krises, lanzas y rifles), joyas, tejidos valiosos que las mujeres llevaban durante el *puputan*, cuencos de ofrenda, un adorno de templo y diversos objetos domésticos como un colgador de cama. Cuando en 2024 el Comité de Colecciones Coloniales investigó la procedencia de estas piezas, concluyó que se trataba de un botín de guerra.

También se entregaron a la misma institución otros objetos del sur de Bali que procedían de la colección del artista Wijnand Nieuwenkamp. Este neerlandés obtuvo un permiso para acompañar al ejército de su país en 1906. Tras la guerra, Nieuwenkamp compró a soldados holandeses y a residentes locales diversas piezas que provenían de los palacios destruidos en Badung y Tabanan. También se le permitió recoger objetos del palacio de Denpasar y es así como las puertas de este edificio llegaron a su poder. Cuando las autoridades coloniales subastaron las propiedades del antiguo rajá de Tabanan, Nieuwenkamp adquirió otras piezas, como lanzas, espadas, vasijas de plata, instrumentos musicales y, de nuevo, un conjunto de puertas de madera, en esta ocasión, pertenecientes al palacio de Tabanan. Oficiales neerlandeses también le regalaron varios objetos que pasaron a engrosar su colección. Queda constancia de todos estos movimientos y transacciones gracias a su diario, su correspondencia con el Museo Nacional de Etnología de Leiden y dos libros que publicó sobre Bali.

Nieuwenkamp consideraba que al coleccionar estos objetos en realidad los estaba salvando para la posteridad. Según él, sin su intervención, estas piezas habrían desaparecido. Por ejemplo, en sus escritos, utilizaba el término «rescate» para referirse a las «dos hermosas puertas» del palacio de Denpasar. De no ser por la intervención de este artista autodidacta, el ejército neerlandés habría usado estas puertas para construir una especie de puente.

Nieuwenkamp también adquirió en Indonesia objetos con el permiso del Museo Nacional de Etnología, con la idea de preservar este patrimonio en beneficio del interés general. Asimismo, compró piezas de otras zonas de Bali y recogió en sus escritos la información que los propios balineses le ofrecían. Tal y como señaló el Comité de Colecciones Coloniales, Nieuwenkamp pudo «"coleccionar" en los reinos de Badung y Tabanan solo como resultado directo de actos de guerra colonial y en el contexto de relaciones de poder desiguales que implicaban el uso de la fuerza».

El expolio de objetos culturales en Java

Al comienzo de este capítulo, hemos aludido al expolio de la estatua del dios Ganesha del volcán Semeru, en Java. Casi al mismo tiempo, otros oficiales neerlandeses también se llevaron diversas estatuas indonesias. Uno de ellos era Nicolaus Engelhard, administrador colonial y hombre con gran poder en Java. En 1802, Engelhard hizo retirar seis estatuas del complejo del templo hindú-budista de Singhasari, una construcción que data de finales del siglo XIII y está ubicada en Java Oriental. Engelhard hizo llevar las estatuas a Semarang, la ciudad de Java en la que residía, para adornar con ellas el jardín de su domicilio. Para justificar este traslado, el funcionario neerlandés argumentó que creía que la población local no utilizaba el templo de Singhasari, pero en realidad no está claro si comprobó su hipótesis. Engelhard también declaró que las estatuas le habían sido entregadas «como propiedad privada por parte del antiguo Gobierno», aunque tampoco parece que haya pruebas que respalden esta afirmación.

Cuando el Comité de Colecciones Coloniales neerlandés estudió el asunto en 2024, llegó a la conclusión de que estos detalles no tenían mucha importancia. El hecho realmente relevante era que por aquel entonces el complejo del templo estaba abierto al público, lo que hacía que sus estatuas no pudiesen describirse como objetos que no pertenecían a nadie (*res nullius*), esto es, las seis estatuas eran propiedad de la entidad que construyó el complejo del templo y, en caso de que ya no existiese, las piezas serían de propiedad pública. El comité holandés concluyó que Engelhard no era el propietario ni tenía, por tanto, permiso para enviarlas a los Países Bajos en 1819 y 1827-1828. Por esta reprobable vía, las estatuas indonesias acabaron formando parte de las colecciones del Museo Nacional de Antigüedades y, más tarde, del Museo Nacional de las Culturas del Mundo, hoy Museo del Mundo.

Otra pieza que también sufrió un traslado involuntario es una estatua del dios Brahma, deidad con cuatro cabezas y cuatro brazos. Thomas Stamford Raffles, un funcionario colonial británico de alto rango que participó en la ocupación neerlandesa de la isla de Java durante las guerras napoleónicas, hizo referencia a esta obra en su libro *The History of Java* [La historia de Java]. En la publicación de 1817, se incluye la siguiente descripción: «Cerca del toro, y colocada contra un árbol, hay un magnífico Brahma. Las cuatro cabezas son perfectas, excepto por una mutilación en la nariz. La figura está muy ornamentada y vestida de forma más rica de lo habitual».

Se cree que los nativos de la isla de Java colocaron allí esta estatua y otras que se encontraron cerca de ella para evitar que los colonizadores europeos se las llevaran. Los indonesios ocultaron las figuras entre los árboles del templo o a su alrededor para intentar frenar un expolio como el de las seis estatuas que unos años antes había cometido Engelhard. En este nuevo caso, esta estrategia tampoco funcionó. El hecho de que la población local intentara camuflar las estatuas demuestra que se oponía a su traslado. Lo mismo concluye el informe de procedencia elaborado por Tom Quist para el Comité de Colecciones Coloniales en el año 2024. Según este miembro del Museo del Mundo, las estatuas seguían siendo muy relevantes para el pueblo de Java, en contra de las afirmaciones de Engelhard.

Es probable que esta estatua de Brahma finalmente fuese trasladada a Batavia por orden de Caspar Georg Carl Reinwardt, naturalista y botánico que fue director de Agricultura, Artes y Ciencias del Gobierno colonial en Batavia. En 1822, Reinwardt regresó a los Países Bajos y se llevó consigo varios objetos de Batavia, entre ellos, la mencionada estatua. Una vez en los Países Bajos, la pieza se envió al gabinete arqueológico de la Universidad de Leiden, que después se convertiría en el Museo Nacional de Antigüedades. Posteriormente, se trasladó al Museo Nacional de Etnología de Leiden.

Tras los informes del Comité de Colecciones Coloniales, el Gobierno de los Países Bajos ha restituido todas estas estatuas a Indonesia en 2023 y 2024.

EL EXPOLIO DE FÓSILES EN JAVA: LA «COLECCIÓN DUBOIS» Y EL HOMBRE DE JAVA

El Centro de Biodiversidad Naturalis de Leiden (Holanda), al que en adelante llamaremos Naturalis, es uno de los museos de historia natural más grandes del mundo. Su colección está compuesta por más de cuarenta y tres millones de objetos, entre los que se cuentan tres fragmentos antropológicos de especial importancia. Se trata de los fósiles de un casquete craneal, un molar y un fémur de un homínido al que se llamó «hombre de Java». Estos tres huesos forman parte de una colección de objetos más amplia que salió de Indonesia durante el período colonial y que los Países Bajos se han comprometido recientemente a restituir. Desde el siglo XVI, y particularmente durante la Ilustración, en los siglos XVIII y XIX, el interés de los coleccionistas por los animales, las plantas y los minerales de lugares lejanos aumentó de manera exponencial. Por este motivo, los naturalistas aprovecharon las oportunidades que se les presentaban para viajar a otras partes del mundo y recolectar especímenes. Así, el famoso científico inglés Charles Darwin viajó por todo el mundo en el bergantín británico *HMS Beagle*, y se inspiró en este periplo para publicar, más de veinte años después, su obra monumental: *El origen de las especies*.

Este libro ejerció una enorme influencia en otros científicos europeos, que se sumergieron en una frenética búsqueda de pistas que aclararan el origen de la especie humana. En ese contexto se sitúa la historia de Marie Eugène François Thomas Dubois —en adelante, Eugène Dubois—, quien prestó su nombre a parte de la colección del Naturalis neerlandés.

Eugène Dubois nació en 1858, un año antes de que Darwin publicara *El origen de las especies*. Algunos años después, en 1864, el geólogo británico William King identificó al que se conoce como hombre de Neandertal. El fósil en cuestión se había encontrado en 1856 en el valle de Neander, cerca de Düsseldorf (Alemania). Aunque en realidad no era el primer fósil neandertal que se descubrió, sí fue el primero en ser reconocido como tal. En 1871, en su nueva obra, *El origen del hombre*, Darwin reflexionó sobre la posición del ser humano en la evolución, pero no sustentó sus argumentos en restos fósiles. Por lo tanto, cuando Dubois emprendió su viaje en busca de fósiles humanoides en 1887, aún no se había demostrado qué posición desempeñaba el ser humano en la evolución. Dubois embarcó rumbo a las Indias Orientales Neerlandesas en busca del eslabón perdido entre hombres y primates. Este científico del sur de los Países Bajos había estudiado Medicina y trabajado como profesor de Anatomía en la Universidad de Ámsterdam, pero también era un apasionado de la paleoantropología. Por ello se alistó en el ejército neerlandés de las Indias Orientales como oficial médico y, en diciembre de 1887, llegó a Sumatra. Pronto convenció al Gobierno colonial para que le permitiera dedicar todo su tiempo a realizar excavaciones. Se le asignaron dos miembros del cuerpo de ingenieros del ejército, junto con 50 trabajadores forzados (al parecer, presidiarios) para ayudarlo en su búsqueda de fósiles.

En 1891, Dubois comenzó las excavaciones en Trinil, en la isla de Java, donde encontró un gran número de fósiles de vertebrados. En septiembre del mismo año, apareció entre los sedimentos el molar de un primate que Dubois atribuyó a un antropopiteco, es decir, un hombre mono. En octubre, se halló un casquete craneal que el científico consideró que pertenecía al mismo primate. Tras una crecida del río a causa del monzón que provocó la paralización temporal de las excavaciones, las obras se reanudaron en la primavera del año siguiente. En agosto, se descubrió un tercer fósil de primate: un fémur izquierdo casi completamente conservado. El hecho de que se encontrara en el mismo estrato en el que se habían hallado los otros restos y a solo algunos metros de distancia llevó a Dubois a concluir que pertenecía al mismo individuo. Las características humanas del fémur indicaban que este sujeto caminaba erguido, por lo que el científico bautizó a su primate como *Anthropopithecus erectus* y, posteriormente, sustituyó el nombre por *Pithecanthropus erectus*. El homínido al que probablemente pertenecían los tres fragmentos encontrados por Dubois, que hoy se conoce como hombre de Java, se caracterizaba por tener una capacidad craneal de 900 centímetros cúbicos, es decir, dos tercios de la de un cerebro humano moderno. Su fémur indica que alcanzaba una altura de 1,70 metros aproximadamente, similar a la del hombre moderno. Durante tres décadas, el hombre de Java fue el espécimen de *Homo erectus* más antiguo que se había encontrado, aunque todavía se discute cuándo vivió exactamente. Según una publicación de 2020 en *Science*, el hombre de Java apareció por primera vez en esa zona hace alrededor de un millón trescientos mil años. En la década de 1920, se añadieron más antepasados al árbol filogenético de la humanidad después de nuevos descubrimientos, como el denominado hombre de Pekín, en China y, en particular, el niño de Taung encontrado en Sudáfrica, que data de hace unos dos millones quinientos ochenta mil años.

Dubois y su mujer volvieron a los Países Bajos en 1895. Los fósiles de vertebrados y los restos de homínidos, incluso los del hombre de Java, se trasladaron a este país entre 1895 y 1900 y se ubicaron en el Museo Nacional de Historia Natural de Leiden, hoy llamado Naturalis. El transporte de estas piezas a los Países Bajos fue muy controvertido. Ya en la década de 1930 hubo un desacuerdo sobre si los fósiles pertenecían a los Países Bajos o al Gobierno colonial de Batavia, ya que Dubois trabajaba para este último. Sin embargo, esto es solo el principio de una historia llena de emoción.

El hombre de Java y otros hallazgos de Dubois: ¿a quién pertenece la prehistoria?

Esta pregunta, tan provocadora como pertinente, es el título de un artículo publicado en *The New York Times* en 2022. Los objetos encontrados en las excavaciones dirigidas por Dubois proceden de una época anterior a la civilización humana, antes de que hubiese países, por lo que se argumenta que no pueden tener una verdadera afiliación nacional. Está claro que si nos planteamos a quién pertenece la prehistoria es porque ese patrimonio no ha permanecido en su lugar de origen, sino que se ha trasladado a otros emplazamientos.

Volviendo a los objetos encontrados por Dubois, estos se extrajeron de Indonesia durante un período de dominación colonial por parte de los Países Bajos. Esta excavación no se habría podido llevar a cabo si en aquel momento Indonesia hubiera sido un Estado independiente. El Naturalis acepta en la actualidad esta tesis, pero no siempre ha sido así.

Indonesia ya había solicitado la devolución de su patrimonio cultural años atrás, y había planteado por primera vez esta cuestión cuando los Países Bajos reconocieron su independencia en 1949. Ese mismo año, los dos países firmaron un acuerdo que disponía la devolución de algunos objetos culturales al país asiático. Los neerlandeses consideraron la devolución un gesto de buena voluntad que mejoraría la imagen pública de su país, aunque parece que esta no fue su única motivación y el acuerdo se dio por concluido pocos años después.

En 1951, Muhammad Yamin, parlamentario indonesio y más tarde ministro de Educación y Cultura del país, llamó la atención sobre el hecho de que muchos objetos de importancia científica y cultural para Indonesia seguían en el extranjero, entre ellos, varios fósiles humanos que Dubois había encontrado en Java.

En aquella época, los administradores del Naturalis, que entonces todavía se denominaba Museo Nacional de Historia Natural de Leiden, ya habían argumentado que los hallazgos científicos eran patrimonio universal y que no pertenecían a una nación, lo cual era algo contradictorio, porque sí consideraban que pertenecían a los Países Bajos. El museo también alegaba que los fósiles no se habrían descubierto sin Dubois. En definitiva, aunque los neerlandeses insistían en la idea de la universalidad de la ciencia, en realidad consideraban que esta era un producto exclusivamente europeo.

Desde la perspectiva de Indonesia, estos fósiles tenían una transcendencia capital. Si eran los restos de *Homo erectus* más antiguos jamás encontrados, podían servir como prueba científica de que Java era la cuna de la humanidad y subrayar así la importancia del pasado precolonial de la isla.

Es interesante apuntar que no hay pruebas que confirmen que el *Homo erectus* es un antepasado directo del *Homo sapiens*. Según una investigación publicada en *Nature* en 2019, unos fósiles jóvenes de *Homo erectus* encontrados en Java en la década de 1930 sugieren que esta especie se extinguió allí antes de la llegada del *Homo sapiens* a la isla. Por lo tanto, no hay evidencia de que el *Homo erectus* de Java, ni siquiera el hombre de Java, sea el ancestro directo de los humanos modernos, lo cual no impide que esta pieza siga considerándose de gran relevancia para entender la evolución de la historia natural y el papel que en ella ha desempeñado Indonesia.

En 1968, los Países Bajos e Indonesia firmaron un acuerdo en materia cultural que incluía una cláusula en la que se establecía la posibilidad de que ambos países entablasen «consultas». Aunque esta oportunidad no implicó la devolución de fósiles, Indonesia ejerció presión en diversos foros públicos pidiendo restituciones. En 1970, el país asiático consiguió que los Países Bajos le devolvieran el manuscrito de hoja de palma *Nagarakrtagama*, una elegía escrita en javanés antiguo en honor a Hayam Wuruk, emperador javanés del siglo xiv. Cinco años más tarde, en 1975, una reunión entre los Países Bajos e Indonesia condujo a un acuerdo en el que el país europeo declaró su voluntad de devolver objetos culturales. Como consecuencia de ello, en 1978, se restituyó a Indonesia una estatua budista de Prajñāpāramitā, la personalización de la perfección de la sabiduría.

Por aquellas fechas, el entonces director del Museo de Historia Natural de Leiden, Willem Vervoort, declaró que las reclamaciones indonesias respecto de piezas aún no restituidas, como la colección Dubois, eran «una locura», ya que «si empezamos a devolver hallazgos científicos, también podríamos organizar una venta». En una carta remitida al Ministerio de Cultura, Recreación y Asistencia Social, el director consideró que las demandas indonesias constituían una «mutilación» de su institución y argumentó que estos fósiles pertenecían tanto legalmente como desde el punto de vista científico a su museo.

El Museo de Historia Natural también señaló que sería más beneficioso para la comunidad científica internacional que los fósiles permanecieran en Leiden, porque era una institución muy respetada en todo el mundo. Es interesante señalar que en ese momento los fósiles del hombre de Java no estaban expuestos al público. Se exhibieron brevemente en una exposición de 1993, pero no se comenzaron a mostrar de forma permanente hasta cinco años después. Vervoort tampoco parecía tener en alta consideración a los científicos indonesios, ya que declaró que si los fósiles se «cedían» a Indonesia, «este material tan valioso dejaría de utilizarse científicamente».

Más recientemente, Indonesia volvió a solicitar la devolución del hombre de Java. Según informó la prensa en 2022, el Naturalis dudaba que sus fósiles pudieran ser desplazados hasta Indonesia y se preguntaba dónde podría guardar este país la colección «de manera segura». Al parecer, el museo también se mostró sorprendido de que la petición incluyera objetos de historia natural. Su razonamiento en ese momento fue que, mientras que los tesoros artísticos son creados por una población local específica, el hombre de Java no era un objeto manufacturado y, además, no se habría encontrado sin las excavaciones de Dubois. Sin embargo, lo cierto es que la caracterización de una sustracción o un expolio como tal es independiente del tipo de objeto del que se trate.

Lo que el museo neerlandés tampoco mencionó es que no fue el propio Dubois quien llevó a cabo el trabajo pesado en Indonesia, sino los trabajadores forzados que le habían asignado las autoridades coloniales. Además, sus excavaciones se basaron en el conocimiento local preexistente sobre la posible ubicación de fósiles. Veinticinco años antes, el pintor javanés Raden Saleh ya había encontrado fósiles en Gunung Padang, en Java, y había publicado sobre ellos. Es probable que el mismo Saleh encontrara los fósiles gracias a un libro escrito por un aristócrata javanés, Raden Mas Tjondronegoro V, en el que mencionaba grandes fósiles de animales extintos que le mostraron en un pueblo cercano a la montaña Gunung Padang. Todo esto deja claro que las poblaciones locales tenían interés por la historia natural de la isla. Saleh envió los fósiles que encontró a la Sociedad de Artes y Ciencias de Batavia, de la que Tjondronegoro y él eran unos de los pocos miembros de origen indonesio. De ahí los fósiles se trasladaron al Museo Nacional de Historia Natural de Leiden y así terminaron en el Naturalis.

Creemos que este tipo de argumentos del museo y de alguno de sus antiguos directivos no hacen honor a la institución. Sin embargo, hay que reconocer que las cosas han cambiado desde 2022. Hoy en día, el Naturalis tiene un discurso muy distinto. Según se publicó en su sitio web, ya antes de que se tomara la decisión de entregar la colección Dubois, «el Naturalis es consciente de la historia de sus colecciones y del contexto colonial en el que se extrajeron algunas de estas piezas. Las circunstancias no siempre fueron equitativas, voluntarias o justas». Además, reconoció que en su institución se pueden hallar «objetos que son de inmenso valor para los países en los que fueron encontrados. Por ejemplo, el Gobierno indonesio ha indicado que el Comité debe examinar las colecciones del investigador neerlandés Dubois». Según explicó el museo, esta decisión no le correspondía tomarla a la institución, sino al Comité de Colecciones Coloniales y al ministro responsable, y añadió que, por supuesto, si se optaba por devolver los objetos de la colección Dubois, cooperaría plenamente. Eso es lo que tendrá que hacer ahora que la decisión de devolver la colección ya se ha oficializado en 2025.

La nueva política neerlandesa sobre
devoluciones de objetos coloniales: una visión
de futuro

En 2022, cuando se puso en marcha la nueva política en
materia de devoluciones y se debatió la cuestión de los
fósiles del Naturalis, Jules van de Ven, portavoz del Ministerio de Educación, Cultura y Ciencia neerlandés, declaró que lo que más le importa a su Gobierno es la respuesta a la siguiente pregunta: «¿Cómo llegó [el objeto] a
nuestra colección estatal?». El portavoz del Ministerio
añadió que, si el Comité de Colecciones Coloniales determina que «lo tomamos sin comprarlo y no fue un regalo, lo devolveremos. El valor científico de un determinado objeto para una colección no forma parte del debate
sobre la restitución».

La base de esta nueva política de restituciones coloniales
se asentó en el informe de 2020 elaborado por el Comité
Asesor sobre el Marco de Política Nacional para las Colecciones Coloniales. Un año antes, la ministra de Educación,
Cultura y Ciencia, Ingrid van Engelshoven, había pedido al
Consejo de Cultura (un órgano asesor del Gobierno en materia de artes, cultura y medios de comunicación) que le
sugiriese qué hacer con las colecciones coloniales. El Consejo de Cultura creó el citado comité, que estaba presidido
por Lilian Gonçalves-Ho Kang You, jurista y activista de
los derechos humanos surinamesa. El comité dispuso de un
año para recopilar información y preparar su informe. Su
consejo final fue claro y sencillo: «Lo que se ha robado debe
devolverse».

El comité hizo una serie de recomendaciones al Gobierno neerlandés. Como primer paso, hay que reconocer
que se cometió una injusticia contra las poblaciones locales

de los antiguos territorios coloniales cuando se les arrebataron objetos culturales contra su voluntad. A continuación, el Gobierno debe expresar su disposición a rectificar esta injusticia histórica. Según el comité, los Países Bajos tienen que transmitir a los países en los que ejercieron autoridad colonial su disposición de «devolver incondicionalmente todos aquellos objetos de patrimonio cultural respecto de los que pueda demostrarse, con un grado razonable de certeza, que pasaron a manos del Estado neerlandés después de que los países de origen sufrieran una pérdida involuntaria de posesión».

El comité subrayó que esta disposición a restituir objetos de forma incondicional significa que no se debe ponderar su devolución frente a otros intereses, por muy relevantes que sean. Esta declaración es muy llamativa por ser diferente a otras políticas nacionales de restitución que se abordan en este libro, en las que los Estados pueden modular su disposición a devolver un objeto, por ejemplo, basándose en si el país de origen ofrece garantías sobre la protección y la futura exhibición de la pieza. Según el comité neerlandés, dado que el objetivo es reparar una injusticia, los Países Bajos deben reconocer y mostrar su voluntad de enmendarla sin condicionantes.

El comité recomendó, además, que se informara a las antiguas colonias de los Países Bajos de que también está dispuesto a considerar las solicitudes de devolución de objetos culturales de colecciones nacionales cuya historia de procedencia no pueda determinarse completamente o no indique una pérdida involuntaria de posesión. Este enfoque se aplicaría a los casos en que las piezas tienen una importancia cultural, histórica o religiosa especial para los países de origen. Sin embargo, en este caso, la devolución ya no es incondicional, sino que es necesario llevar a cabo una evaluación en la que se sopese la importancia de la devolución al país de origen frente a otros intereses, incluida la importancia del objeto cultural para los Países Bajos, las condiciones de almacenamiento y la accesibilidad de la obra tras la devolución. El comité fue más allá y también recomendó que los Países Bajos tuvieran en cuenta las solicitudes de devolución de objetos culturales en posesión de colecciones estatales neerlandesas procedentes de países de origen colonizados por otros países. Si la solicitud se refiere a una pieza cuya posesión se perdió involuntariamente, también en este caso el principio debe ser la reparación de una injusticia. El comité explicó que esto se debe a que «independientemente de si los propios Países Bajos desempeñaron un papel en la causa de la injusticia original, el país, como [poseedor] actual del objeto cultural, es el único capaz de rectificar esa injusticia».

Cuando en julio de 2023 el Gobierno neerlandés anunció formalmente que restituiría 478 piezas de importancia cultural a Indonesia y a Sri Lanka, explicó que «los objetos se trajeron injustamente a los Países Bajos durante el período colonial, adquiridos bajo coacción o mediante saqueo». La entonces ministra de Educación, Cultura y Ciencia, Gunay Uslu, siguiendo las recomendaciones del Comité de Colecciones Coloniales, tomó la decisión de devolverlos.

Hasta entonces, los objetos se encontraban en el Museo Nacional de las Culturas del Mundo y en el Museo Nacional de Ámsterdam (Rijksmuseum). A Indonesia se le ha restituido el conocido como tesoro de Lombok, compuesto por 335 objetos procedentes de esta isla. Se trata de un conjunto de objetos (piezas de metal, joyas, textiles, krises y otros elementos decorativos diversos de oro y plata) saqueados durante la guerra de Lombok de 1894. Tras ser enviados a los Países Bajos al concluir la contienda, más de quinientos se conservaron en el Museo Nacional de Ámsterdam y, posteriormente, se trasladaron al Museo Nacional de Etnología. Parte de esta colección (235 objetos) ya se había devuelto a Indonesia en 1977 y, en el curso de la historia, 27 objetos pertenecientes a este «tesoro» han desaparecido sin dejar rastro. En la restitución de julio de 2023, también se entregó a Indonesia un kris de Klungkung, cuatro estatuas del templo de Singhasari y 132 objetos de arte moderno de Bali, conocidos como la «colección Pita Maha».

Por su parte, a Sri Lanka se le restituyó un magnífico cañón de bronce, oro, plata y piedras preciosas conocido como «el cañón de Lewke». Se cree que esta pieza fue un regalo de un aristócrata de Sri Lanka, Lewke Disava, al rey de Kandy en Sri Lanka hacia 1745-1746. En 1765, durante el asedio de la ciudad de Kandy, las tropas neerlandesas incautaron el cañón y lo trasladaron a territorio europeo. También se han devuelto un kastane (una espada ceremonial de Sri Lanka) de oro y otro de plata, así como un cuchillo cingalés y dos pistolas.

En otoño de 2024, los Países Bajos devolvieron otros 288 objetos a Indonesia, en respuesta a solicitudes de restitución del país asiático. Según la declaración oficial del Gobierno neerlandés, los objetos en cuestión «fueron llevados erróneamente a los Países Bajos durante el período colonial y son de interés cultural para Indonesia». Eppo Bruins, ministro de Educación, Cultura y Ciencia, declaró que son «objetos que nunca deberían haber estado en los Países Bajos» y añadió que «en el período colonial los objetos culturales a menudo eran saqueados o cambiaban de manos involuntariamente de alguna otra manera. La devolución de estos objetos es importante con respecto a la reparación material».

Se han restituido a Indonesia cuatro esculturas hindú-budistas: las estatuas de Bhairava, Nandi, Brahma y la estatua de Ganesha de la que hablamos al comienzo de este capítulo, que se trasladó a los Países Bajos desde Java en la primera mitad del siglo XIX. Se han devuelto también 284 objetos de la conocida como «colección *Puputan* Badung», que incluye armas, jòyas, monedas y textiles. Estas piezas se sacaron de Indonesia después de la guerra contra Badung y Tabanan, en el sur de Bali, en 1906, y se añadieron a la colección del Museo del Mundo. Todas estas piezas se restituyeron oficialmente a Indonesia el 20 de septiembre de 2024 en una ceremonia celebrada en el Museo del Mundo de Ámsterdam.

Como ya hemos visto en el capítulo 3, los Países Bajos también han devuelto 113 bronces de Benín a Nigeria y siete objetos al pueblo Ysleta del Sur. En el momento de escribir estas líneas, el Comité de Colecciones Coloniales ya se ha pronunciado a favor de la devolución de la colección Dubois a Indonesia y está examinando otras demandas de India y Sri Lanka. Aunque la decisión sobre estos últimos casos aún está en el aire, hay que valorar que la nueva política neerlandesa parece ser más avanzada en comparación con otras: muchas instituciones y muchos países se siguen aferrando a «sus» colecciones e intentan no crear precedentes con la restitución de objetos. Temen que devolver una pieza signifique el inicio de una avalancha de peticiones y, por este motivo, si se ven forzados a llevar a cabo una restitución, le recuerdan al mundo que ese caso se trata de una mera excepción y no de la regla general. Estas instituciones y estos países se escudan en argumentos similares, como que han conservado los objetos con esmero y profesionalidad, que estos tienen un gran valor para el museo que los conserva, que son frágiles y sufrirían daños irreversibles si se transportasen al extranjero o que no hay certeza de que el museo del país de origen vaya a ocuparse adecuadamente de estas piezas.

Las palabras importan. En 2018, cuatro museos de los Países Bajos hicieron público un documento que analiza las connotaciones políticas y sociales de cierta terminología que se utiliza en los museos. «Las palabras importan. Una guía inacabada sobre la elección de palabras en el sector cultural» es un informe que quiere contribuir a la toma de decisiones más informadas sobre el vocabulario que se utiliza para redactar textos y documentar objetos. Este texto posiblemente también ha influido a instituciones como el Comité de Colecciones Coloniales, que ha calificado en sus informes a los museos neerlandeses no como «propietarios» de los objetos, sino como sus meros «custodios». La posición de los Países Bajos sobre las devoluciones incondicionales es también destacable, ya que no se aplica únicamente a unos pocos objetos de importancia excepcional para el Estado que los solicita, sino que impera con carácter general respecto de todos los objetos que no deberían haber llegado a los Países Bajos, ni siquiera si en su época ese *modus operandi* era «aceptable».

EL PARADIGMA NEERLANDÉS, ¿UN MODELO QUE SEGUIR?

La restitución de patrimonio cultural es un tema en constante evolución. Con cada nueva solicitud recibida, ya sea por parte de un país o de un museo, hay que tomar una decisión sobre cómo gestionar esta demanda y sobre si se va a restituir el objeto solicitado. A veces, un cambio de

Gobierno puede implicar también una modificación de la política en este ámbito, pero no siempre es así. Por ejemplo, los defensores de la restitución de bienes culturales esperaban que el cambio de Gobierno en Reino Unido en 2024 trajera consigo novedades destacadas, dado que el anterior ejecutivo conservador se oponía abiertamente a la devolución de bienes culturales y la entonces oposición política declaraba estar abierta a las negociaciones. Sin embargo, en los meses posteriores a la elección del Gobierno laborista, han surgido dudas sobre si el optimismo inicial estuvo justificado. Por el momento, Keir Starmer, el nuevo primer ministro británico, ya ha anunciado en varias ocasiones que no va a modificar la Ley del Museo Británico. Esta disposición del año 1963 se interpreta que impide a esta institución devolver patrimonio cultural icónico, como dos conjuntos de piezas que son objeto de análisis en este libro: los mármoles del Partenón y los bronces de Benín.

Por su parte, los Países Bajos han iniciado una nueva política en materia de restitución de patrimonio cultural con Mark Rutte, primer ministro de un Gobierno de coalición liderado por su partido liberal de centroderecha. El enfoque neerlandés de los últimos años es valiente por su forma de abordar el pasado, admitiendo que se cometieron errores y que, por una cuestión de justicia, estos objetos deben devolverse a su país de origen. Mientras que otros prefieren mantenerse en su inmovilismo, los Países Bajos no temen adoptar las medidas necesarias para avanzar hacia un nuevo paradigma de restitución cultural. Desde el año 2020, aunque solo exista una sospecha de que la pieza se sustrajo involuntariamente de su país de origen, los Países Bajos deben restituirla. Esta nueva voluntad política de los Países Bajos, junto con la relevancia concedida a informes técnicos de expertos en la materia, configuran un sistema de restitución internacional de patrimonio cultural que es novedoso y esperanzador, un modelo que podría servir de inspiración a otros países e instituciones.

6

El penacho de Moctezuma

El 8 de noviembre de 1519, el huey tlatoani Moctezuma Xocoyotzin y el conquistador Hernán Cortés se encontraron por primera vez en Tenochtitlan, la capital del Imperio mexica. Este momento histórico se ha recreado profusamente en textos e iconografía de ambos lados del Atlántico. Aunque existen pinturas que muestran a ambos líderes a punto de darse la mano, en realidad las *Cartas de relación* que Cortés dirigió al rey Carlos I de España indican que este contacto físico no llegó a existir, ya que el protocolo mexica no lo permitía.

La ausencia de cercanía física no impidió, sin embargo, que el emperador Moctezuma II fuese un anfitrión generoso con los conquistadores españoles desde que estos desembarcaron en la actual costa mexicana. Se dice que el señor de los mexicas mostraba todo su poder a los visitantes entregándoles regalos suntuosos. Otra interpretación sugiere que la conducta dadivosa del emperador pudo estar propiciada más bien por su creencia de que Cortés era en realidad la encarnación de Quetzalcóatl. Esta deidad, mezcla de serpiente y ave, se consideraba uno de los dioses más relevantes de las culturas mesoamericanas. Por esta razón, el dignatario mexica ordenó agasajar a los recién llegados con múltiples y sofisticados obsequios. Entre ellos, se encontraban diversos objetos de plumería que evocaban a ese poderoso dios denominado «serpiente emplumada». Según la tradición, uno de los objetos entregados por Moctezuma a los españoles —bien en su desembarco en Veracruz, bien a su llegada a la capital— es el popularmente conocido como «penacho de Moctezuma». Este fastuoso tocado de oro y plumas multicolores es el protagonista de esta historia apasionante.

La azarosa historia del penacho de Moctezuma

Se cuenta que los conquistadores aceptaron los regalos de Moctezuma, incluido el espectacular penacho de plumas, pero que la generosidad mexica fue en vano. Encarcelaron a Moctezuma y lo utilizaron con fines políticos hasta que murió en 1520 en circunstancias poco claras. Entre tanto, Cortés y sus hombres saquearon Tenochtitlan y se apropiaron de todos los objetos que les parecieron valiosos. Algunas fuentes apuntan que tal vez el penacho no fue en realidad un regalo, sino que llegó a manos españolas tras el pillaje. La historia nos muestra que los españoles siguieron avanzando en su conquista del Nuevo Mundo y que en 1535 constituyeron el virreinato de Nueva España. Esta organización territorial del Imperio español, que englobaba territorios de Estados Unidos y Canadá, el actual México, Centroamérica y algunos enclaves de Asia y Oceanía, subsistió hasta 1821, año en que México consiguió la independencia.

Durante los trescientos años de vigencia del virreinato de Nueva España, el penacho de Moctezuma vivió un periplo por tierras europeas muy azaroso y, con frecuencia, muy impreciso. No existe siquiera certeza sobre cómo cruzó el Atlántico esta pieza, pero la versión más difundida es que Cortés la hizo enviar a la corte española para honrar a su monarca. Circulan, no obstante, otras teorías sobre el destino del penacho, protagonizadas por piratas, comerciantes, nobles y ladrones. Incluso hay quienes cuestionan que el auténtico penacho de Moctezuma realmente llegase a Europa.

La primera referencia europea a un objeto que, aunque incorrectamente descrito, podría ser el penacho data del año 1596. Un inventario del castillo de Ambras, en Innsbruck, entonces propiedad de Fernando II del Tirol, archiduque de Austria, alude a un «sombrero morisco de bellas y brillantes plumas largas de color oro y verdoso, que asciende hacia su parte superior con plumas blancas, rojas y azules, adornado con laminillas y rosetones dorados, que tiene en su frente un pico todo de oro». El archiduque, familiar del rey Carlos I de España y notable coleccionista, era poseedor del penacho y de «otras curiosidades mexicanas». Se cree que el penacho y las demás piezas llegaron a él como un obsequio directo de Carlos I o porque Carlos I se las había regalado a su hermano Fernando I, quien a su vez las entregó a su hijo, Fernando II.

En aquella época, los denominados «gabinetes de curiosidades» (*Wunderkammern*) estaban de moda en Europa. La nobleza, la burguesía y el clero se afanaban por coleccionar objetos insólitos y curiosos procedentes de lugares remotos. Había gabinetes de curiosidades que aseguraban poseer incluso elementos mitológicos como cuernos de unicornio. Una parte de estas piezas exóticas se ha perdido con el devenir de los tiempos, mientras que otras que han subsistido han tenido que ser reclasificadas correctamente. En ocasiones, los marfiles tallados de África se habían catalogado como indios y un escudo de plumas mexicano se podía identificar erróneamente como un parasol chino. Pese a imprecisiones de este tipo, los cuartos de maravillas desempeñaron un papel muy relevante en su época. Aparte de ayudar a difundir avances científicos, se los considera precursores de los museos modernos. Un buen ejemplo de ello es la citada colección del archiduque Fernando II en el castillo de Ambras. Morada durante más de doscientos años del penacho de Moctezuma, los fondos de este muestrario nutrieron posteriormente la creación del Museo del Mundo de Viena.

Durante las guerras napoleónicas (1803-1815), las piezas del castillo de Ambras, penacho incluido, cambiaron de ubicación varias veces. En 1806, tras la cesión del Tirol al recién creado reino de Baviera, este conjunto de objetos se trasladó a Viena y más tarde se expuso en el palacio Belvedere Inferior. En 1821, la colección de Ambras se unió a una parte del conjunto etnográfico que el emperador Francisco I de Austria había establecido en 1806 dentro de los Gabinetes Imperiales de Historia Natural. Hacia 1880, el penacho pasó a formar parte de las colecciones del recién fundado Museo de Historia Natural y se exhibió en la inauguración de este en 1889. Fuentes de la época indican que se tuvo que llevar a cabo entonces una restauración del penacho, porque estaba «tan deteriorado, comido por las polillas, que se temía que se nos deshiciera al sacarlo». En 1904, volvió a ser necesaria otra restauración de la pieza.

Desde el año 1929, el penacho se expone en el Museo de Etnología, que en 2013 pasó a llamarse Museo del Mundo (Weltmuseum). Su ubicación en el Hofburg vienés, un complejo palaciego fastuoso, coloca a la institución en el epicentro de la historia austríaca. Durante el siglo xx, el penacho ha cambiado de ubicación en varias ocasiones. Aparte de autorizarse su traslado a exposiciones temporales, como la que tuvo lugar en Suiza en 1946-1947, también se desplazó al Banco Nacional de Austria en Viena, con el fin de protegerlo durante la Segunda Guerra Mundial.

Excepcionalidad artística y simbolismo del penacho

Elaborado con más de doce mil plumas de aves exóticas y con más de mil quinientas pequeñas piezas de oro, el penacho de Moctezuma es un ejemplo majestuoso de la complejidad y la maestría del arte plumario mesoamericano del siglo xvi. En aquella época, la creación de objetos con plumas con fines ornamentales, religiosos o bélicos alcanzó un grado elevado de sofisticación. Los artesanos del arte plumario mexica, los amantecas, desarrollaron técnicas como la del hilo emplumado, que no perforaba los plumones, sino que simplemente los amarraba hábilmente con los hilos.

Las plumas verdes, azules, cafés y rojizas que componen la parte delantera de la pieza provienen de cuatro especies de aves: el pájaro sagrado quetzal, el cotinga azuleja, el pájaro vaquero o cuclillo marrón y la espátula rosada. Las casi tres mil plumas de quetzal dan al penacho su distintivo y brillante color verde; 450 de ellas son grandes plumas de un metro de longitud. En el reverso se encuentran plumas de quetzal medianas que cubren otras de color gris-beis, probablemente de águila. Las plumas y las piezas metálicas están también conectadas, por medio de textil o papel, a una estructura de redes y varillas de madera. En su estado actual, en posición plana, las dimensiones del penacho alcanzan los 178 centímetros de diámetro y los 130 centímetros de altura, lo que hace de él una impresionante obra de arte multicolor de alta complejidad técnica. La composición y la apariencia física del penacho han sufrido modificaciones a lo largo del tiempo. Por ejemplo, se cree que el pico de oro que formaba parte del objeto original y que se menciona en el inventario del castillo de Ambras de 1596 se arrancó posteriormente para fundirlo y comerciar con el metal precioso. Además, muchos de sus discos de oro y medias lunas decorativas se han perdido. Durante las restauraciones mencionadas se añadieron nuevos materiales, como piezas de latón dorado, trozos de piel de ave y plumas. El estado actual del penacho es el resultado de una larga y azarosa vida de más de quinientos años. Las plumas que lo componen son un material orgánico delicado que no solo ha envejecido, sino que también ha sufrido infestación por polillas, lo que en su momento obligó a recurrir a un tratamiento agresivo con pesticidas para salvar la pieza. A lo largo de estos cinco siglos, el penacho ha tenido que soportar variaciones de humedad y temperatura, transportes y exposiciones, fricción entre sus materiales orgánicos e inorgánicos y hasta trabajos de restauración muy desatinados. Por ejemplo, en un momento determinado, se creyó erróneamente que el penacho era un estandarte, por lo que se le provocaron modificaciones estructurales y pasó a ser expuesto de manera plana. Esta alteración contradice su forma original y su flexibilidad inicial, que permitía que las partes laterales se abrieran y cerrasen, imitando las alas del pájaro en vuelo que se cree que representa.

La utilidad y la finalidad del penacho también han sido objeto de interpretaciones muy diversas y contradictorias a lo largo de los siglos. Se ha afirmado que el penacho tenía funciones de lo más variadas: un atavío para la cabeza, un estandarte, un delantal («vestuario a manera de delantal» que cubría a «un hombre bien formado de la cintura hasta los pies»), una capa y una corona. Otra interpretación posible fue la que planteó en 1878 Ferdinand von Hochstetter, director del Museo de Historia Natural, quien consideró que el objeto descrito como un «tocado mexicano alto de plumas verdes magníficas y doradas resplandecientes» que encontró en la colección del castillo de Ambras era en realidad un estandarte en forma de abanico. Sin embargo, con el paso del tiempo, recobró fuerza la teoría previa y, finalmente, se determinó que el penacho no era un estandarte, sino un tocado de plumas. Así lo había afirmado el entonces encargado de la colección de Ambras, Eduard von Sacken, en el año 1855. Von Sacken describió el penacho como «un alto ornamento mexicano para la cabeza, hecho de maravillosas plumas verdes, con un brillo dorado e hileras de plumas de diversos colores, adornadas con pequeños discos de oro batido, de una altura aproximada de tres pies».

El penacho de Moctezuma es el paradigma por antonomasia del arte plumario mexica. La importancia de este último se documenta de manera excelente en textos como *Historia general de las cosas de Nueva España*, un códice elaborado en el siglo XVI por el franciscano español Bernardino de Sahagún y un grupo de autores nahuas. Este texto, conocido como *Códice florentino*, es otro símbolo mexicano que se halla en Europa y que México ha reclamado. En él se describen tanto las técnicas del arte plumario prehispánico como las creencias y los ritos de los amantecas, que son fundamentales para entender el valor simbólico de las piezas que manufacturaban.

Como ya hemos apuntado, los amantecas, que deben su nombre al hecho de que se agrupaban en torno al barrio

Amantla de Tenochtitlan, eran unos artesanos afamados que elaboraban atavíos y ornamentos con plumas de aves de las regiones boscosas de Mesoamérica. Según el *Códice florentino*, los amantecas «honraban y ofrecían» su trabajo en Amantla al dios Coyotlinahual. La importancia simbólica de las piezas de arte plumario está justificada por la estrecha conexión que se creía que las plumas tenían con los dioses mexicas. Así, las plumas de las aves más extraordinarias estaban ligadas a las deidades más relevantes para esta civilización, como Huitzilopochtli ('colibrí') y Quetzalcóatl ('quetzal'). Quetzalcóatl, representado como una serpiente emplumada, muestra la dualidad entre el mundo terrenal (serpiente) y el mundo celestial (ave).

El penacho de Moctezuma: ¿mito o realidad?

En honor a la verdad, no existe unanimidad en torno a la titularidad originaria del penacho que actualmente se muestra en el Museo del Mundo de Viena. Durante mucho tiempo se ha asumido que la pieza pertenecía a Moctezuma. Cuando Hernán Cortés envió al rey de España objetos del continente americano como prueba de las riquezas del Nuevo Mundo, entre los que se enumeran en sus *Cartas de relación* se halla uno que presenta las características del penacho que actualmente se exhibe en Viena: «Una pieza grande de plumajes de colores que se ponen en la cabeza», con «68 piezas pequeñas de oro [...] y debajo de ellas 20 torrecitas de oro».

Hubo autoridades museísticas en Austria que alimentaron la teoría de que la pieza era el auténtico penacho de Moctezuma (denominándolo, por ejemplo, «corona del mártir»). En 1884, Ferdinand von Hochstetter, antiguo director del Museo de Historia Natural, indicó por escrito que el penacho perteneció a un «dignatario militar del más alto rango de la corte de Moctezuma, incluso al mismo y desafortunado emperador». Asimismo, la guía del Museo de Historia Natural describía el penacho en 1889 como «el famoso y suntuoso atavío de plumas que el emperador Moctezuma envió a Europa por medio de Hernán Cortés y que acabó formando parte de la colección del archiduque Fernando del Tirol en el castillo de Ambras». Un autor incluso afirma que hasta 1974 el museo tenía a la venta postales del penacho con la explicación de que era el único objeto que todavía subsistía del envío de Cortés al rey Carlos I.

En la actualidad, la postura oficial del Museo del Mundo vienés desmitifica el origen del penacho, lo cual tiene, a su vez, un efecto disuasorio respecto de los alegatos identitarios mexicanos que analizaremos posteriormente. La web de la institución se refiere asépticamente a la pieza como «un famoso tocado de plumas de quetzal» (*Federkopf-schmuck*), al tiempo que subraya que «no se puede confirmar que el tocado perteneciera en realidad a Moctezuma». Christian Feest, el anterior director del Museo del Mundo, argumentó que el penacho «no tiene ninguna equivalencia exacta en las fuentes del siglo xvi sobre el México azteca», lo cual, según él, «indica que tal vez no provenga del entorno de Tenochtitlan». Feest y otros historiadores austríacos incluso han denominado la pieza «el penacho de Viena». En realidad, estas discrepancias terminológicas evidencian posturas antitéticas sobre cuál debería ser la ubicación de esta pieza de arte plumario.

Dejando momentáneamente de lado la cuestión —nada fútil— de si el objeto expuesto en Viena es realmente el penacho que hace siglos perteneció al emperador Moctezuma, los especialistas sí se muestran unánimes al subrayar su elevado valor artístico. El propio Museo del Mundo afirma en su web que se trata del único «tocado de plumas de este tipo en Mesoamérica [...] que ha sobrevivido hasta nuestros días» y que es «un ejemplo único de ingeniería plumaria de excelencia». En definitiva, tanto si realmente perteneció a Moctezuma como si no, el penacho es una pieza sin parangón del arte mesoamericano del siglo xvi.

Narrativas paralelas: el valor del penacho de Moctezuma para México

En las primeras décadas del siglo xx, se desarrolló en México una corriente política y cultural indigenista que concedió gran relevancia a las manifestaciones artísticas y a la antropología. El presidente mexicano Abelardo Rodríguez viajó a Viena para visitar el penacho y, durante su mandato (1932-1934), se interesó de forma oficiosa por su devolución. Sin embargo, el tajante posicionamiento de las autoridades museísticas austríacas le hicieron descartar esta opción. Pese a ello, cuando ya no ocupaba el cargo presidencial, Rodríguez se afanó por conseguir que, a falta del original, México pudiese al menos disponer de una copia del penacho. Para ello partió de un informe elaborado por dos especialistas del museo vienés en el que se detallaban los materiales necesarios para elaborar el duplicado, así como los posibles costes de esta empresa. El documento, contrastado por especialistas mexicanos, dejaba claro que crear ese penacho específico en el siglo xx no iba a ser tarea baladí. En esa época se llegó a afirmar que solo para conseguir las plumas de cola de quetzal que el penacho requería era necesario cazar más de doscientos especímenes de esta ave, lo que a su vez suponía organizar una expedición de cuatro hombres expertos que pasasen de seis a ocho meses en la selva de Chiapas.

Una vez superados de la mejor forma posible esa especie de trabajos de Hércules, el penacho se terminó de confeccionar en el año 1940, fecha en la que se entregó al Museo Nacional mexicano. Desde 1964, se exhibe en el Museo Nacional de Antropología de Ciudad de México, que actualmente recibe casi un millón de visitantes anuales. Algunos autores afirman que el penacho de México es una «reproducción mejorada» del vienés, ya que sus materiales no datan del siglo xvi y no han sufrido las impericias derivadas de una conservación o una manipulación deficientes. Otras voces, por el contrario, se siguen lamentando de que el auténtico penacho de Moctezuma se halle a 10.000 kilómetros de México.

Xokonoschtletl Gómora personifica bien esta postura reivindicativa. El activista mexicano lleva más de tres décadas manifestándose por la recuperación del penacho. Gómora ha expuesto ante el Parlamento austríaco sus argumentos a favor de la restitución de la pieza y ha organizado múltiples marchas y mítines con el fin de recabar apoyos internacionales para la causa de «la corona sagrada de plumas preciosas de Moctezuma, símbolo del poder espiritual y político de nuestra raza, herencia profunda de nuestras raíces». Fue justamente Xokonoschtletl quien hizo las gestiones necesarias para que en 1991 el director del Instituto Nacional de Antropología e Historia mexicano remitiese al Gobierno austríaco una solicitud —infructuosa— de devolución de esta valiosa pieza.

A partir de esa fecha, el penacho ha formado parte, en mayor o menor medida, de la agenda política mexicano-austríaca. En 1996, Thomas Klestil, presidente de la República de Austria, se posicionó públicamente a favor del retorno del penacho a México afirmando lo siguiente: «He sido invitado personalmente por el presidente Ernesto Zedillo a que visite el país. Si llevo conmigo la corona de plumas será una gran sensación». Pese a la fuerza mediática de sus declaraciones, la realidad es que Austria es una república parlamentaria federal y que, por tanto, entre las competencias de su jefe de Estado no está la de decidir la devolución del penacho a México. Esta decisión debe tomarse, en todo caso, en el Parlamento federal austríaco.

Por este motivo, en las últimas décadas se han presentado varias propuestas prodevolución en el hemiciclo austríaco. Así, el diputado Peter Schieder lideró en 2005 una proposición para hacer un «intercambio de penachos», de forma que la controvertida pieza del Museo del Mundo regresase a México y la copia mexicana se instalase en Austria. A favor de este trueque se argumentó, junto con el elevado significado espiritual y cultural de la pieza para los mexicanos, que en 1938 México se había posicionado a favor del país europeo en la Sociedad de Naciones y se había manifestado contra la anexión de Austria llevada a cabo por el Reich alemán. El canje era, por tanto, una forma de agradecer el apoyo mexicano en un momento extremadamente delicado de la historia austríaca. Aunque esta iniciativa legislativa no prosperó, sirvió para reactivar al Gobierno mexicano de Vicente Fox (2000-2006). El mandatario recurrió a la vía diplomática para manifestar, sin éxito tangible, al Gobierno austríaco su interés por la devolución del penacho, «símbolo de identidad nacional e ícono histórico del México precolombino que dio origen al nacimiento del México de hoy».

Durante la presidencia de Felipe Calderón (2006-2012), se hizo público un documento elaborado por la Secretaría de Relaciones Exteriores mexicana en el que se presentaban de forma jerarquizada cuatro opciones jurídicas que permitirían que el penacho regresase al país americano: la donación de la pieza, que dejaría de ser propiedad del Gobierno austríaco; el canje o permuta, por la cual el Gobierno austríaco también perdería la titularidad del penacho pero adquiriría a cambio la titularidad de otro objeto de su interés; la custodia de la pieza, que México tendría que restituir a Austria al finalizar el plazo prefijado por las partes, y el comodato, plasmado en un préstamo recíproco y temporalmente limitado de piezas entre ambos países. Entre los objetos que se barajaron para implementar las opciones segunda y cuarta se sugirió que Austria podría interesarse por uno de los tres siguientes: la copia mexicana del penacho, la carroza de Maximiliano de Habsburgo y Carlota de México o el escudo mexica de arte plumario *cuexyo chimalli*, expuestos estos dos últimos en el Museo Nacional de Historia del Castillo de Chapultepec. A estas cuatro posibilidades la Administración mexicana añadió posteriormente una quinta opción: que el museo vienés abriese una sala de su titularidad dentro de un museo de México, de forma que el penacho siguiese formalmente bajo la esfera de control austríaca pero se ubicase en suelo mexicano.

En paralelo a esta iniciativa de corte jurídico, los Parlamentos de ambos países siguieron abordando el complejo tema de la posible restitución del penacho. A modo de ejemplo, en julio de 2009, el Congreso de los Estados Unidos Mexicanos solicitó al Ejecutivo federal que informase sobre las consultas realizadas al Gobierno de Austria para la devolución de la pieza. En los documentos parlamentarios se afirma que el penacho de Moctezuma es «un símbolo emblemático de la cultura de México» y «una de las principales reliquias del México antiguo que se encuentran fuera del territorio nacional».

En 2010, casi dos años antes de que Enrique Peña Nieto llegase a la presidencia mexicana, se constituyó una comisión binacional académica México-Austria. Presidida por la científica mexicana María Olvido Moreno Guzmán y por la alemana Melanie Ruth Korn, la comisión estaba compuesta por un grupo de antropólogos, arqueólogos, biólogos, físicos, ingenieros, ornitólogos y químicos. El objetivo de la comisión era hacer un estudio lo más detallado posible de la composición y el estado del penacho, así como establecer protocolos para su conservación y su hipotético traslado a tierras mexicanas. En 2012, este organismo presentó una serie de conclusiones que se detallaron tanto en el libro *El penacho del México antiguo* como en el documental *El penacho de Moctezuma. Plumaria del México antiguo.* Dos de los resultados que la comisión hizo públicos fueron especialmente impactantes para la opinión pública mexicana: la pieza que se halla en Viena no es en realidad el penacho de Moctezuma y el estado físico en que se encuentra impide que viaje a México sin sufrir daños irreversibles.

Las conclusiones de esta comisión internacional también produjeron sus efectos durante el sexenio presidencial de Peña Nieto, un período salpicado por numerosos escándalos de corrupción y violaciones de los derechos humanos. Las autoridades mexicanas adoptaron una terminología más neutra en sus manifestaciones públicas sobre el penacho. Así, en un discurso de 2012 del entonces embajador de México en Panamá, pese a indicarse que el objetivo principal seguía siendo que el penacho se exhibiese en territorio mexicano, también se afirmó que «se reconoce la propiedad austríaca del bien». De manera significativa, a la pieza se la denomina «penacho del México antiguo» y se la considera «patrimonio común, responsabilidad compartida».

A finales de 2018, Andrés Manuel López Obrador (AMLO para la prensa) fue nombrado presidente de los Estados Unidos Mexicanos. Su programa electoral defendía el derecho a la integridad cultural, al tiempo que propugnaba la independencia nacional y se oponía al «entreguismo». En consonancia con estas directrices, el presidente mexicano implementó durante su sexenio una política firme de reclamación y recuperación de los bienes culturales mexicanos ubicados fuera del país, lo cual supuso un golpe de timón respecto de la política de sus predecesores.

En su cruzada por la defensa del patrimonio cultural mexicano, López Obrador encontró en su esposa, Beatriz Gutiérrez Müller, su mejor aliada. La periodista e investigadora visitó en 2020 a altos mandatarios europeos y les solicitó el préstamo de diversos tesoros mexicanos (*Códice florentino, Códice cospi, Códice maya* de Dresde, etcétera) con el fin de que se expusieran en México en 2021, en el marco de una triple efeméride nacional. Gutiérrez fue asimismo muy activa denunciando en sus redes sociales tanto la subasta de patrimonio mexicano en el extranjero (#mipatrimonionosevende) como la apropiación de diseños indígenas mexicanos por parte de marcas de moda internacionales. En consonancia con ello, altos cargos del Gobierno de López Obrador, como como la responsable de la Secretaría de Cultura, emitieron también declaraciones como las siguientes: «El patrimonio que conforma nuestra identidad no es un artículo de lujo para adornar una casa, no es un elemento decorativo; es parte de la identidad de los pueblos de México. Conforma una cosmovisión, conforma una manera de haber entendido el mundo».

Esta «diplomacia cultural» del Gobierno de López Obrador surtió sus efectos y la prensa se hizo eco de diversos acuerdos alcanzados para obtener acceso digital a tesoros documentales mexicanos. Igualmente, Naciones Unidas ha destacado que durante el mandato de López Obrador el país recuperó más de trece mil bienes culturales que habían sido objeto de tráfico ilícito. Una muestra de la importancia que el Ejecutivo de López Obrador concedió a la recuperación y la restitución de piezas arqueológicas prehispánicas y obras de arte mexicanas es, por ejemplo, que el presidente otorgó en 2021 la condecoración de la Orden Mexicana del Águila Azteca al comandante de los carabineros italianos dedicados a la protección del patrimonio cultural.

La incorporación por parte de López Obrador de la política cultural a la primera línea de su agenda política, sin embargo, no ha estado exenta de consecuencias negativas para el mandatario. En ocasiones su *modus operandi* fue controvertido y muy criticado, como en el caso de la carta que el mandatario mexicano remitió en 2020 al papa Francisco, en la que, además de solicitarle el préstamo de una serie de códigos (*Códice Borgia, Códice Ríos* y *Codex Vaticanus*) y mapas de Tenochtitlan, insistía en que, junto con el Estado mexicano, también la Iglesia católica y la monarquía española debían «ofrecer una disculpa a los pueblos originarios que padecieron las más oprobiosas atrocidades con el fin de saquear sus bienes y tierras y someterlos, desde la conquista de 1521 hasta el pasado reciente».

En su misiva al sumo pontífice, el presidente reproducía la siguiente frase del padre de la patria mexicana, Miguel Hidalgo y Costilla: «Abrid los ojos, americanos, no os dejéis seducir de vuestros enemigos; ellos no son católicos sino por política: su Dios es el dinero y las conminaciones solo tienen por objeto la opresión. ¿Creéis acaso que no puede ser verdadero católico el que no esté sujeto al déspota español?». En 2021, al hilo de la celebración del segundo centenario de la independencia mexicana, el papa Francisco respondió a la petición de López Obrador con una carta en la que afirmaba que «para fortalecer las raíces es preciso hacer una relectura del pasado, teniendo en cuenta tanto las luces como las sombras que han forjado la historia del país. Esa mirada retrospectiva incluye necesariamente un proceso de purificación de la memoria, es decir, reconocer los errores cometidos en el pasado, que han sido muy dolorosos. Por eso, en diversas ocasiones, tanto mis antecesores como yo mismo hemos pedido perdón por los pecados personales y sociales, por todas las acciones u omisiones que no contribuyeron a la evangelización».

Las declaraciones públicas del presidente mexicano respecto del penacho de Moctezuma fueron también controvertidas. López Obrador calificó la reunión de su esposa en 2020 con el presidente austríaco de «muy desagradable» y la actitud de este Gobierno, desfavorable al préstamo del penacho, de «muy arrogante y prepotente». López Obrador se quejó de que «se lo han apropiado por completo». Por este motivo, la encomienda a su esposa era «casi una misión imposible», ya que ni siquiera Maximiliano de Habsburgo había conseguido que el penacho saliese de territorio austríaco.

Beatriz Gutiérrez Müller también hizo referencia en sus redes sociales a esta circunstancia. La esposa del presidente grabó un vídeo en el que recitaba un fragmento de la novela histórica *Noticias del Imperio*, de Fernando del Paso. En el texto elegido por la periodista, el entonces emperador de México se lamenta de que su hermano Francisco José I se haya negado a hacer llegar el penacho a México porque «podría llegar deshecho». La esposa de López Obrador terminaba la grabación con la siguiente frase: «¿Qué te parece? Más de cien años diciendo lo mismo».

En una rueda de prensa celebrada en septiembre de 2024, Gutiérrez Müller hizo unas declaraciones sobre el penacho que no han dejado a nadie indiferente. La escritora afirmó haberse quedado con «un sabor amargo» porque su petición de devolución de la pieza no había tenido éxito. Gutiérrez Müller afirmó que «yo me temo, y lo voy a decir abiertamente, que el Gobierno de Austria algo esconde con el penacho, no sé si está roto, si está reemplazado [...], algo hay [...], eso que lo respondan ellos por las groserías que le hicieron al Gobierno de México cuando lo pidió a través de mi persona». La ex primera dama de México concluyó su intervención con un mensaje de esperanza: «Ojalá en el futuro tengan más éxito otros gestores o gestoras con el Gobierno de Austria para este asunto», ya que «hay que hacer el esfuerzo, lo que queda es la esperanza de volverlo a pedir».

Es importante señalar que no todos los mexicanos comulgaron con este enfoque de la pareja presidencial. Aparte de que algunos historiadores mexicanos dan por cierto que el penacho fue un regalo cuya reclamación ahora no está justificada, diversas personalidades públicas han criticado la escala de prioridades de López Obrador y sus luchas estereotipadas. En el plano cultural, se ha denunciado que los recursos destinados a proteger el patrimonio ubicado en México son claramente insuficientes y que el expolio arqueológico dentro del propio país no cesa.

Claudia Sheinbaum, quien se convirtió en presidenta de México en octubre de 2024, comenzó su mandato con polémica: no se invitó al rey de España a su toma de posesión. Esta decisión de excluir a Felipe VI del acto oficial tiene su origen en una carta que López Obrador le había remitido al rey en el año 2019. En ella el presidente mexicano comparte con el monarca su visión de que «la incursión encabezada por Cortés a nuestro actual territorio fue sin duda un acontecimiento fundacional de la actual nación mexicana, sí, pero tremendamente violento, doloroso y transgresor [...]. La conquista se realizó mediante innumerables crímenes y atropellos; así lo aprueban los cargos fincados por la justicia española al propio Cortés en los juicios de residencia a los que fue sujeto (1518-1547), de los que es emblemático el encarcelamiento y asesinato de Cuauhtémoc, último mandatario azteca, en 1525».

López Obrador expuso también en esta carta de cuatro folios que «durante la colonia se vulneraron derechos individuales y colectivos que con una mirada contemporánea deben asumirse como atentados a los principios que rigen a ambas naciones, formulados a través de tratados y otros convenios de cooperación». El presidente mexicano argumentó que «si en los años inmediatamente posteriores a la conquista los abusos fueron atribuibles a adelantados que actuaron por cuenta propia, los actos de autoridad durante el largo período colonial fueron consecuencia de la aplicación de políticas de Estado: las instituciones virreinales fueron parte de la Corona española, pese a que en todo ese período ningún monarca peninsular visitó la Nueva España». Por todo ello, López Obrador comunicó a Felipe VI que «México desea que el Estado español admita su responsabilidad histórica por esas ofensas y ofrezca las disculpas o los resarcimientos políticos que convengan».

La falta de respuesta del rey de España a esta petición indignó a Sheinbaum, quien también se quejó de que sus receptores españoles hubiesen filtrado a la prensa la carta de su antecesor. En septiembre de 2024, la presidenta electa de México afirmó que «la disculpa pública engrandece». Para Sheinbaum, «nuestra relación se beneficiaría con una perspectiva histórica renovada, acorde al desarrollo de nuestros pueblos y en la que el reconocimiento cabal a nuestras identidades sea el eje de una relación respetuosa, sólida y fructífera». Para el actual Gobierno mexicano, «reconocer a los pueblos indígenas es fundamental». A la espera de una disculpa pública por parte del jefe de Estado español, Sheinbaum declaró que «creemos que tiene que recapacitarse».

El golpe de efecto conseguido por el Ejecutivo mexicano al dejar fuera de la investidura a Felipe VI no ha contado con el apoyo unánime de la población. Hay quienes consideran que la hispanofobia que manifiestan sus mandatarios supone un lastre para el desarrollo del país. En el mismo sentido, sectores académicos y políticos españoles luchan con firmeza para desdibujar la llamada «leyenda negra española». Frente a este antiespañolismo exacerbado, se hacen esfuerzos por divulgar la «leyenda dorada española», que hace hincapié en los aspectos positivos de momentos históricos clave como la conquista de América.

A ello están contribuyendo diversos aliados, algunos *a priori* inesperados, como Ituriel Moctezuma, quien se presenta como el tataratataranieto del emperador azteca. Para este mexicano, entrevistado en varias ocasiones por la prensa nacional española, «la leyenda negra es la historia de España contada por los enemigos de España, lo cual no debería ser». Según él, Cortés era alguien a quien Moctezuma vio como un amigo y protegido suyo. A su descendiente eso le «basta para estar en paz con él y con su memoria». El documental de José Luis López-Linares *Hispanoamérica*, *canto de vida y esperanza* y las reacciones que ha generado a raíz de su exhibición en el año 2024 es un buen reflejo de la polarización que actualmente existe en torno a la historia española e hispanoamericana.

En relación con el penacho de Moctezuma, Sheinbaum no se ha mostrado por el momento tan combativa como su antecesor López Obrador. En una rueda de prensa de la presidenta en diciembre de 2024, el coordinador nacional de asuntos jurídicos del Instituto Nacional de Antropología e Historia, Enrique Álvarez Tostado, declaró que «este bien cultural salió legalmente de México y no es producto de expolio, robo o saqueo». El funcionario afirmó que se trataba de un caso muy complicado porque «hubo una voluntad por parte de las autoridades o el Gobierno mexicano en su momento, y se permitió la salida». Este punto de partida parece indicar que el nuevo Ejecutivo mexicano de Sheinbaum no va a seguir priorizando la reclamación del penacho. Se supone más bien que se decantará por la cooperación con Austria respecto de esta pieza, aportando, por ejemplo, expertos nacionales a posibles restauraciones que tengan que llevarse a cabo en Viena.

En cuanto a las relaciones bilaterales entre México y España, también se aprecia una mejoría en tiempos recientes. El Museo Nacional de Antropología de México recibió el Premio Princesa de Asturias de la Concordia en 2025. También en otoño de ese año, el Gobierno de Sheinbaum prestó temporalmente más de 400 piezas para una exposición («La mitad del mundo. La mujer en el México indígena») que se instaló en cuatro sedes distintas en Madrid. Varios periódicos han informado asimismo de que la esposa del expresidente López Obrador desea residir en España y ha iniciado los trámites para obtener la nacionalidad española.

Narrativas paralelas: la legítima titularidad
del «tocado de plumas» y su relevancia
identitaria para Austria

Sabine Haag, la directora previa del Museo de Historia del
Arte de Viena (Kunsthistorisches Museum), del que depende el Museo del Mundo, hace hincapié en que Austria es la
dueña del «tocado de plumas» y que «el penacho todavía
existe porque lo hemos cuidado». La historiadora austríaca
no es la única que cree en la veracidad de este argumento.
Una exdirectora del Museo Nacional de Antropología mexicano considera que esta afirmación es extrapolable a otras
piezas clave del patrimonio cultural mexicano ubicadas en
el extranjero. Así, se afirma que el *Códice florentino* se conserva hoy en día porque en Europa «lo guardaron y lo revalo-
rizaron», por lo que «quizá es de justicia que siga en Italia».
El mismo razonamiento, aplicado al penacho, justificaría su
permanencia en el museo austríaco. Sin embargo, como ya
nos cuestionamos en la introducción del libro, ¿son esta
clase de argumentos lo suficientemente concluyentes como
para justificar la legítima titularidad del penacho y su permanencia en territorio austríaco?

La confusa historia de la adquisición del penacho y la
falta de certeza sobre las circunstancias de su salida del
continente americano en el siglo xvi parecen favorecer la
hipótesis de que la titularidad austríaca es legítima. Incluso
partiendo de que Moctezuma regalase el penacho a Cortés,
las dudas no terminan de acallarse y, además, algunas co-
nectan con razonamientos que se defienden en México:
¿puede ser un regalo de verdad algo que se adquirió «bajo
condiciones asimétricas de poder»? Conociendo el destino
de Moctezuma y de su imperio, ¿el penacho fue un presente o un «botín de guerra»?

Aunque pudiese parecer lo contrario, México no tiene el monopolio de los argumentos identitarios en torno al penacho. La exdirectora del Museo de Historia del Arte de Viena declaró a la prensa que «el penacho de Moctezuma también es parte del ADN de los austríacos», en consonancia con declaraciones de directores anteriores del Museo del Mundo que calificaban el penacho de «patrimonio cultural compartido». La historiadora austríaca subraya que la pieza lleva más de cuatrocientos cincuenta años en territorio europeo, de modo que «significa mucho para nuestro patrimonio cultural. Hacemos todo lo posible por compartirlo, para enseñarlo con orgullo, para contextualizarlo». Haag, quien define el penacho como «*el* objeto» del Museo del Mundo, defiende que la pieza se puede «compartir» sin que sea necesario moverla de su ubicación actual.

No se sabe con exactitud cuáles son los planes de este museo para «compartir sin mover», aunque en la actualidad la web de la institución sí hace algunos guiños a los ciudadanos mexicanos. Por ejemplo, se informa en español de que, gracias al patrocinio de una empresa austríaca, se ha implementado la iniciativa «¡Viva México!»: «A partir de ahora, todes les nacionales mexicanes [*sic*] tendrán entrada gratuita al Weltmuseum Wien todos los sábados. Los sábados a menudo ofrecemos una visita guiada en español de la colección expuesta». Igualmente, la última memoria anual del museo alude a la celebración de actividades vinculadas a la cultura mexicana, como el Día de los Muertos.

Se ha sondeado la opinión de la comunidad mexicana sobre este tipo de iniciativas y el colectivo mayoritariamente considera que se trata de actos meramente testimoniales. México cuenta con una población de más de ciento veintiséis millones de personas y hay más de once millones de mexicanos que residen en el extranjero. Frente a ello, las estadísticas del Museo del Mundo indican que este no alcanza los cien mil visitantes anuales. En comparación, el Museo Nacional de Antropología mexicano, que cuenta con la copia del penacho, atrae a casi un millón de visitantes cada año. En 2020, por ejemplo, lo visitaron 864.124 residentes en México y 74.813 no residentes. El mismo año, el museo vienés recibió 70.500 visitas en total.

Aunque la institución austríaca ha informado de que unos cuarenta y cinco mil mexicanos se han beneficiado del acceso gratuito en aproximadamente una década, esta medida no satisface las auténticas pretensiones mexicanas respecto del penacho. Los más críticos apuntan incluso que el Museo del Mundo está llevando a cabo un «lavado de imagen» al presentar el penacho en su web como «patrimonio cultural de la humanidad». El sentir mayoritario de los mexicanos se alinea con narrativas alternativas a la austríaca. Una prueba de este sentir es la acción organizada por dos comunicadores mexicanos que introdujeron varias decenas de audioguías en el Museo del Mundo en 2022. En ellas se podía escuchar un audio de ocho minutos con la voz de Gómora reclamando que la sagrada corona del emperador Moctezuma vuelva a México (@audiodelaverdad).

La conservación del penacho: ¿es la teletransportación la única posibilidad para que regrese a México?

El Museo del Mundo vienés argumenta en su web que el penacho es en la actualidad «un artefacto extremadamente frágil». El detallado estudio que la comisión bilateral interdisciplinar llevó a cabo entre 2010 y 2012 detectó centenares de roturas en las plumas, así como desgarros en las redes. Estos hallazgos llevaron a concluir que el penacho no se encuentra en condiciones de ser trasladado a México. En el mismo sentido, el museo vienés hizo público en 2020 un documento redactado en español, con motivo de la inauguración de la exposición temporal «Aztecas», en el que se reiteraba que la ya mencionada comisión «desaconseja totalmente el transporte del objeto, ya que, de acuerdo con la situación técnica actual, no es posible transportarlo ni por tierra, ni por mar, ni por aire». Por ello, el penacho no se trasladó físicamente a la exposición temporal, sino que se siguió exponiendo en su ubicación habitual en el entresuelo del edificio, dentro de su vitrina antivibraciones.

Ese mismo año, la entonces directora del Museo de Historia del Arte de Viena y Gerard van Bussel, curador de sus colecciones de América del Norte y Central, ofrecieron una entrevista conjunta a un medio de prensa en español. Pese a que las palabras de Haag y Van Bussel parecen estar cuidadosamente medidas, sus respuestas generaron titulares de periódico suculentos. Por lo que respecta a la imposibilidad técnica de mover el penacho de su actual vitrina, estos historiadores afirmaron que «por ahora, salvo que puedas teletransportarlo, como en *Star Trek*, el artefacto no puede moverse. Hicimos una vitrina especial para conservarlo y, por ejemplo, si hay un terremoto en Viena, la caja compensa las vibraciones y el penacho no se mueve». En el mismo orden de cosas, el curador había afirmado en una entrevista anterior que se necesitaría «un avión de 300 metros para compensar las vibraciones del traslado», ya que cualquier agitación «en el aire o en la carretera lo destruiría».

Estas afirmaciones tan hiperbólicas han generado dudas, y no solo entre la población mexicana. A finales de 2022, una parlamentaria austríaca cuestionó en el hemiciclo la imposibilidad absoluta de trasladar el penacho. Petra Bayr apuntó que el informe binacional tiene más de diez años de antigüedad y que durante esa década se han gestado hazañas técnicas extraordinarias. La política puso de ejemplo a su compatriota Felix Baumgartner, quien completó con éxito un salto en paracaídas desde la estratosfera a una distancia de 39 kilómetros de la Tierra, en el que alcanzó velocidades de más de 1.340 kilómetros por hora y rompió la barrera del sonido. Ante logros como este, Bayr solicitó al Gobierno federal que comprobase si los nuevos avances tecnológicos requerirían una revisión del informe de hace diez años y, de este modo, posibilitarían el transporte de la corona de plumas desde el museo hasta México.

La capa sagrada de los tupinambás: un caso de restitución de una pieza de arte plumario

Lula da Silva, varios políticos brasileños y un grupo de indígenas tupinambás participaron en septiembre de 2024 en una ceremonia de bienvenida muy especial, auspiciada por el Museo Nacional de Río de Janeiro. En ella se recibió con grandes honores un manto de plumas procedente del Museo Nacional de Dinamarca. No se tiene certeza de cuándo ni cómo llegó esa pieza al país nórdico, pero se cita por primera vez en un inventario del rey danés de 1689 y hay constancia de que posteriormente pasó más de tres siglos expuesta en la colección etnográfica del ya citado museo de Copenhague.

Se cree que artesanos plumarios tupinambás de gran pericia técnica elaboraron esta «capa extremadamente excepcional», como la denomina el museo danés, en el siglo xvi o xvii. Este pueblo indígena oriundo de Brasil sufrió en primera persona la colonización portuguesa, que diezmó su población, ocupó sus tierras y se apropió de muchos objetos de gran valor simbólico para esta comunidad. La capa que se exhibía en el Museo Nacional de Dinamarca es una pieza de 1,80 metros de largo, confeccionada con más de cuatro mil plumas de ibis escarlata. Los líderes indígenas tupinambás utilizaban este elemento (*assojoaba* o *guara-abucu*), antes de salir del continente americano, en sus ceremonias religiosas. Según la nota de prensa emitida por el museo danés, el manto «representa la larga historia de la cultura material y la artesanía tradicional del pueblo tupinambá y aún hoy tiene un indiscutible significado histórico, cultural y espiritual para su identidad». En la actualidad, solo existen once mantos con estas características en todo el mundo. Es significativo que hasta el año 2024 estos estuviesen en museos europeos y que hoy en día diez de ellos aún sigan allí.

En el año 2000, esta capa emplumada viajó hasta São Paulo para formar parte de una exposición sobre el quinto centenario de la llegada de los portugueses al país. Una anciana tupinambá acudió a visitarla y comenzó un movimiento de reclamación del manto. Al hilo de ello, también se reivindicaron los derechos de una etnia que por aquel entonces se consideraba casi extinta. Aunque no se evitó que la capa regresase a Dinamarca en ese momento, el expolio cultural y simbólico sufrido por los tupinambás despertó el interés público, en parte gracias a las intervenciones artísticas de Glicéria Tupinambá. En 2023, esta antropóloga y artista presentó en el Museo de Arte de São Paulo el documental *Quando o Manto fala e o que o Manto diz* [Cuando la capa habla y lo que la capa dice] y al año siguiente se convirtió en la primera artista indígena que ha representado a Brasil con una exposición individual en la Bienal de Venecia.

El viaje de ida y vuelta de la capa a Brasil hizo que varios líderes tupinambás solicitasen formalmente el regreso definitivo de la pieza a su país de origen. Tras meses de negociaciones en el plano diplomático y museístico, el Museo Nacional de Dinamarca, dependiente del Ministerio de Cultura, hizo pública su voluntad de donar el manto emplumado al Museo Nacional de Brasil. Esta decisión tenía su origen en la recomendación emitida por una comisión técnica danesa a la que se solicitó que evaluase la petición brasileña. La institución danesa subrayó que esta donación constituía una «contribución significativa y única» y argumentó que «la capa de plumas ha ocupado un lugar destacado en nuestra colección, pero tiene mayor importancia para la población brasileña como símbolo cultural, patrimonio material de los tupinambás y evidencia de los encuentros históricos y coloniales entre Brasil y Europa. En Brasil estará disponible para los pueblos indígenas, quienes tienen una fuerte conexión histórica y cultural con ella». El museo danés explicó asimismo que con esta donación quería ofrecer su apoyo a este museo brasileño, que había perdido gran parte de su colección histórica a consecuencia de un gran incendio sufrido en el año 2018. Sin embargo, el Museo Nacional de Dinamarca todavía posee varios fragmentos del Partenón y no se tiene constancia de que exista voluntad de devolverlos.

La nota de prensa danesa recoge también las sentidas palabras de un jefe tupinambá al saber que la capa iba a retornar definitivamente a Brasil: «Para nosotros la donación del manto tupinambá significa el regreso de un ancestro [...]. Gracias a una generosa donación, ¡nuestra mayor reliquia regresará a Brasil! El ave que simboliza este manto, el ibis, que ya no existe en nuestra región, nace y se vuelve gris. Al comer cangrejos, sus plumas se tornan rojas. Es un signo de transformación que ocurre en todo, en los seres humanos y en su cultura. Muchas gracias al Museo Nacional de Brasil y a Dinamarca por permitirnos escuchar de nuevo las palabras sagradas de nuestros ancestros. ¡El manto ha vuelto!».

Ahora que el manto se puede visitar en el Museo Nacional de Río de Janeiro, sigue abierta una polémica en Brasil. Parte de los tupinambás consideran que la capa emplumada debería regresar a su región de origen (Bahía, a más de mil kilómetros de Río) y acusan al Gobierno de «colonialismo interno». Otros tupinambás, Glicéria entre ellos, argumentan, por el contrario, que el clima del noreste de Brasil arruinaría en tiempo récord una pieza de cuatrocientos años de antigüedad que, según el museo danés, se ha mantenido hasta el momento en un estado de conservación excepcional.

Está claro que la capa de los tupinambás y el penacho de Moctezuma son dos piezas distintas, con sus historias y sus peculiaridades. No obstante, creemos que la reciente restitución del manto sagrado por parte del museo danés podría dar algunas pistas para la historia, aún abierta, del penacho mexicano.

Perspectivas de futuro para el penacho

El penacho, obra maestra del arte plumario mesoamericano, de medio milenio de antigüedad, es una pieza única que diversos Gobiernos mexicanos han intentado recuperar. Sin embargo, Austria no retrocede en su negativa a devolverlo. Hay una pregunta crucial que debemos hacernos: ¿y ahora qué: el *statu quo* es inamovible o, por el contrario, existen otros finales posibles para la centenaria historia del penacho?

Como punto de partida, se considera necesario que un grupo de expertos independientes tenga acceso al penacho para determinar si la actual tecnología permite transportarlo o no de forma segura a México. El informe de la comisión binacional, taxativo en sus conclusiones, se elaboró hace casi tres lustros, por lo que es necesario actualizarlo teniendo en cuenta el estado de la ciencia contemporánea.

Si el nuevo informe concluyese que el transporte seguro del penacho sigue sin ser factible en la actualidad, un transporte en contra de las recomendaciones técnicas no parece ser la opción más mesurada. Reconocer la excepcionalidad artística e histórica del penacho lleva implícita la voluntad de conservar esta pieza para el disfrute de generaciones presentes y futuras. En ese sentido, sería deseable no probar las drásticas hipótesis defendidas por la artista Khadija von Zinnenburg Carroll: «Podría decirse que, si todas y cada una de las plumas del penacho se desintegrara en el camino a México y aquellos fragmentos fueran todo lo que les quedara a los mexicanos, ¿es algo que debe decidirse en Viena?».

Sin embargo, incluso si se probase que es técnicamente imposible trasladar el penacho a México, ello no debería comportar un nuevo adormecimiento de las reclamaciones mexicanas. Al contrario: los canales diplomáticos tendrían que activarse y las autoridades austríacas comprometerse a escuchar activamente el argumentario mexicano. Este, a su vez, debería actualizarse, ya que las cinco propuestas que que hemos expuesto en páginas previas no podrían implementarse en la actualidad, al haberse convertido el penacho en una especie de «inmueble *de facto*». Esto no impide, no obstante, que la satisfacción de las pretensiones mexicanas pudiese alcanzarse por otras vías, como, por ejemplo, con una cesión jurídica de la titularidad del penacho que por el momento no implicase su entrega física. Por ejemplo, una vez realizados los trámites legales pertinentes en Austria, una ceremonia en el Museo del Mundo de Viena en la que participasen altos representantes de ambos países permitiría atestiguar que a partir de ese momento el penacho pertenece a los Estados Unidos Mexicanos. Asimismo, una placa conmemorativa en el museo también permitiría agradecerle a la República de Austria todos sus esfuerzos en aras de la protección de esta extraordinaria pieza cultural que, hasta que la ciencia lo permita, se seguiría exponiendo en Viena.

Si, por el contrario, un nuevo informe técnico concluyese que el transporte seguro ya es factible actualmente, el Gobierno mexicano tendría una motivación para reclamar la vuelta del penacho a su país de origen. Para ello, sería necesario que el Ejecutivo que se encontrase en ese momento en el poder clarificase y reformulase previamente su política respecto de esta icónica pieza, puesto que el posicionamiento de varios presidentes mexicanos al respecto a lo largo de los años no ha sido totalmente concluyente. Aunque López Obrador implementó una política *a priori* más contundente en esta materia, algunos historiadores mexicanos consideraron un paso en falso la solicitud de préstamo del penacho que el mandatario remitió en 2020 al presidente federal austríaco: pedir prestada la pieza por un plazo menor a un año parece presuponer que el país azteca ya no se considera el legítimo titular del penacho de Moctezuma.

Si en el futuro llegase a concretarse una reclamación oficial de restitución del penacho por parte de México, hay una serie de cuestiones que deberían debatirse en el ámbito nacional, como dónde exponer el penacho o qué papel concederles a los descendientes de los pueblos originarios, que podrían requerir un debate interno en el país. En cuanto a la reacción de la República de Austria a una futura solicitud mexicana de devolución, no parece haber muchos indicios favorables a una respuesta positiva en el futuro. No obstante, no debe subestimarse el poder de cambio que la intervención de nuevos agentes puede traer consigo. En este sentido, las últimas elecciones legislativas parlamentarias en Austria tuvieron lugar en 2024 y, desde 2025, el Museo de Historia del Arte de Viena cuenta con un nuevo director. Además, como hemos argumentado en la introducción del libro, las actitudes sobre la restitución del patrimonio cultural han evolucionado estos últimos años. La descolonización de los museos es uno de los grandes debates contemporáneos y, en el caso del penacho, podría significar que en el futuro esta pieza excepcional se devuelva a México.

Epílogo

El futuro de la restitución

Este epílogo no constituye un punto final, sino más bien un punto y seguido a nuestra narración. En él queremos responder a la serie de preguntas que hemos planteado en la introducción. Nuestras respuestas no son exhaustivas; más bien pretenden fomentar la reflexión individual y el debate colectivo. Nos gustaría inspirar con este libro nuevas actitudes y reformas en las esferas cultural, social y legislativa. Los giros copernicanos en el ámbito de la restitución internacional de patrimonio cultural expoliado han dejado de ser una utopía. Tanto es así que soñamos con nuevas ediciones del libro con una versión ampliada y actualizada de este epílogo que relate cómo las restituciones han cambiado la forma en la que la ciudadanía entiende la historia del arte e interactúa con los museos.

Aclaración: no todo es perfecto en el mundo de la restitución

No está de más comenzar indicando que, lógicamente, no creemos que la restitución de patrimonio cultural sea la medicina mágica que va a curar todas las relaciones de abuso de poder y desequilibrios que hoy en día siguen reflejando las colecciones de algunos museos. Somos conscientes de que la realidad en este ámbito es más compleja: muchas de las dolencias que aquejan a las instituciones museísticas son crónicas y, por tanto, su sanación es complicada y excede los efectos reales y simbólicos que le podamos adjudicar a una restitución o incluso a un número creciente de ellas.

También queremos aclarar que la figura de la restitución, incluso cuando se le puedan atribuir los poderes propios de un superhéroe, corre el riesgo de sufrir una crisis reputacional. Sin duda, ha habido y seguirá habiendo peticiones de restitución que, según el sentir mayoritario, están insuficiente o incorrectamente fundamentadas. También ha habido y seguirá habiendo devoluciones que no dejan un buen recuerdo a las instituciones y personas implicadas.

Hemos descrito varios casos de restituciones que, por diversos motivos, no pueden calificarse como exitosos. «Un fiasco», así es como algún medio de prensa europeo calificó la devolución de varios bronces de Benín a Nigeria. En este caso, la controversia giraba en torno a la en ocasiones nada sencilla cuestión de a quién restituir. Una cosa es devolver una pieza a quien jurídicamente acredita ser heredero legítimo de, por ejemplo, una persona fallecida cuyo patrimonio también está documentalmente probado que fue expoliado por los nazis. Otra cosa muy distinta es devolver una pieza a una entidad que actualmente se nos presenta como abstracta, confusa o inexistente.

En el caso de los bronces de Benín, lo que encendió las alarmas fue la restitución de algunas piezas al oba, considerado un mero propietario privado que no parecía garantizar la exhibición pública de los bronces. Otro ejemplo de restitución que podría etiquetarse como fallido es el protagonizado por la corona de plata dorada de la colección del Museo V&A que el rey Jorge V hizo entregar a la emperatriz etíope Zewditu en 1925. Hoy en día, esta pieza no solo no se exhibe públicamente, sino que su rastro se perdió en torno al año 1935. Es comprensible que acontecimientos como este hagan resurgir las dudas sobre la situación política y museística de algunos Estados receptores de piezas restituidas.

Adónde restituir es otra cuestión peliaguda que también puede poner en riesgo la credibilidad de la devolución. En este libro hemos aportado varios ejemplos de la falta de unanimidad en el Estado receptor respecto del lugar donde exhibir la pieza devuelta. Los tupinambás, por ejemplo, aspiran a que su capa emplumada, tras su restitución por el museo danés, abandone el Museo Nacional de Río de Janeiro y regrese a sus orígenes en Bahía. En el caso de la colección Quimbaya mencionada en la introducción, el Gobierno español aún no se ha pronunciado sobre la petición de restitución colombiana. Sin embargo, en Colombia ya se debate cuál es el enclave óptimo para una futura exposición de las piezas: el Museo del Oro bogotano o el Museo del Oro Quimbaya, en el departamento de Quindío. Estas controversias van mucho más allá de la distancia geográfica que separa ambos enclaves. En ellas subyace un rechazo al centralismo estatal, que se puede llegar a sentir incluso como una especie de neocolonialismo.

La restitución internacional de patrimonio cultural expoliado: gira el mundo, gira...

El cambio constante que caracteriza al mundo desde tiempos de Heráclito también es una máxima aplicable a la restitución internacional de bienes culturales expoliados. La restitución es un proceso imparable e irreversible. Está claro que las transformaciones necesitan un sustrato de circunstancias propicias y también un tiempo de maduración, pero creemos que todo cambio es alcanzable. Un buen ejemplo de ello es lo que ha ocurrido con el arte expoliado por los nazis. Ha pasado casi un siglo desde que el régimen de Hitler comenzó a confiscar obras de arte de forma masiva. Durante este tiempo, la sociedad internacional ha ido tejiendo un consenso que, con un peso específico ascendente, ha conseguido cambiar leyes y materializar la devolución de un número creciente de piezas.

Como hemos apuntado al comienzo del libro, la restitución de piezas que no fueron expoliadas por los nazis es otro enorme iceberg en movimiento, cuya cúspide resulta cada vez más visible. A este apasionante tema hemos dedicado los seis capítulos centrales, con la voluntad de que este trabajo sea una aportación en aras de alcanzar un consenso global en la materia.

Nada es inmutable, tampoco la legislación

Hemos ofrecido varios ejemplos de los cambios normativos en diversos países europeos con el fin de restituir piezas de distintas tipologías. En algunas ocasiones, se trata de objetos singulares que la norma identifica de forma individual, como en el caso de la ley francesa de 2020 que devolvió a la República de Benín las 26 piezas que conformaban el tesoro del reino de Dahomey.

En otras ocasiones, la norma se aplica a un conjunto amplio de elementos patrimoniales que se expolió en un determinado período histórico. Ejemplos de ello son la ley belga de 2022 que permite una restitución a gran escala de colecciones coloniales, la ley inglesa de 2009 de restitución de bienes saqueados por el régimen nazi o la ley francesa de 2023 para la restitución de bienes expoliados en el contexto de las persecuciones antisemitas sucedidas entre 1933 y 1945. Por último, otra normativa se centra en una tipología concreta de piezas, con características comunes desde una perspectiva material. Un ejemplo de ello son las leyes inglesa y francesa de restitución de restos humanos, aprobadas en 2004 y 2023 respectivamente.

En definitiva, todo hace prever que en el futuro otros países también desarrollarán las modificaciones jurídicas necesarias para facilitar la devolución de piezas expoliadas a sus países y culturas de origen. La normativa evoluciona, generalmente, para reflejar los cambios que ya se han producido en la sociedad.

LA TITULARIDAD LEGAL DE LA PIEZA YA NO ES UN ARGUMENTO INFALIBLE PARA IMPEDIR SU RESTITUCIÓN

Varios de los casos que hemos presentado se pueden considerar cerrados, dado que ya ha tenido lugar la devolución oficial de los bienes reclamados. Esto ha sucedido, por ejemplo, con algunas de las piezas obtenidas en las expediciones punitivas de Magdala en 1868 y de Benín en 1897. Estos objetos, que pasaron más de un siglo en un buen número de países europeos y en Estados Unidos, han regresado a sus lugares de origen en África hace escasos años.

Es muy llamativo que en estos supuestos paradigmáticos de restitución los Estados, museos y particulares que poseían estos tesoros podrían haber utilizado el argumento que durante mucho tiempo se ha considerado crucial para evitar su devolución: eran los titulares legítimos de los bienes reclamados y podían, por ejemplo, justificar con documentos la compra de la pieza o argumentar la donación recibida o su participación en la larga cadena de transacciones. Sin embargo, los dos casos recién citados de Magdala y Benín y otros muchos demuestran que en la actualidad este tipo de argumentario jurídico ha dejado de ser infalible.

La consideración de argumentos no legales a la hora de decidir sobre la restitución de una pieza aflora como una cuestión cada vez más relevante. Ya hemos expuesto que el Gobierno neerlandés ha manifestado que los objetos culturales adquiridos como resultado de su pasado colonial tienen que ser devueltos a su lugar de origen con independencia de si la adquisición fue legal de acuerdo con las normas de la época.

El poder que pueden llegar a desplegar las brújulas morales o las gafas éticas en el ámbito de la restitución también se aprecia en un caso mencionado en la introducción: la reclamación a la Fundación Colección Thyssen-Bornemisza de un cuadro de Pissarro por parte de los herederos de Lilly Cassirer, cuya pintura expoliaron los nazis. Aunque hasta este momento la fundación ha ganado las batallas judiciales, es significativo que una de las magistradas del tribunal estadounidense encargado del caso haya dejado entrever que en ocasiones el «ser legal» y el «deber ser ético» son como el día y la noche.

LA VÍA JUDICIAL YA NO ES LA ÚNICA FORMA DE LOGRAR UNA RESTITUCIÓN

Las restituciones exitosas de piezas de Benín, Magdala o Indonesia se han logrado sin necesidad de acudir a los tribunales de justicia. Irónicamente, la familia Cassirer lleva más de veinte años litigando en los tribunales estadounidenses con el fin de recuperar el lienzo impresionista *Rue Saint-Honoré por la tarde. Efecto de lluvia* y su travesía judicial aún no ha concluido.

Lógicamente, no queremos con ello desvirtuar las posibilidades jurídicas que ofrecen tanto los sistemas de justicia nacional como los tribunales internacionales. Sin embargo, nuestra condición de juristas nos permite apuntar que la vía judicial no solo no es la única posible, sino que en algunas ocasiones tampoco es la más adecuada. Los conocidos como mecanismos alternativos —o adecuados— de resolución de conflictos abren la puerta a un conjunto notable de posibilidades (en especial, negociación y mediación) que pueden ser el auténtico traje a medida que requieren muchos problemas de restitución de patrimonio cultural. Consideramos que en el futuro próximo algunas nociones como diálogo, consenso, perdón y reconciliación van a consolidar su presencia en el diccionario de la restitución. La rematriación, esos esfuerzos por involucrar a pueblos originarios y comunidades locales en todo el proceso de devolución, también va a desempeñar un papel relevante en la consolidación de una justicia restaurativa específicamente dirigida a casos de restitución de patrimonio.

Fuera del contexto estrictamente jurídico, hay que reconocer la importancia de la diplomacia cultural en los procesos de restitución. Recordemos, por ejemplo, cómo el presidente Macron ha comprendido que la devolución de piezas de Benín podía ayudar a reposicionar a Francia en el continente africano. Asimismo, algunas veces, las piezas se devuelven utilizando criterios y estrategias tan poco regladas que podrían llegar a calificarse como aleatorias o incluso caprichosas. Pensemos, por ejemplo, en el secular poder simbólico de la monarquía británica, que en varias ocasiones ha conseguido que el Museo Británico abra sus inaccesibles vitrinas. Gracias a ello, el soberano de este país ha agasajado a sus aliados etíopes con valiosos objetos expoliados por sus súbditos en Magdala.

CUIDADO: TÉRMINOS COMO *PRÉSTAMO*, *DEPÓSITO* E *INTERCAMBIO CULTURAL* NO SON SINÓNIMOS DE RESTITUCIÓN

A veces, quienes se resisten a la restitución pueden esconderse detrás de ofertas alternativas como un intercambio de piezas, un préstamo o un acceso digital al objeto reclamado. Queremos dejar claro que no consideramos que estas alternativas sean equivalentes a la restitución del objeto cultural. Cuando estas posibilidades se utilizan como respuesta a una demanda de devolución suelen ser, en realidad, estrategias para desviarse de la restitución con el propósito de impedirla.

En principio, un préstamo presupone que el país o el museo receptor del objeto cultural firma un acuerdo con la institución que lo lleva a cabo, mediante el cual acata que el prestamista es el propietario del objeto. La titularidad legal de la obra es precisamente el meollo de la controversia en muchas disputas sobre restitución. En la esfera jurídica, firmar un acuerdo que reconoce que la propiedad recae sobre la otra institución podría interpretarse como una renuncia al derecho del país receptor a reclamar en el futuro la devolución permanente del objeto.

Un préstamo significa también que la posesión material del objeto por parte del receptor del préstamo tiene fecha de caducidad. Por todo ello, aceptar un préstamo en lugar de una restitución puede ser un precedente peligroso para el país que la solicita. Lo sucedido con el manto tupinambá es un buen ejemplo de los efectos limitados —y hasta crueles, desde la perspectiva del Estado reclamante— de un préstamo. Como hemos visto, el paso de esta pieza por Brasil durante un período limitado de tiempo causó una especie de trauma identitario a esta comunidad indígena.

En teoría, los objetos culturales también podrían ser devueltos por la institución que los posee mediante un acuerdo de «depósito», especialmente, en los casos en que la legislación nacional aplicable impide su descatalogación. Hay que tener en cuenta que, como punto de partida, un depósito tampoco da lugar a la restitución del bien cultural solicitado. En la mayoría de los sistemas jurídicos, el depositante tiene la potestad de reclamar la devolución de la pieza depositada.

Cabe, eso sí, la posibilidad de que la institución que haga el préstamo sí tenga la intención de devolver el objeto de manera permanente. En ese caso, lo que se inicia como mero préstamo puede terminar convirtiéndose en una auténtica restitución, como sucedió cuando el Museo Arqueológico Regional Antonino Salinas de Sicilia depositó en el Museo de la Acrópolis un pequeño fragmento del friso del Partenón. Desde el principio, la idea era que el mármol regresase a Atenas de forma permanente y, por ello, cuando la pieza ya se hallaba en Grecia en calidad de depósito, el museo siciliano obtuvo el beneplácito del Gobierno italiano para devolverlo. Esta restitución definitiva del fragmento se confirmó en 2022 y, actualmente, ya está incorporado en el friso que se expone en el Museo de la Acrópolis.

Por último, un acuerdo de intercambio cultural, en el que el objeto solicitado se devuelve a cambio de otro u otros objetos, tampoco constituye una restitución. Como ya hemos visto en el capítulo 1, la idea de un intercambio cultural se está promoviendo en el marco de las negociaciones entre Grecia y el Museo Británico, aunque los términos exactos del hipotético acuerdo no se han hecho públicos. En nuestra opinión, un intercambio que pone punto final a una reclamación unilateral de restitución es difícil de valorar como el desenlace más adecuado para el Estado reclamante. Sencilla y llanamente, restitución e intercambio tampoco son sinónimos.

Atención: la restitución no está indisolublemente vinculada a una determinada ideología política

No, restituir no es de izquierdas. No, restituir tampoco es *woke*. Por favor, evitemos las simplificaciones. Hay incontables motivos (históricos, culturales, educativos, morales, religiosos, étnicos o estéticos) que pueden conducir a apoyar la restitución de una obra de arte, con independencia de la ideología que se profese o del partido al que se vote. Evitemos también el sectarismo político. En España, este es un tema aparentemente muy complejo, pero ha quedado demostrado que se puede solventar. En 2024, el Ayuntamiento de Burgos, gobernado por el Partido Popular con el apoyo de Vox en ese momento, devolvió un cuadro a los herederos del nacionalista vasco Ramón de la Sota. El bando sublevado había requisado el retrato, atribuido al pintor Anton Raphael Mengs, en 1938 y se restituyó en cumplimiento de la Ley de Memoria Democrática, aprobada en 2022 a instancias del Gobierno de coalición entre el PSOE y Sumar. Solicitar una restitución de patrimonio cultural saqueado tampoco es ni debería ser monopolio de un único partido del espectro político. La petición de Grecia para recuperar los mármoles del Partenón se hizo muy popular cuando Melina Mercouri fue ministra de Cultura de un Gobierno socialista y continúa viva hoy en día con el Gobierno de centroderecha de Kyriákos Mitsotákis.

Por favor, no instrumentalicemos la cultura: es un error pretender reducir la restitución del patrimonio cultural a la lucha partidista. Las «guerras culturales» no benefician a nadie. Por ello, en los dos puntos siguientes subrayamos cómo las decisiones técnicas y las investigaciones de naturaleza científico-técnica son esenciales en el ámbito de la restitución.

EL PAPEL TRANSCENDENTAL DE LOS COMITÉS CONSULTIVOS EN LA RESTITUCIÓN

Creemos que el futuro de la restitución internacional de patrimonio artístico está en buena medida en manos de un número creciente de comités nacionales de naturaleza eminentemente técnica. Como ya hemos expuesto, tanto la nueva política neerlandesa en materia de restitución de patrimonio cultural como las recientes devoluciones francesas fueron impulsadas por informes redactados por expertos para sus respectivos Gobiernos.

Otros países también cuentan con comités de restitución, a menudo centrados en temas específicos y con funciones diversas. Por ejemplo, la Comisión Consultiva de Restituciones Indígenas (Advisory Committee for Indigenous Repatriation) de Australia es un comité formado en su totalidad por personas indígenas. Sus miembros son nombrados por el ministro de las Artes para que asesoren sobre cuestiones políticas y programáticas relacionadas con la restitución de restos ancestrales y objetos sagrados de los aborígenes e isleños del Estrecho de Torres que en la actualidad se encuentran en instituciones australianas o en el extranjero. Por su parte, la misión de la Comisión Consultiva sobre Expolio (Spoliation Advisory Panel) de Reino Unido es resolver las reclamaciones presentadas por las víctimas —o sus herederos— que perdieron objetos culturales durante la época nazi, especialmente, si estos se conservan en las colecciones nacionales de Reino Unido. A diferencia del Comité de Colecciones Coloniales neerlandés, este órgano tiene un papel similar al de un mediador, es decir, funciona como alternativa a un procedimiento de tribunal y no asesora directamente al Gobierno.

Sería oportuno examinar más de cerca el papel de estos comités de naturaleza permanente, a la vista de la importancia que tienen y tendrán en el ámbito de la restitución de patrimonio cultural. Asimismo, también proponemos reflexionar sobre los criterios que se aplican a la hora de seleccionar a los miembros de estos comités. Los perfiles de las personas designadas para componer este tipo de organismos no solo son un elemento esencial para su credibilidad institucional, sino que también constituyen un aspecto clave para que estos órganos puedan ejercer *de facto* las funciones que sus respectivos Gobiernos les han atribuido.

Por todo lo anterior, prevemos que en el futuro se va a hablar mucho de estos comités, tanto por parte de los países que ya cuentan con ellos como por parte de los que se puedan estar planteando constituirlos. En el último caso, este tipo de procesos no se auguran exentos de complicaciones. Pensemos, por ejemplo, en la polémica mediática que ha generado en España la creación de dos grupos de trabajo por parte del Ministerio de Cultura en 2024. En este caso, su objetivo no está vinculado a la restitución de piezas, sino únicamente a la renovación de las exposiciones permanentes del Museo de América y el Museo de Antropología aplicando parámetros que permitan «modernizar y enriquecer el conocimiento de las colecciones». Los grupos de trabajo creados expresamente para resolver una reclamación concreta de restitución también han demostrado ser necesarios y, en ocasiones, no tan pacíficos como se desearía. Pensemos, por ejemplo, en las tensiones vividas en el seno del grupo de trabajo constituido en España para la devolución de las pinturas de Sijena.

LA INVESTIGACIÓN DE PROCEDENCIA: UN ESLABÓN CRUCIAL EN LOS PROCESOS DE RESTITUCIÓN

Cada segundo miércoles de abril se celebra en todo el mundo el llamado Día Internacional de la Investigación de la Procedencia. Esta efeméride, que en 2025 celebró su séptima edición, permite que los museos compartan con la ciudadanía los esfuerzos que están llevando a cabo para investigar el origen de sus piezas.

Hace tiempo que estas instituciones asumieron la necesidad de determinar si los objetos que integran sus colecciones habían sido expoliados durante la época nazi. A modo de ejemplo, un museo universal como el Museo Metropolitano de Arte de Nueva York cuenta con una página web dedicada precisamente a esta cuestión. Una ley del estado de Nueva York de 2022 intensificó la presión al exigir a sus museos que colocasen unas placas identificativas junto a las obras de arte expuestas que pasaron a manos nazis durante la Segunda Guerra Mundial. Tras repetidas incautaciones de objetos de sus colecciones por parte de la Fiscalía de Manhattan, el museo neoyorquino anunció que iba a reforzar el equipo de trabajo dedicado a las investigaciones de procedencia dentro de su descomunal colección, compuesta por más de un millón y medio de piezas. En la actualidad, el ámbito de actuación de sus análisis ya no solo cubre el período nazi, sino que también rastrea la transparencia de piezas con otras trayectorias (material arqueológico, antigüedades, objetos adquiridos o recibidos como donación durante períodos de ocupación colonial, etcétera).

En el contexto europeo también se ha hecho evidente que los museos tienen que intensificar sus investigaciones internas sobre procedencia en ámbitos que van más allá del saqueo nazi. Una prueba de ello es la evolución drástica que se ha implementado en el Museo Real de África Central de Tervuren (Bélgica). Inaugurado en 1910, este museo de etnografía e historia natural mostraba el continente africano a través de las lentes benévolas de la colonización europea. En realidad, una parte importante de su colección provenía del denominado Estado Libre del Congo, un territorio cuyos recursos naturales y humanos Bélgica había esquilmado masivamente entre 1885 y 1960. La institución se cerró durante cinco años a partir de 2013 y en ese período se invirtieron 75 millones de euros en renovarla y descolonizarla.

La reapertura del Museo Real de África Central, con un espacio expositivo de 11.000 metros cuadrados donde solo se muestra el 1 por ciento de sus fondos, ha supuesto un cambio sustancial no solo en el contenido de la colección permanente, sino también en la forma de mostrarla. El museo explica en su web que desea «presentar una visión contemporánea y descolonizada de África». Para ello, reconoce el origen conflictivo de parte de sus fondos y asume, ante una sociedad belga concienciada con su pasado oscuro, su «responsabilidad como herramienta propagandística del colonialismo europeo». La investigación de procedencia de sus piezas ha tenido mucho que ver en la transformación drástica de esta institución belga, y una muestra de ello es que en 2024 el museo organizó una exposición temporal que era toda una declaración de intenciones. «ReThinking Collections» planteaba a los visitantes y al museo mismo las siguientes cuestiones: ¿cómo rastreamos el origen de las colecciones?, ¿qué nuevos conocimientos podemos extraer de estas procedencias?, ¿qué debería suceder con estas colecciones, dentro y fuera de los museos?

Ejemplos como los recién apuntados nos hacen concluir que es esencial que los museos sigan apostando por generalizar este tipo de investigaciones de procedencia. Aparte del desafío económico que supone para las instituciones, hay que asumir que también existen obstáculos adicionales. Cada museo tiene su *modus operandi*, por lo que es necesario armonizar protocolos y seguir generalizando la creación y el uso de bases de datos centralizadas en la materia. Este es otro ejemplo de cómo la tecnología es una aliada de los museos contemporáneos.

La incidencia de diversos ismos en la restitución

Uno de los grandes reproches que se plantean contra buena parte de los museos universales es que solo han dado voz a los «vencedores». El concepto de vencedor en este contexto es polisémico y puede referirse tanto a procedencias geográficas como a razas y géneros. Frente a la información unidireccional e incompleta que se dice que recibimos de los museos cuando nos adentramos en sus salas de exposiciones, se han puesto en marcha múltiples iniciativas para crear «museos polifónicos», esto es, narrativas museográficas que acogen una pluralidad de voces, numerosas otredades hasta ahora silenciadas.

Este *artivismo* que reclama una narrativa museográfica colaborativa puede plasmarse en intervenciones temporales como las ya mencionadas de Sandra Gamarra. La participación de nuevos ismos también puede penetrar en la colección permanente de los museos. Así, el Museo de Arqueología y Antropología de la Universidad de Cambridge, en su sección de Oceanía, concede la palabra a las comunidades indígenas y combina las piezas de la colección permanente con creaciones contemporáneas. En el ámbito español, ha sido muy comentada la reformulación de la colección permanente del Museo Reina Sofía que se presentó en 2021. Con el objetivo de hablar del «momento presente mediante el estudio crítico del pasado común», se explica en la web que se ha prescindido de sucesiones cronológicas y se han priorizado «las relaciones y genealogías que desde el presente podemos tejer y desvelar». Esta nueva narrativa museística, titulada «Vasos comunicantes», cuenta con el colonialismo como uno de sus hilos conductores.

El indigenismo inspira algunas de las solicitudes de restitución analizadas en el libro, entre ellas, la del penacho de

Moctezuma y las restituciones de los Países Bajos al pueblo Ysleta del Sur. En sentido contrario, también hemos apuntado que la interpretación contemporánea de eventos históricos como la conquista de América sirve de sustrato para valorar de forma crítica estas peticiones de devolución. Nos parece evidente que el debate presente y futuro sobre la restitución no puede prescindir de este tipo de ismos que impregnan la opinión pública y reflejan factores no jurídicos con un peso específico creciente. Frente a la descolonización museística que estos ismos persiguen, tampoco puede obviarse una tendencia antagónica reciente cuyas manifestaciones más expresivas provienen por ahora de Estados Unidos: la recolonización museística. La Administración Trump ha ordenado que la Institución Smithsonian regrese a las narrativas que exhiben «el progreso, los logros y la grandeza de la nación estadounidense» y silencien «ideologías divisivas». Este marco ideológico está ciertamente muy lejos de dar cabida a esos abundantes ismos que pueden sustentar transversalmente las peticiones de restitución.

Nuevas tecnologías: ¿empuje o freno a la restitución?

Las nuevas tecnologías contribuyen hoy en día a difundir el patrimonio cultural, con todos los efectos positivos que esto conlleva en el plano educativo y recreativo. A lo largo del libro hemos ofrecido diversos ejemplos de cómo las innovaciones tecnológicas brindan un acceso global en línea al «patrimonio cultural ausente» con proyectos como, por ejemplo, Digital Benin (<https://digitalbenin.org>) o el *Códice florentino* digital (<https://florentinecodex.getty

.edu/es>). En el mismo sentido, a partir del año 2022, una iniciativa conjunta del Museo de la Acrópolis, el Servicio de Restauración de la Acrópolis y el Centro Nacional de Documentación griego permite que los visitantes virtuales puedan contemplar la totalidad del friso del Partenón por primera vez en más de doscientos años (<parthenonfrieze.gr/en>).

En el ámbito nacional es reseñable que, tras un acuerdo entre Colombia y España, se pueda acceder digitalmente a la colección «Flora de la Real Expedición Botánica del Nuevo Reino de Granada» de José Celestino Mutis a través de la Biblioteca Digital del Real Jardín Botánico de Madrid. En España es también relevante el proyecto desarrollado en Santa María de Bellpuig para reproducir con tecnología 3D las bellísimas sepulturas de los condes de Urgell que se exhiben en el museo neoyorquino The Cloisters.

También hemos aludido en este libro al uso de las redes sociales como forma de *artivismo*, en campañas a favor de la restitución internacional de arte. Por ejemplo, en febrero de 2024, el Museo Británico tuvo que desactivar los comentarios en una publicación de su Instagram oficial a raíz del aluvión de mensajes que estaba recibiendo con el hashtag #devuelvanelmoai.

Los museos recurren cada vez con más frecuencia a herramientas digitales, que también pueden desempeñar un papel destacado en iniciativas que aspiran a recuperar piezas de patrimonio expoliado. En estos casos, la exhibición virtual de los objetos, para recordarlos y darles un nuevo significado, puede ser un paso intermedio muy gráfico para reforzar una petición de restitución.

Un caso destacado en este sentido es el del Museo Siida, ubicado en el norte de Finlandia. Esta institución muestra las manifestaciones culturales del pueblo indígena sami, una comunidad que ha denunciado públicamente estrategias de colonización y asimilación por parte del Gobierno central finés. Cuando se inauguró en 1998, este museo mostraba en su interior diversos elementos culturales del pueblo sami únicamente de manera virtual, ya que las piezas físicas se hallaban en otros museos. En los años posteriores esta institución, que en 2024 fue galardonada con el Premio al Museo Europeo del Año, ha celebrado la devolución de diversas piezas samis. Algunas procedían de instituciones extranjeras y otras de organismos nacionales, como el Museo Nacional de Finlandia, que en 2021 entregó unos dos mil objetos samis.

Pese a lo que acabamos de exponer, debemos tener en cuenta las limitaciones de la tecnología. Está claro que una copia 3D de un objeto histórico no es lo mismo que el objeto original. En el mismo sentido, y por muy loable que sea, la recreación de patrimonio utilizando herramientas virtuales no es en modo alguno equivalente a la restitución física de estas piezas. Argumentar lo contrario para resistirse a una petición de restitución puede ser ofensivo y cínico para quienes solicitan la devolución de objetos culturales.

MORALEJA: REPENSEMOS LOS MUSEOS UNIVERSALES

Como hemos expuesto en la introducción, los museos universales no son instituciones inmutables que han existido desde el origen de los tiempos. Al contrario, son un fenómeno reciente y ya han experimentado mutaciones destacadas desde su creación. Creemos que ha llegado el momento de abrir la puerta a nuevos cambios (en realidad, se nos ocurren muchos más, pero limitémonos aquí a la cuestión de la devolución de piezas).

Por lo que respecta a la restitución, muchos países y museos han reconocido que existe una necesidad de transformación que se puede plasmar de formas muy diversas y no excluyentes. La metamorfosis comienza haciendo público un inventario completo de las colecciones y continúa, como acabamos de desarrollar, intensificando de forma sustancial las investigaciones de procedencia. Hay otras cuestiones, ya sugeridas en apartados anteriores, como darle un nuevo significado por distintas vías a la exposición permanente y las muestras temporales, así como recurrir a las nuevas tecnologías y potenciar los proyectos colaborativos en estos «museos universales 2.0».

Pese a ello, no podemos obviar una realidad: hay museos que se siguen mostrando muy reacios a restituir los objetos culturales expoliados que forman parte de sus colecciones. Con el fin de desbloquear el inmovilismo de estas instituciones, se argumenta que las restituciones no son el principio del fin de los museos universales, sino simplemente el comienzo de una nueva era. Para llegar a ese nuevo estadio es conveniente que evaluemos el pasado de manera honesta y que reconozcamos en cada caso las injusticias que pueden haberse cometido.

Lo que ya no es aceptable hoy en día es que algunos museos universales sigan dando la espalda a la necesidad de cambio. Las instituciones que no se adapten a los nuevos tiempos corren el riesgo de verse cada vez más criticadas y aisladas. Por el contrario, los museos que hoy abracen el cambio son los auténticos museos universales del mañana.

Sé proactivo: sigue reflexionando y formándote en el ámbito de la restitución

Si el tema de la restitución te interesa, te animamos a que sigas formándote en esta materia tan apasionante. Ojalá que leyendo nuestro libro te hayan entrado ganas de organizar un viaje al Museo de la Acrópolis en Atenas, de ver el documental *Dahomey* o de buscar algunos manuales de arte e historia en la biblioteca de tu barrio. Como dicta el espíritu universitario, desde aquí te alentamos a ser proactivo, a investigar y a hacer visitas aplicando los parámetros adecuados en estas actividades formativas autónomas.

No solo nos preocupan, y mucho, las *fake news*. También nos alarman los textos que, generados por manos humanas o por la inteligencia artificial, no han contrastado de forma rigurosa sus fuentes o no distinguen de una manera clara entre hechos científicos y apreciaciones subjetivas. Recursos como las redes sociales sin duda entretienen y dan pinceladas de información superficial, pero no es habitual que instruyan de forma adecuada sobre temas tan complejos como la restitución internacional de patrimonio expoliado.

Por este motivo, te invitamos a leer, reflexionar, argumentar, debatir... y a no prescindir nunca de la red de seguridad que ofrece un espíritu crítico bien alimentado por materiales de calidad verificada. Con este tipo de acciones estarás contribuyendo a desactivar los riesgos inherentes a una sociedad desculturizada e influenciable.

Bibliografía

Introducción

Fuente museística

«British Museum collection: Fact sheet», Museo Británico, octubre de 2019, <https://www.britishmuseum.org/sites/default/files/2019-10/fact_sheet_bm_collection.pdf>.

Bibliografía académica

Sobre la cultura museística occidental con una mirada crítica

Procter, Alice, *El cuadro completo. La historia colonial del arte en nuestros museos*, Capitán Swing, Madrid, 2024.

Sobre el concepto de restitución y la protección del patrimonio cultural

Fach Gómez, Katia, «Algunas consideraciones en torno al Convenio de Unidroit sobre bienes culturales robados o exportados ilegalmente», *Anuario Español de Derecho Internacional Privado*, 4 (2004), pp. 237-260.

Losson, Pierre, *The return of cultural heritage to Latin America. Nationalism, policy, and politics in Colombia, Mexico and Peru*, Routledge, Estados Unidos, 2022.

Titi, Catharine, *The Parthenon Marbles and international law*, Springer, Reino Unido, 2023.

Sobre colonialismo, imperios y restitución

Antigüedad del Castillo-Olivares, María Dolores, «José Bonaparte y el patrimonio. Entre la gestión y el expolio», en *Dos siglos de historia: actualidad y debate histórico en torno a la Guerra de la Independencia (1808-1814)*, Universidad de La Rioja, Logroño, 2010.

Quynn, Dorothy Mackay, «The art confiscations of the Napoleonic Wars», *The American Historical Review*, 50, 3 (1945), pp. 437-460.

Titi, Catharine, «Museums and the spoils of empire: From the Benin Bronzes to those marbles again», *The Journal of Imperial and Commonwealth History*, 2025, <https://doi.org/10.1080/03086534.2025.2517135>.

Van Beurden, Jos, *Inconvenient heritage. Colonial collections and restitution in the Netherlands and Belgium*, Amsterdam University Press, Países Bajos, 2022.

Van Beurden, Sarah; Gondola, Didier, y Lacaille, Agnès (eds.), *(Re)Making collections. Origins, trajectories & reconnections*, Africa Museum, Bélgica, 2023.

Sobre el expolio napoleónico

Antigüedad del Castillo-Olivares, María Dolores, «José Bonaparte y el patrimonio. Entre la gestión y el expolio», en *Dos siglos de historia: actualidad y debate histórico en torno a la Guerra de la Independencia (1808-1814)*, Universidad de La Rioja, 2010.

Quynn, Dorothy Mackay, «The art confiscations of the Napoleonic Wars», 50 , 3 (1945), *The American Historical Review*, p.437.

Sᴏʙʀᴇ ᴊᴜsᴛɪᴄɪᴀ ʀᴇsᴛᴀᴜʀᴀᴛɪᴠᴀ ʏ ᴍᴇᴍᴏʀɪᴀ ᴅᴇᴍᴏᴄʀáᴛɪᴄᴀ

Fach Gómez, Katia, «La restitución de obras de arte incautadas durante la guerra civil y la dictadura como herramienta de consolidación de la memoria democrática en España. Reflexiones desde el Derecho y la Ética», en Pilar Irara Hortal y Antonio Estepa Rubio (eds.), *Exploraciones interdisciplinares del patrimonio cultural*, Editorial Universidad de Sevilla, Sevilla, 2025, pp. 171-202.

Sᴏʙʀᴇ ᴇʟ ᴘᴏᴅᴇʀ ᴅᴇ ʟᴏs ᴍᴜsᴇᴏs ɢʟᴏʙᴀʟᴇs ᴘᴀʀᴀ ɪɴᴄɪᴅɪʀ ᴇɴ ʟᴀs ᴛᴇɴᴅᴇɴᴄɪᴀs ᴍᴜsᴇísᴛɪᴄᴀs ʏ ᴇɴ ʟᴀs ɴᴀʀʀᴀᴛɪᴠᴀs ʜɪsᴛóʀɪᴄᴀs

Kuper, Adam, *The museum of other people. From colonial acquisitions to cosmopolitan exhibitions*, Profile Books, Reino Unido, 2023.
Sadia, José María, *El autoexpolio del patrimonio español. Cuando España malvendió su arte*, Amuzara, Córdoba, 2022.
Stahn, Carsten, *Confronting colonial objects. Histories, legalities and access to culture*, Oxford University Press, Reino Unido, 2023.

Sᴏʙʀᴇ ᴇʟ ᴘᴀᴛʀɪᴍᴏɴɪᴏ ᴄᴜʟᴛᴜʀᴀʟ ᴜᴄʀᴀɴɪᴀɴᴏ ᴀᴄᴛᴜᴀʟᴍᴇɴᴛᴇ ᴇɴ ᴘᴇʟɪɢʀᴏ

Dueñas Díaz, Arturo, «Atenea contra Marte: la protección del patrimonio cultural ucraniano en la guerra contra Rusia», *Revista del Instituto Español de Estudios Estratégicos*, 23 (2024), pp. 33-58.

Prensa

Fach Gómez, Katia, «El oro del oprobio. Colombia quiere recuperar la colección Quimbaya», *Altaïr Magazine*, 2024, <https://ssrn.com/abstract=4878390>.

—, «Ética y restos humanos en museos españoles», *Heraldo de Aragón*, 5 de marzo de 2025.

—, «La brújula moral de España y la restitución del tesoro Quimbaya a Colombia», *Global Politics and Law*, 12 de enero de 2025, <https://globalpoliticsandlaw.com/blog/2025/01/12/restitucion-tesoro-quimbaya>.

—, «Patrimonio ausente», *Heraldo de Aragón*, 26 de abril de 2025.

Guy, Jack, «Activistas bombardean las redes sociales del Museo Británico pidiendo que devuelva la estatua de la Isla de Pascua», CNN en español, 20 de febrero de 2024, <https://cnnespanol.cnn.com/2024/02/20/estatua-isla-de-pascua-rapa-nui-museo-britanico-devolucion-trax>.

Higgins, Charlotte, «"The ghosts are everywhere": can the British Museum survive its omni-crisis?», *The Guardian*, 16 de enero de 2025, <https://www.theguardian.com/culture/2025/jan/16/the-ghosts-are-everywhere-can-the-british-museum-survive-its-omni-crisis>.

Joric, Carlos, «El arte español expoliado por los Bonaparte», *La Vanguardia*, 11 de febrero de 2020, <https://www.lavanguardia.com/historiayvida/historia-contemporanea/20200211/473412764464/expolio-arte-guerras-napoleonicas-jose-i-museo-napoleon-soult.html>.

Mora, Jaime G., «Urtasun pone en marcha la descolonización de dos museos nacionales», *ABC*, 8 de julio de 2024, <https://www.abc.es/cultura/urtasun-pone-marcha-descolonizacion-dos-museos-nacionales-20240708151140-nt.html>.

Riaño, Peio H., «La Comunidad de Madrid censura los términos "racismo" y "restitución" de una exposición que cuestiona la "hispanidad"», *elDiario.es*, 27 de septiembre de 2021, <https://

www.eldiario.es/cultura/arte/comunidad-madrid-censura
-terminos-racismo-restitucion-exposicion-cuestiona-hispa
nidad_1_8343624.html>.

Rocha, Carlos, «Reclaman la vuelta del "Partenón" andaluz: los
Murillos de Soult y la cúpula de la Alhambra», *El Confiden-
cial*, 30 de enero de 2025, <https://www.elconfidencial.com/
espana/andalucia/2025-01-30/adelante-andalucia-expolio
-arte-murillos-soult-cupula-alhambra_4054032>.

«El Museo de Pontevedra devuelve a Polonia dos obras expoliadas por los nazis durante la IIGM», RTVE-EFE, 25 de enero de 2023, <https://www.rtve.es/noticias/20230125/museo
-pontevedra-devuelve-a-polonia-dos-obras-expoliadas-por
-nazis-durante-iigm/2417661.shtml>.

Titi, Catharine, «Debate: Sorry, British Museum, a loan of the
Parthenon Marbles is not a repatriation», *The Conversation*,
15 de febrero de 2023, <https://theconversation.com/debate
-sorry-british-museum-a-loan-of-the-parthenon-marbles-is
-not-a-repatriation-199468>.

—, «El robo de 2.000 objetos no es el primer escándalo que
afecta al Museo Británico», *The Conversation*, 10 de septiembre de 2023, <https://theconversation.com/el-robo-de-2-000
-objetos-no-es-el-primer-escandalo-que-afecta-al-museo
-britanico-213138>.

Torres, Raquel, «Barcelona, capital mundial de la cultura: la
UNESCO elige la ciudad mediterránea para albergar
MONDIACULT 2025», *El Español*, 17 de abril de 2025,
<https://www.elespanol.com/enclave-ods/noticias/20250416/
barcelona-capital-mundial-cultura-unesco-elige-ciudad-medi
terranea-albergar-mondiacult/929407304_0.html>.

Ubieto, Nerea, «Las historias "trenzadas" de Sandra Gamarra», *ABC*, 29 de septiembre de 2021, <https://www.abc.es/
cultura/cultural/abci-historias-trenzadas-sandra-gamarra-202
109290130_noticia.html>.

Villatoro, Manuel P., «Cargan contra el Museo de Antropología
por descolonizar el término América: "Es absurdo"», *ABC*,

22 de junio de 2024, <https://www.abc.es/historia/cargan
-museo-antropologia-descolonizar-termino-america-absurdo
-20240622041430-nt.html>.
«La Tate Britain devolverá un cuadro expoliado por los nazis a
sus dueños belgas», *La Vanguardia*, 29 de marzo de 2025,
<https://www.lavanguardia.com/cultura/20250329/10531643/
tate-britain-devolvera-cuadro-expoliado-nazis-duenos-bel
gas.html>.

Capítulo 1

Fuentes museísticas

«The Parthenon frieze», Museo de la Acrópolis, <https://par
thenonfrieze.gr/en/?sn=0>.
«The Parthenon Sculptures: The Trustees' statement», Museo Británico, <https://www.britishmuseum.org/about-us/
british-museum-story/contested-objects-collection/parthe
non-sculptures/parthenon#:~:text=The%20Trustees%20
have%20never%20been,in%20its%20care%20to%2
Athens>.
«Virtual tour in the Parthenon Gallery», Museo de la Acrópolis,
<https://www.theacropolismuseum.gr/en/polymesa/zoforos
-parthenona>.

Bibliografía académica

Relatos detallados sobre los mármoles del Partenón

Hitchens, Christopher, *The Parthenon marbles*, Verso Books,
Reino Unido, 2008.
St Clair, William, *Lord Elgin and the marbles*, Oxford University
Press, Reino Unido, 1967.

Titi, Catharine, *The Parthenon Marbles and international law*, Springer, Reino Unido, 2023.

SOBRE EL «FIRMÁN»

Rudenstine, David, «A tale of three documents: Lord Elgin and the missing, historic 1801 Ottoman document», *Cardozo Law Review*, 22, 5-6 (2001), p. 1853.
—, «Lord Elgin and the Ottomans: The question of permission», *Cardozo Law Review*, 23, 2 (2002), p. 449.

SOBRE CUESTIONES ESPECÍFICAS DIVERSAS

Smith, A. H., «Lord Elgin and his collection», *Journal of Hellenic Studies*, 36 (1916), pp. 163-372.
St Clair, William, *Who saved the Parthenon?*, Open Book Publishers, Reino Unido, 2022.
—, «The Elgin Marbles: Questions of stewardship and accountability», *International Journal of Cultural Property*, 8, 2 (1999), pp. 391-521.
Titi, Catharine, «Museums and the spoils of empire: From the Benin Bronzes to those marbles again», *The Journal of Imperial and Commonwealth History*, 2025, <https://doi.org/10.1080/03086534.2025.2517135>.

Prensa

Cañete, Marta, «El Mentor, la herida abierta del expolio del Partenón», *ABC*, 6 de enero de 2025, <https://www.abc.es/cultura/mentor-herida-abierta-expolio-partenon-20250106182042-nt.html>.
—, «El torso de Poseidón y el sinsentido del Partenón repartido», *ABC*, 27 de noviembre de 2023, <https://www.abc.es/

cultura/torso-poseidon-sinsentido-partenon-repartido-2023
1127181925-nt.html>.

—, «Turquía niega que Elgin contara con permiso del sultán para arrancar los mármoles del Partenón», *ABC*, 5 de junio de 2024, <https://www.abc.es/cultura/turquia-niega-elgin-contara-permiso-sultan-arrancar-20240605124002-nt.html>.

Nicolson, Harold, «The Byron curse echoes again», *The New York Times*, 27 de marzo de 1949, <https://www.nytimes.com/1949/03/27/archives/the-byron-curse-echoes-again-reemergence-of-the-elgin-marbles-taken.html>.

Perrier, Fabien, «Frises grecques du Parthénon disputées entre Londres et Athènes: rien n'est gravé dans le marbre», *Libération*, 6 de diciembre de 2023, <https://www.liberation.fr/culture/arts/frises-grecques-du-parthenon-rein-nest-grave-dans-le-marbre-20231206_JXOPFWIDVJBVJIXDEWDIAUJT5E>.

Titi, Catharine, «"Diviser c'est détruire": les marbres du Parthénon et l'intégrité des monuments», *The Conversation*, 31 de marzo de 2023, <https://theconversation.com/diviser-cest-detruire-les-marbres-du-parthenon-et-lintegrite-des-monuments-201232>.

—, «El robo de 2.000 objetos no es el primer escándalo que afecta al Museo Británico», *The Conversation*, 10 de septiembre de 2023, <https://theconversation.com/el-robo-de-2-000-objetos-no-es-el-primer-escandalo-que-afecta-al-museo-britanico-213138>.

Recursos audiovisuales y sonoros

France 24 Español, «¿Por qué Reino Unido debe devolver los mármoles del Partenón a Atenas?» [vídeo], YouTube, 14 de abril de 2024, <https://www.youtube.com/watch?v=49BnZKPfaAU>.

HBO, «Museums» [vídeo], Last Week Tonight with John Oliver, 3 de octubre de 2022, <https://www.youtube.com/watch?v=eJPLiT1kCSM>.

Intelligence Squared, «Send them back: The Parthenon Marbles should be returned to Athens» [vídeo], YouTube, 22 de junio de 2012, <https://www.youtube.com/watch?v=YE7 DpRjDd-U>.

Pharos Foundation, «The Parthenon Marbles were stolen, Catharine Titi» [vídeo], YouTube, 2024, <https://www .youtube.com/watch?v=7zTOcmb2a1g>.

«Los mármoles de la Acrópolis, con Marta Cañete» [pódcast], *7.000 caracteres*, 18 de enero de 2025, <https://open.spotify .com/episode/4GgrBeo89XPffxhw3LPxa6>.

«The Parthenon Marbles with Paul Cartledge» [pódcast], *Aspects of History*, 16 de julio de 2024, <https://www.youtube .com/watch?v=HC-mXBS3tCc>.

Otra fuente

«Report on the Earl of Elgin's Collection of Sculptured Marbles», *Select Committee of the House of Commons*, 1816.

CAPÍTULO 2

Fuentes museísticas

«Magdala Collection», Museo Británico, <https://www.british museum.org/about-us/british-museum-story/contested-ob jects-collection/Magdala-collection>.

«Magdala, 1868», Museo V&A, < https://www.vam.ac.uk/blog/ museum-life/maqdala-1868?srsltid=AfmBOoqZmyvvX5_ibz SBi5ioeiQ4xL7NQtnoGtPfhoLVtKBNTbiSM41B >.

Royal Collection, <https://www.rct.uk/collection/about-the-col lection>.

Holmes, R. R., *Theodore. Taken at Magdala 1/4 of an hour after his death*, <https://collections.vam.ac.uk/item/O142918/

theodore--taken-at-magdala-photograph-london-stereos copic>.

Bibliografía académica

SOBRE LA REINA VICTORIA Y SU PERÍODO HISTÓRICO

Gruss, Susanne, «Black, queer, Victorian? The precarious neo-Victorian afterlives of Prince Alemayehu», en *Black Neo-Victoriana*, 2021, pp. 55-73.

Lorimer, Douglas A., *Colour, class and the Victorians: English attitudes to the Negro in the mid-nineteenth century*, Holmes & Meier Pub, Reino Unido, 1978.

SOBRE LA VIDA Y LA MUERTE DEL PRÍNCIPE

Heavens, Andrew, *The Prince and the Plunder*, The History Press, 2023.

SOBRE EL SAQUEO DE MAGDALA

Bates, Darrell, *The Abyssinian difficulty: The Emperor Theodorus and the Magdala Campaign 1867-1868*, Oxford University Press, Reino Unido, 1979.

Gunning, Lucia Patrizio, y Challis, Debbie, «Planned plunder, the British Museum, and the 1868 Magdala Expedition», *The Historical Journal*, 66, 3 (2023), pp. 550-572.

Honeyman, Alexander Mackie, «Letters from Magdala and Massawa», *Bulletin of the John Rylands Library*, 44, 2 (1962), pp. 350-359.

Matthies, Volker, *The siege of Magdala: The British Empire against the Emperor of Ethiopia*, Markus Wiener Publishers, Estados Unidos, 2012.

Ovenden, Richard, *Burning the books*, Harvard University Press, Estados Unidos, 2020.

Pankhurst, Richard, «The Napier expedition and the loot from Magdala», *Présence africaine*, 133-134 (1985), pp. 233-240.

Prensa

Campbell, Lucy, «V&A in talks over returning looted Ethiopian treasures in "decolonisation" purge», *The Guardian*, 7 de octubre de 2020, <https://www.theguardian.com/artanddesign/2020/oct/07/va-in-talks-over-returning-looted-ethiopian-treasures-in-decolonisation-purge>.

Cascone, Sarah, «Artifacts From the Battle of Maqdala Have Returned to Ethiopia in "the Most Significant Heritage Restitution" in the Country's History», *Artnet*, 10 de septiembre de 2021, <https://news.artnet.com/art-world/ethiopian-artifact-restitution-2007704>.

De Miguel, Rafa, «El Reino Unido devuelve a Etiopía un mechón del príncipe Alemayehu 140 años después de su traslado forzoso al país», *El País*, 23 de septiembre de 2023, <https://elpais.com/planeta-futuro/2023-09-23/el-reino-unido-devuelve-a-etiopia-un-mechon-del-principe-alemayehu-140-anos-despues-de-su-traslado-forzoso-al-pais.html>.

Fantahun Tefera, Fisseha, «Heritage restitution at a time of intense memory politics in Ethiopia», *School of Blogal Studies*, 8 de marzo de 2024, <https://www.blogalstudies.com/post/heritage-restitution-at-a-time-of-intense-memory-politics-in-ethiopia>.

«British Museum to be investigated by ICO over failure to disclose information regarding sacred Ethiopian Tabots», *Leigh Day*, <https://www.leighday.co.uk/news/news/2024-news/british-museum-to-be-investigated-by-ico-over-failure-to-disclose-information-regarding-sacred-ethiopian-tabots>.

«Royal Cap and Seal of Tewodros II returned by Queen Elizabeth II to Emperor Haile Selassie», *Returning Heritage*, 2 de septiembre de 2019, <https://www.returningheritage.com/royal-cap-and-seal-of-tewodros-ii-returned-by-queen-to-emperor-haile-selassie>.

«Tabot etíope devuelto por la Iglesia de Edimburgo», *Returning Heritage*, <https://www-returningheritage-com.translate.goog/ethiopian-tabot-returned-by-edinburgh-church?_x_tr_sl=en&_x_tr_tl=es&_x_tr_hl=es&_x_tr_pto=rq>.

Simpson, Craig, «Ethiopia demands that King Charles return "immoral treasures"», *The Telegraph*, 24 de enero de 2025, <https://www.telegraph.co.uk/royal-family/2025/01/24/king-charles-ethiopia-return-treasures-royal-collection>.

Temuari, Hanna, «Ethiopian Prince Alemayehu's lock of hair returned after 140 years in UK», *BBC News*, 22 de septiembre de 2023, <https://www.bbc.com/news/world-africa-66887597 >.

Tubella, Patricia, «Etiopía reabre el debate sobre el expolio colonial», *El País*, 9 de abril de 2018, <https://elpais.com/cultura/2018/04/08/actualidad/1523194438_282084.html>.

Recursos audiovisuales y sonoros

Aston Originals, «History at Aston: Andrew Heavens» [vídeo], YouTube, <https://www.youtube.com/watch?v=Xiei4vBaoqQ&t=7s>.

Ethiopian Digest, «A sacred Ethiopian Tabot, symbolising the Ark of the Covenant, returned after 155 years» [vídeo], YouTube, <https://www.youtube.com/watch?v=26xhoXJ6nRA>.

Fundación Scheherazade, «Ethiopian Tabots debate in House of Lords 30 Mar 2022» [vídeo], YouTube, <https://www.youtube.com/watch?v=ITO2GtLWB-0>.

Fundación Scheherazade, «History of the Battle of Magdala | The Scheherazade Foundation Repatriation of Ethiopian

Treasure» [vídeo], YouTube, <https://www.youtube.com/watch?v=uLjh9gWA3Ro>.

Radio 4, BBC, «Great Lives. Prince Alemayehu» [audio], BBC Sounds, <https://www.bbc.co.uk/sounds/play/b01p9l1z>.

Returning Heritage, «Investigating the Tabots» [vídeo], YouTube, <https://youtu.be/7xKWUJKpkK8?si=TfTfW1gxPgsznxto>.

Otras fuentes

«Appendix 51. Memorandum submitted by the Association for the Return of the Ethiopian Maqdala Treasures», *Afromet*, <https://publications.parliament.uk/pa/cm199900/cmselect/cmcumeds/371/371ap61.htm>.

Illiano, Sabrina, «The Legacy of Magdala 1868 at the Bodleian Library», <https://www.anthro.ox.ac.uk/legacy-Magdala-1868-bodleian-library>.

Windsor Castle, College of St George, «Royal Burials in the Chapel since 1805», <https://www.stgeorges-windsor.org/about-st-georges/royal-connection/royal-burials/royal-burials-chapel-since-1805>.

CAPÍTULO 3

Fuentes museísticas

Digital Benin, <https://digitalbenin.org>.

Museo Británico, «Benin Bronzes», <https://www.britishmuseum.org/about-us/british-museum-story/contested-objects-collection/benin-bronzes>.

Museo de Arte de África Occidental, <https://wearemowaa.org>.

Museo del Muelle Branly – Jacques Chirac, «Restitution of 26 works to the Republic of Benin», <https://www.quaibranly

.fr/en/collections/living-collections/news/restitution-of-26 -works-to-the-republic-of-benin>.

Museo Rautenstrauch-Joest, <https://www.museenkoeln.de/rau tenstrauch-joest-museum/I-MISS-YOU>.

Museos Estatales de Berlín, «Benin Bronzes: Another Major Step Taken Towards Strengthening Cultural Collaboration and Achieving Restitution», <https://www.smb.museum/en/ whats-new/detail/benin-bronzes-another-major-step-taken -towards-strengthening-cultural-collaboration-and-achieving -restitution>.

Bibliografía académica

Sobre la historia del reino histórico de Benín
y la expedición punitiva británica

Osarumwense, Charles O., «Igue festival and the British invasion of Benin 1897: The violation of a people's culture and sovereignty», *African Journal of History and Culture*, 6, 1 (2014), pp. 1-5.

Sobre las características del arte de Benín
y su importancia más allá de lo artístico

Nevadomsky, Joseph, «Studies of Benin art and material culture, 1897-1997», *African Arts*, 30, 3 (1997), pp. 1-108.

Read, Charles Hercules, y Dalton, Ormonde Maddock, «Antiquities from the city of Benin and from other parts of West Africa in the British Museum», Museo Británico, 1899, <https://libmma.contentdm.oclc.org/digital/collection/p16 028coll4/id/9897>.

Stahn, Carsten, «Beyond "to return or not to return" – The Benin Bronzes as a game changer?», *Santander Art and Culture Law Review*, 8, 2 (2022), pp. 49-88.

SOBRE EL PAPEL DE LA DIPLOMACIA CULTURAL EN LA RESTITUCIÓN
DE LOS BRONCES DE BENÍN Y EL GRUPO DE DIÁLOGO DE BENÍN

Hamm, Aurora, «German and French colonial restitution –
"new relational ethics" or using the legacy of empire?», *Kleos
– The Amsterdam Bulletin of Ancient Studies and Archaeology*,
6 (2023), pp. 84-102.
Van Beurden, Jos, *Inconvenient heritage. Colonial collections and
restitution in the Netherlands and Belgium*, Amsterdam University Press, Países Bajos, 2022.

SOBRE LA LEGISLACIÓN FRANCESA EN MATERIA
DE RESTITUCIÓN DE PATRIMONIO ARTÍSTICO

Perrot, Xavier, «Colonial booty and its restitution – Current
developments and new perspectives for French legislation
in this field», *Santander Art and Culture Law Review*, 8, 2
(2022), pp. 355-370.

SOBRE EL INFORME FRANCÉS DE SARR-SAVOY

Gundu, Zacharys, «Looted Nigerian heritage – An interrogatory discourse around repatriation», *Contemporary Journal
of African Studies*, 7, 1 (2020), pp. 47-65.
Von Oswald, Margareta, «The "Restitution Report": First
reactions in academia, museums, and politics», *Boasblog
DCNtR*, 2018.

SOBRE LA IMPORTANCIA DE LOS BRONCES DE BENÍN PARA EL
MOVIMIENTO PANAFRICANO

Pugh, Cresa L., «"We shall be telling our own stories": Bernie
Grant, the Africa Reparations Movement, and the restitu-

tion of the Benin Bronzes», *Politique africaine*, 165, 1 (2022), pp. 143-166.

SOBRE EL MUSEO UNIVERSAL Y LOS PELIGROS DE DEVOLVER LOS BRONCES DE BENÍN A SU LUGAR DE ORIGEN

Willett, Frank, «Restitution or re-circulation: Benin, Ife and Nok», *Journal of Museum Ethnography*, 12 (2000), pp. 125-131.
Wood, Paul, «Display, restitution and world art history: The case of the "Benin Bronzes"», *Visual Culture in Britain*, 13, 1 (2012), pp. 115-137.

SOBRE LA NECESIDAD DE DESCOLONIZAR LOS MUSEOS

Hicks, Dan, *The brutish museums. The Benin Bronzes, colonial violence and cultural restitution*, Pluto Press, Reino Unido, 2020.

Prensa

«The art dealer, the £10m Benin Bronze and the Holocaust», BBC, 14 de marzo de 2021, <https://www.bbc.com/news/world-africa-56292809>.
«Un museo británico acepta devolver bronces de Benín», *Deutsche Welle*, 8 de agosto de 2022, <https://www.dw.com/es/un-museo-brit%C3%A1nico-acepta-devolver-a-nigeria-bronces-de-ben%C3%ADn-saqueados-a-finales-del-siglo-xix/a-62749607>.
De las Eras, Mario, «África ridiculiza el "wokismo" de Occidente tras la devolución de los bronces de Benín», *El Debate*, 14 de mayo de 2023, <https://www.eldebate.com/cultura/arte/20230514/devolver-obras-expoliadas-quede-rey-turno-para-doja-restitucion-absolutismo_114083.html>.

Ferrer, Isabel, «Países Bajos devuelve a Nigeria su parte de los Bronces de Benín», *El País*, 19 de febrero de 2025, <https://elpais.com/cultura/2025-02-19/paises-bajos-devuelve-a-nigeria-su-parte-de-los-bronces-de-benin.html>.

«Press Statement of the meeting of the Benin Dialogue Group», *Grupo de Diálogo de Benín*, 29 de octubre de 2021, <https://markk-hamburg.de/files/media/2021/11/BDG-21-statement-29.10.21.pdf>.

«Building and Filling a New Museum in Benin», *Grupo de Diálogo de Benín*, 23 de noviembre de 2018, <https://culturalpropertynews.org/benin-dialog-group-building-and-filling-a-new-museum-in-benin>.

«Press statement. Benin Dialogue Group Steering Committee 2021», *Grupo de Diálogo de Benín*, 24 de marzo de 2021 <https://markk-hamburg.de/files/media/2021/03/Press-Statement-24.3.21.pdf>.

«Statement from the Benin Dialogue Group, Nationaal Museum van Wereldculturen, The Netherlands», *Grupo de Diálogo de Benín*, 19 de octubre de 2018, <https://markk-hamburg.de/files/media/2021/11/Statement-from-the-Benin-Dialogue-19-October-2018-16.33.pdf>.

«Benin Dialogue Group», *Grupo de Diálogo de Benín*, 12 de agosto de 2020, <https://markk-hamburg.de/en/benin-dialogue>.

«Oba Akenzua II's restitution requests», *Kunst&Kontext*, 2017, <http://audreyperaldi.com/txt/2017_oba_akenzua_II_restitution_requests.pdf>.

«Emmanuel Macron's speech at the University of Ouagadougou», *La Maison Élysée*, <https://www.elysee.fr/en/emmanuel-macron/2017/11/28/emmanuel-macrons-speech-at-the-university-of-ouagadougou>.

«Los bronces de Benín, el tesoro expoliado que inspiró a Picasso», *La Vanguardia*, <https://www.lavanguardia.com/historiayvida/edad-moderna/20210825/7677365/bronces-benin-tesoro-expoliado-inspiro-picasso.html>.

Bailey, Martin, «How the Queen came to own a Lagos museum piece», *The Art Newspaper*, 31 de marzo de 2002, <https://www.theartnewspaper.com/2002/04/01/how-the-queen-came-to-own-a-lagos-museum-piece>.

Hickley, Catherine, «Nigeria seeks to calm tensions over return of Benin bronzes», *The Art Newspaper*, 7 de enero de 2022, <https://www.theartnewspaper.com/2022/01/07/nigeria-seeks-calm-tensions-over-return-benin-bronzes>.

Oltermann, Philip, «Germany returns 21 Benin bronzes to Nigeria – amid frustration at Britain», *The Guardian*, 20 de diciembre de 2022, <https://www.theguardian.com/world/2022/dec/20/germany-returns-21-benin-bronzes-to-nigeria-amid-frustration-at-britain>.

—, «"Inconvenient truths": Berlin's Humboldt Forum faces up to its colonial past», *The Guardian*, 19 de septiembre de 2022, <https://www.theguardian.com/culture/2022/sep/19/inconvenient-truths-berlin-humboldt-forum-faces-up-to-its-colonial-past>.

Otzen, Ellen, «The man who returned his grandfather's looted art», BBC, 26 febrero de 2015, <https://www.bbc.com/news/magazine-31605284>.

Rogers, Thomas; Lassa, Rahila, y Marshall, Alex, «How Germany Changed Its Mind, and Gave the Benin Bronzes Back», *The New York Times*, 20 de diciembre de 2022, <https://www.nytimes.com/2022/12/20/arts/benin-bronzes-nigeria-germany.html>.

«El Met devuelve a Nigeria tres obras expoliadas por soldados británicos», *Swiss Info*, 22 de noviembre de 2021, <https://www.swissinfo.ch/spa/el-met-devuelve-a-nigeria-tres-obras-expoliadas-por-soldados-brit%C3%A1nicos/47132014>.

«King Drunami a Fugitive», *The New York Times*, 23 de febrero de 1897, <https://timesmachine.nytimes.com/timesmachine/1897/02/23/102485867.pdf?pdf_redirect=true&ip=0>.

«University to return Benin Bronze», *Universidad de Aberdeen*, 25 de marzo de 2021, <https://www.abdn.ac.uk/news/14790>.

«Cambridge to return Benin artefacts», *Universidad de Cambridge*, <https://www.cam.ac.uk/stories/beninreturn>.

«Jesus College returns Benin Bronze in world first», *Universidad de Cambridge*, 27 de octubre de 2021, <https://www.jesus.cam.ac.uk/articles/jesus-college-returns-benin-bronze-world-first>.

Ventura, Dalia, «Expedición a Benín: el brutal ataque que hace 125 años cambió la noción en Europa de que los africanos eran "salvajes"», BBC, 13 de febrero de 2022, <https://www.bbc.com/mundo/noticias-60321594>.

«"Fiasko": Zurückgegebene Benin-Bronzen in Privatbesitz gegeben statt ausgestellt», *Welt*, 9 de mayo de 2023, <https://www.welt.de/politik/ausland/article245193040/Bericht-Zurueckgegebene-Benin-Bronzen-in-Privatbesitz-gegeben-statt-ausgestellt.html>.

Recursos audiovisuales y sonoros

«Western reactions to Benin bronzes | Civilisations» [vídeo], BBC, <https://www.youtube.com/watch?v=rp8flCwvoAU>.

«Benin Bronzes: Why are they so important?» [vídeo], *What's New*, BBC, <https://www.youtube.com/watch?v=taH-2X7svZc>.

«Returning the Benin Bronzes» [vídeo], Universidad de Cambridge, <https://www.youtube.com/watch?v=8Hp4h2pUbR8>.

«Case Review: Farmer-Paellmann v Smithsonian Inst.», Center for Art Law, <https://itsartlaw.org/2024/07/11/case-review-farmer-paellmann-v-smithsonian-inst>.

«Nigeria sends formal letter to British Museum demanding return of looted Benin Bronzes» [vídeo], *Channel 4 News*, <https://www.youtube.com/watch?v=Vx61445FJS8>.

«Nigeria's battle to reclaim looted Benin Bronzes» [vídeo], *Channel 4 News*, <https://www.youtube.com/watch?v=BFbEU6pDlVw>.

Philippe, Nora, *Restituer? L'Afrique en quête de ses chefs-d'œuvre*, 2021.

Diop, Mati, *Dahomey*, 2024.

Pool, Hans, y Ourikh, Sasha, *La controversia del arte (The Art Dispute)*, episodio «Los tesoros de Benín», 2021.

Julien, Isaac, *Once Again... (Statues Never Die)*, 2025.

«La restitución del arte colonial robado» [vídeo], DW Documental, <https://www.youtube.com/watch?v=_w2ZmgI_KoA>.

«Alemania devolverá a Nigeria bronces del antiguo reino de Benín saqueados durante la época colonial» [vídeo], EuroNews, <https://www.youtube.com/watch?v=FTQLRXPRPAk>.

«Des bronzes du Bénin exposés une dernière fois à Berlin avant leur restitution au Nigeria» [vídeo], France 24, <https://www.youtube.com/watch?v=oUyIsFuY3Qo>.

«Restitution of a Benin Bronze» [vídeo], Jesus College, <https://www.youtube.com/watch?v=1AtY3H6qViw>.

Imasuen, Lancelot Oduwa, *Invasion 1897*, 2014.

Ugbomah, Eddie, *The Mask*, 1979.

Coogler, Ryan, *Black Panther*, 2018.

«Patrimoine africain: restitution des bronzes du Bénin au Nigeria» [vídeo], Radio France International, <https://www.youtube.com/watch?v=pHCqHozVfuc>.

«George the Poet – The Benin bronze» [vídeo], Museo Británico, <https://www.youtube.com/watch?v=3IlUMUGUorw>.

Otra fuente

Consejo de Estado (Francia), «Avis sur un projet de loi relatif à la restitution de biens culturels provenant d'Etats qui, du fait d'une appropriation illicite, en ont été privés», 30 de julio de 2025, <https://www.conseil-etat.fr/avis-consultatifs/derniers-avis-rendus/au-gouvernement/avis-sur-un-projet-de-loi-relatif-a-la-restitution-de-biens-culturels-provenant-d-etats-qui-du-fait-d-une-appropriation-illicite-en-ont-ete-prives>.

Capítulo 4

Fuentes museísticas

«Bust of King Akhenaten», Museo Egipcio de Berlín, <https:// recherche.smb.museum/detail/606190/b%C3%BCste-des -k%C3%B6nigs-echnaton?language=de&question=Akhena ten&limit=15&sort=relevance&controls=none&collection Key=AMP*&objIdx=1>.

«The bust of Nefertiti», Museo Egipcio de Berlín, <https:// www.smb.museum/en/museums-institutions/aegyptisches -museum-und-papyrussammlung/collection-research/bust -of-nefertiti>.

«Egypt and the Sudan», Museo Nacional del Ejército (Reino Unido), <https://www.nam.ac.uk/explore/egypt-and-sudan>.

«Egypt and North Africa, 1800–1900 A.D.», Museo Metropolitano de Arte, <https://www.metmuseum.org/toah/ht/10/afe .html>.

«The Staatliche Museen zu Berlin Welcome More than 4 Million Visitors in 2019», Museos Estatales de Berlín, 31 de enero de 2020, <https://www.smb.museum/en/whats-new/ detail/the-staatliche-museen-zu-berlin-welcome-more-than -4-million-visitors-in-2019/#:~:text=Aside%20from%20338 %2C000%20visitors%20to,%2C%20annual%20total%3A %20828%2C000>.

Bibliografía académica

Sobre el descubrimiento del busto

Borchardt, Ludwig, «Ausgrabungen in Tell el Amarna 1912/13», *Mitteilungen der Deutschen Orient-Gesellschaft*, 52 (1913), <https://opendigi.ub.uni-tuebingen.de/opendigi/MDOG _1913_052#p=60>.

Sobre el taller de Tuthmose

Seyfried, Friederike, «The workshop complex of Thutmosis», en *In the light of Amarna – 100 years of the Nefertiti discovery*, Museos Estatales de Berlín, 2012.

Sobre Egipto en el siglo xx

Cameron, D. A., *Egypt in the nineteenth century*, Smith, Elder & Co., Reino Unido, 1898.

Sobre el busto de Nefertiti en general

Hanna, Monica, «Contesting the Lonely Queen», *International Journal of Cultural Property*, 30, 3 (2023), pp. 245-263.

Iskin, Ruth E., «The other Nefertiti: Symbolic restitutions», en Felicity Bodenstein, Damiana Otoiu y Eva-Maria Troelenberg (eds.), *Contested holdings. Museum collections in political, epistemic and artistic processes of return*, De Gruyter, 2022.

Savoy, Bénédicte, *À qui appartient la beauté ?*, La Découverte, Francia, 2024.

Seyfried, Friederike (ed.), *In the light of Amarna – 100 years of the Nefertiti discovery*, Museos Estatales de Berlín, 2012.

Siehr, Kurt G., «The beautiful one has come – To return», en John Henry Merryman (ed.), *Imperialism, art and restitution*, Cambridge University Press, Reino Unido, 2006.

Stahn, Carsten, *Confronting colonial objects. Histories, legalities, and access to culture*, Oxford University Press, Reino Unido, 2023, capítulo 4.

SOBRE LA EGIPTOMANÍA

Fritze, Ronald H., *Egyptomania. A history of fascination, obsession and fantasy*, Reaktion Books, Reino Unido, 2016.

SOBRE NEFERTITI COMO ÍCONO GLOBAL

Breger, Claudia, «Imperialist fantasy and displaced memory: Twentieth-century German Egyptologies», *New German Critique*, 96 (2005), pp. 135-169.
Conrad, Sebastian, «The making of a global icon: Nefertiti's twentieth-century career», *Global Intellectual History*, 2024, pp. 1-32.
Tyldesley, Joyce, *Nefertiti's face. The creation of an icon*, Harvard University Press, Estados Unidos, 2018.

Prensa

«Se aplaza la inauguración del Gran Museo Egipcio hasta el último trimestre de 2025», *ABC*, 14 de junio de 2025, <https://www.abc.es/cultura/aplaza-inauguracion-gran-museo-egipcio-ultimo-trimestre-20250614162326-nt.html>.
Bond, Sarah E., «What the "Nefertiti Hack" Tells Us About Digital Colonialism», *Hyperallergic*, 24 de mayo de 2021, <https://hyperallergic.com/647998/what-the-nefertiti-hack-tells-us-about-digital-colonialism>.
Braun, Stuart, «Sollte Deutschland Ägypten die Nofretete-Büste zurückgeben?», *DW*, 28 de octubre de 2024, <https://www.dw.com/de/sollte-deutschland-die-nofretete-b%C3%BCste-an-%C3%A4gypten-zur%C3%BCckgeben/a-70619290>.
Connolly, Kate, «Is this Nefertiti – or a 100-year-old fake?», *The Guardian*, 7 de mayo de 2009, <https://www.theguard

ian.com/artanddesign/2009/may/07/nefertiti-bust-berlin
-egypt-authenticity>.

Dumont, Montaine, «The Bust of Nefertiti: Ancient Masterpiece
or Genius Hoax?», *Daily Art Magazine*, 16 de mayo de 2024,
<https://www.dailyartmagazine.com/bust-of-nefertiti-fake>.

Eddy, Melissa, «Artistry of the Pharaohs», *The New York Times*,
21 de enero de 2013, <https://www.nytimes.com/2013/01/22/
arts/22iht-nefertiti22.html?login=email&auth=login-email>.

Goldschmidt, Lina, «From Rembrandt to Nolde», *The New
York Times*, 25 de mayo de 1930, <https://timesmachine.ny
times.com/timesmachine/1930/05/25/97803252.html?page
Number=123>.

Harmes, Marcus, «Why did people start eating Egyptian mum-
mies? The weird and wild ways mummy fever swept through
Europe», *The Conversation*, 7 de junio de 2022, <https://
theconversation.com/why-did-people-start-eating-egyptian
-mummies-the-weird-and-wild-ways-mummy-fever-swept
-through-europe-177551>.

Paterson, Tony, «Jewish philanthropist lost in the sands of
time thanks to the Nazis», *The Independent*, 4 de diciembre
de 2012, <https://www.independent.co.uk/news/science/
archaeology/news/jewish-philanthropist-lost-in-the-sands
-of-time-thanks-to-the-nazis-8382305.html>.

Seidler, Christoph, «Berlin's Nefertiti Debate: Calling the
Queen's Authenticity into Question», *Spiegel International*,
21 de mayo de 2009, <https://www.spiegel.de/international/
zeitgeist/berlin-s-nefertiti-debate-calling-the-queen-s-authen
ticity-into-question-a-625719.html>.

«Did Germany Cheat to Get Bust of Nefertiti?», *Spiegel International*, 10 de febrero de 2009, <https://www.spiegel.de/
international/world/archaeological-controversy-did-germany
-cheat-to-get-bust-of-nefertiti-a-606525.html>.

Tyldesley, Joyce, «Nefertiti's bust», *Aeon*, 8 de febrero de 2022,
<https://aeon.co/essays/how-the-enigmatic-nefertiti-came-to
-be-locked-away-in-germany>.

Wilder, Charly, «Nefertiti 3-D Scanning Project in Germany Raises Doubts», *The New York Times*, 10 de marzo de 2016, <https://www.nytimes.com/2016/03/11/arts/design/nefertiti -3-d-scanning-project-in-germany-raises-doubts.html>.

Recursos audiovisuales y sonoros

«Nefertiti: ¿embajadora o rehén?» [vídeo], *DW*, 20 de junio de 2024, <https://www.dw.com/es/nefertiti-embajadora-o-reh %C3%A9n/video-69304997>.
«Néfertiti, mystérieuse reine d'Égypte» [vídeo], *Secrets d'Histoire*, 23 de agosto de 2018, <https://www.youtube.com/watch ?v=zCIM2u1e-bQ>.
«The Mystery of Nefertiti's Bust: The Controversial Authenticity and Illicit Journey of the Egyptian Queen's Iconic Sculpture» [vídeo], 11 de agosto de 2023, <https://www .youtube.com/watch?v=57YijZjZmsw>.
Wortman, Matthew, *Nefertiti Resurrected* [vídeo], The Discovery Channel, 2003, <https://www.youtube.com/watch?v=tjittY nxTAI>.

Otra fuente

Hawass, Zahi, «Repatriation», <https://www.hawasszahi.com/ repatriation>.

CAPÍTULO 5

Fuente museística

Centro de Biodiversidad Naturalis, <https://www.naturalis .nl/en>.

Bibliografía académica

Sobre la colonización europea y neerlandesa
de Indonesia

Creese, Helen, «A puputan tale: "The story of a pregnant wo-man"», *Indonesia*, 82 (2006), pp. 1-37.
Farram, Steve, «The Dutch conquest of Bali: The conspiracy theory revisited», *Indonesia and the Malay World*, 26, 76 (1998), pp. 207-223.
Hancock, James, «Descubrimiento y conquista europea de las islas de las Especias», *World History Encyclopedia en español* (trad. Juan Diego Jiménez Velázquez), 8 de noviembre de 2021, <https://www.worldhistory.org/trans/es/2-1872/des cubrimiento-y-conquista-europea-de-las-islas-de>.
Hanna, Willard A., *Bali chronicles. Fascinating people and events in Balinese history*, Periplus, Estados Unidos, 2004.
Loth, Vincent C., «Pioneers and perkeniers: The Banda Is-lands in the 17th century», *Cakalele*, 6 (1995), pp. 13-35.
Reybrouck, David van, *Revolución. Indonesia y el nacimiento del mundo moderno*, Taurus, Madrid, 2022.
Ricklefs, M. C., *A history of modern Indonesia since c. 1200*, Pal-grave Macmillan, Reino Unido, 2008 (4.ª ed.).

Sobre Eugène Dubois y el hombre de Java

Drieënhuizen, Caroline, y Sysling, Fenneke, «Java Man and the politics of natural history: An object biography», *Journal of the Humanities and Social Sciences of Southeast Asia*, 177, 2-3 (2021), pp. 290-311.
Swisher III, Carl C.; Curtis, Garniss H., y Lewin, Roger, *Java Man. How two geologists changed our understanding of human evo-lution*, University of Chicago Press, Estados Unidos, 2000.
Theunissen, Bert, *Eugène Dubois and the Ape-Man from Java. The*

history of the first "missing link" and its discoverer, Springer, Países Bajos, 1989.

Van Beurden, Jos, *Inconvenient heritage. Colonial collections and restitution in the Netherlands and Belgium*, Amsterdam University Press, Países Bajos, 2022.

Vos, John de, «The Dubois Collection: A new look at an old collection», *Scripta Geologica*, 4 (2004), pp. 267-285.

SOBRE EL *HOMO ERECTUS* DE INDONESIA Y SU RELACIÓN CON OTROS HOMÍNIDOS

Rizal, Yan *et al.*, «Last appearance of *Homo erectus* at Ngandong, Java, 117,000-108,000 years ago», *Nature*, 577, 7790 (2020), pp. 381-385.

SOBRE EL HOMBRE DE NEANDERTAL

King, William, «The reputed fossil man of the Neanderthal», *The Quarterly Journal of Science*, 1 (1864), pp. 88-97, <https://www.biodiversitylibrary.org/part/204441>.

Prensa

«Indonesia reclama a los Países Bajos el "Hombre de Java" y el tesoro de Lombok», *ABC*, 20 de diciembre de 2022, <https://www.abc.es/cultura/indonesia-reclama-paises-bajos-hombre-java-tesoro-202210200855505-nt.html>.

«Los tesoros expoliados por los Países Bajos retornan a su tierra natal en Indonesia», *Radio France Internationale*, 21 de diciembre de 2024, <https://www.rfi.fr/es/más-noticias/2024 1221-los-tesoros-expoliados-por-los-países-bajos-retornan -a-su-tierra-natal-en-indonesia>.

Boffey, Daniel, «Dutch PM apologises for state's role in abuses in 1940s Indonesian war», *The Guardian*, 17 de febrero de 2022, <https://www.theguardian.com/world/2022/feb/17/dutch-state-condoned-extreme-violence-in-indonesian-war-inquiry-concludes>.

Cervera, César, «Los terribles crímenes coloniales de Holanda en Indonesia que el mundo ha decidido olvidar», *ABC*, 30 de mayo de 2022, <https://www.abc.es/historia/abci-terribles-crimenes-coloniales-holanda-indonesia-mundo-decidido-olvidar-202205300117_noticia.html>.

De Jorge, Judith, «El último *Homo erectus* sobre la Tierra», *ABC*, 18 de diciembre de 2019, <https://www.abc.es/ciencia/abci-ultimo-homo-erectus-sobre-tierra-201912181907_noticia.html>.

Ferrer, Isabel, «Indonesia reclama a Países Bajos la devolución del cráneo del Hombre de Java», *El País*, 19 de octubre de 2022, <https://elpais.com/cultura/2022-10-19/indonesia-reclama-a-paises-bajos-la-devolucion-del-craneo-del-hombre-de-java.html>.

—, «Países Bajos devuelve a Indonesia 288 piezas de su patrimonio cultural», *El País*, 23 de septiembre de 2024, <https://elpais.com/cultura/2024-09-23/paises-bajos-devuelve-a-indonesia-288-piezas-de-su-patrimonio-cultural.html>.

—, «Países Bajos utilizó una violencia "sistemática y extrema" durante la independencia de Indonesia», *El País*, 17 de febrero de 2022, <https://elpais.com/internacional/2022-02-17/paises-bajos-utilizo-una-violencia-sistematica-y-extrema-durante-la-independencia-de-indonesia.html>.

Mediavilla, Daniel, «Los últimos supervivientes de la especie humana más longeva», *El País*, 18 de diciembre de 2019, <https://elpais.com/elpais/2019/12/18/ciencia/1576670079_866525.html>.

Siegal, Nina, «Dispute Over Java Man Raises a Question: Who Owns Prehistory?», *The New York Times*, 9 de noviembre de 2022, <https://www.nytimes.com/2022/11/09/arts/design/naturalis-museum-java-man-indonesia.html>.

Otras fuentes

Comité Asesor sobre el Marco de Política Nacional para las Colecciones Coloniales y Consejo de Cultura (Raad voor Cultuur), «Colonial Collections and a Recognition of Injustice: Guidance on the way forward for colonial collections», enero de 2021, <https://www.raadvoorcultuur.nl/binaries/raadvoor cultuur/documenten/adviezen/2021/01/22/colonial-collection -and-a-recognition-of-injustice/Colonial+Collection+a+Re cognition+of+Injustice.pdf>.

Comité de Colecciones Coloniales neerlandés, <https://commit tee.kolonialecollecties.nl>.

Recomendación del Comité de Colecciones Coloniales, «Lombokschat», Número de Recomendación ID-2023-4, 12 de mayo de 2023.

—, «Puputan Badung collection / war loot from South Bali, consisting of 66 objects held by the Municipality of Rotterdam», Número de Recomendación ID-2023-7b, 27 de septiembre de 2024.

—, «Statue of Brahma from the Singasari temple complex», RV-1403-1582, Número de Recomendación ID-2023-8, 28 de junio de 2024.

—, «Statue of Ganesha», RV-1403-1759, Número de Recomendación ID-2023-9, 28 de junio de 2024.

—, «Two statues from the Singasari temple complex: Bhairava, RV-1403-1680 and Nandi, RV-1403-1682», Número de Recomendación ID-2023-6, 28 de junio de 2024.

Resumen del informe del Comité Asesor sobre el Marco de Política Nacional para las Colecciones Coloniales, 8 de octubre de 2020, <https://www.raadvoorcultuur.nl/documenten/ adviezen/2020/10/07/summary-of-report-advisory-committee -on-the-national-policy-framework-for-colonial-collections>.

Capítulo 6

Fuentes museísticas

Códice florentino digital, <https://florentinecodex.getty.edu/es>.
Museo de Historia de México, «Escudo chimalli», <https://mnh
.inah.gob.mx/Object?obj=3206>.
—, «Salón de carruajes», <https://mnh.inah.gob.mx/salas-del
-alcazar>.
Museo del Mundo de Viena, «El tocado de plumas», <https://
www.weltmuseumwien.at/en/el-tocado-de-plumas>.
—, «The Weltmuseum Wien», <https://www.weltmuseumwien
.at/en/about-us/history-of-the-museum>.
Museo Nacional de Antropología de México, «Reproducción del
Penacho», <https://www.mna.inah.gob.mx/detalle_pieza_mes
.php?id=218>.
Museo Nacional de Dinamarca, «The National Museum of
Denmark to Donate Rare Feather Cape to Brazil», <https://
via.ritzau.dk/pressemeddelelse/13700505/the-national-mu
seum-of-denmark-to-donate-rare-feather-cape-to-brazil?
publisherId=13560791&lang=>.

Bibliografía académica

Sobre la historia y el periplo del penacho en Europa

Feest, Christian, «El penacho del México Antiguo en Europa»,
en Sabine Haag *et al.* (eds.), *El Penacho del México Antiguo*,
ZKF Publishers, Austria, 2012.
Katz, Friedrich, «México y Austria en 1938», *Revista Mexicana
de Política Exterior*, 20 (1988), pp. 18-23.
Peimbert Moreno, Carlos Armando, «Diplomacia, comedia y
azar: el Penacho de Moctezuma en las relaciones México-Austria (1992-2011)» [tesis de licenciatura], El Colegio

de México, <https://repositorio.colmex.mx/downloads/m32
6m1978?locale=es>.

SOBRE EL PENACHO DESDE UNA PERSPECTIVA DE HISTORIA
DEL ARTE

Guilliem Arroyo, Salvador, «El penacho de Moctezuma», en
Sabine Haag *et al.* (eds.), *El Penacho del México Antiguo*, ZKF
Publishers, Austria, 2012.

Moreno Guzmán, María Olvido, «El penacho del México antiguo», *Revista de la Universidad de México*, 125 (2014), pp. 45-
48, <https://www.revistadelauniversidad.mx/articles/43f06
f16-1e44-4c89-85d0-4414711474f7/el-penacho-del-mexico
-antiguo>.

Moreno Guzmán, María Olvido, y Korn, Melanie, «Construcción y técnicas», en Sabine Haag *et al.* (eds.), *El Penacho del
México Antiguo*, ZKF Publishers, Austria, 2012.

Moreno Guzmán, María Olvido, y Korn, Melanie Ruth, «El penacho de Moctezuma», *Arqueología Mexicana*, 27, 159 (2019),
pp. 63-66.

SOBRE LA IMPORTANCIA DEL ARTE PLUMARIO EN MESOAMÉRICA

Dittborn, Paula, «Instrucciones para armar: imágenes de la plumaria novohispana en el *Códice Florentino*», *Revista 180*, 40
(2017).

Muñoz, Santiago, «El "arte plumario" y sus múltiples dimensiones de significación. La misa de San Gregorio, Virreinato de
la Nueva España, 1539», *Historia Crítica*, 31 (2006), pp. 121-
149.

SOBRE EL ESTADO ACTUAL DE CONSERVACIÓN DEL PENACHO

Riedler, Renée; Korn, Melanie; Wassermann, Johann, y Moreno Guzmán, María Olvido, «Should feathers fly? Risks and challenges concerning feathers in motion», 10th North American Textile Conservation Conference, 2015.

SOBRE ARTE MEXICANO EXPOLIADO Y SU POSIBLE RESTITUCIÓN

Begin, Sophie, «Entre herederos y ladrones: disputas en torno a la (re)apropiación del patrimonio prehispánico en México», *Revista Canadiense de Estudios Hispánicos*, 38, 1 (2013), pp. 55-77.

Ruiz Romero, Zara, «Objetos prehispánicos fuera de México. Un análisis de la pérdida patrimonial a través de varios casos», en Galicia Isasmendi, Erika; Quiles García, Fernando, y Ruiz Romero, Zara (eds.), *Acervo Mexicano: Legado de Culturas*, Acer-VOS, 2017.

Spitra, Sebastian M., «Austria approaches its colonial past: Prospects of a new restitution law for cultural objects», *Santander Art and Culture Law Review*, 8, 2 (2022), pp. 307-322.

Von Zinnenburg Carroll, Khadija, *The Contested Crown: Repatriation Politics between Europe and Mexico*, University of Chicago Press, 2022.

Prensa

Alejo Santiago, Jesús, y Sánchez Medel, Leticia, «La diplomacia cultural de Beatriz Gutiérrez Müller», *Milenio*, 24 de octubre de 2020, <https://www.milenio.com/politica/beatriz-gutierrez-muller-y-la-diplomacia-cultural>.

Barragán, Almudena, «7 tesoros arqueológicos de México que están en el extranjero», *El País*, 22 de febrero de 2019,

<https://verne.elpais.com/verne/2019/02/21/mexico/1550
724974_272914.html>.

Begin, Sophie, «¿Restituir el penacho de Moctezuma? Datos duros
y plumas frívolas», *Letras Libres*, 1 de julio de 2022, <https://
letraslibres.com/revista/restituir-el-penacho-de-moctezuma
-datos-duros-y-plumas-frivolas>.

Cervera, César, «Los terribles crímenes coloniales de Holanda en Indonesia que el mundo ha decidido olvidar», *ABC*,
30 de mayo de 2022, <https://www.abc.es/historia/abci
-terribles-crimenes-coloniales-holanda-indonesia-mundo
-decidido-olvidar-202205300117_noticia.html>.

Dávila, Fernando, «Beatriz Gutiérrez Müller asegura que algo
esconde Austria sobre Penacho de Moctezuma», *Excélsior*,
<https://www.excelsior.com.mx/nacional/beatriz-gutierrez
-muller-algo-esconde-austria-penacho-de-moctezuma/167
3231>.

Eddy, Melissa, «Artistry of the Pharaohs», *The New York Times*,
21 de enero de 2013, <https://www.nytimes.com/2013/01/
22/arts/22iht-nefertiti22.html>.

«Beatriz Gutiérrez Müller denuncia subasta de piezas arqueológicas en París», *Forbes*, 28 de enero de 2022, <https://www
.forbes.com.mx/noticias-beatriz-gutierrez-muller-denuncia
-subasta-de-piezas-arqueologicas-en-paris>.

Erill Soto, Berta, «Dinamarca devuelve un excepcional manto
Tupinambá a Brasil después de 300 años», *National Geogra-
phic*, <https://historia.nationalgeographic.com.es/a/dinamarca
-devuelve-excepcional-manto-tupinamba-brasil-despues-300
-anos_22251>.

Gutiérrez, Bernardo, «La venganza de los Tupinambás o el viaje de Dinamarca a Brasil de un manto sagrado», *El Confiden-
cial*, <https://www.elconfidencial.com/el-grito/2024-06-11/
tupinambas-manto_3900663>.

Lambertucci, Constanza, «El museo que conserva el penacho de
Moctezuma descarta que regrese a México "al menos en diez
años"», *El País*, 13 de octubre de 2020, <https://elpais.com/

mexico/2020-10-13/el-museo-austriaco-que-conserva-el-pe
nacho-de-moctezuma-descarta-que-el-tocado-regrese-a-me
xico-al-menos-en-los-proximos-10-anos.html>.

—, «El penacho de Moctezuma también es parte del ADN de
los austríacos», *El País*, 22 de octubre de 2020, <https://
elpais.com/mexico/2020-10-21/sabine-haag-el-penacho
-tambien-es-parte-del-patrimonio-cultural-de-los-austria
cos.html>.

Lambertucci, Constanza, y Varela, Micaela, «La misión "casi
imposible" de México: recuperar el penacho de Moctezuma
y otros tesoros», *El País*, 13 de octubre de 2020, <https://
elpais.com/mexico/2020-10-13/el-penacho-de-moctezuma
-y-otros-tesoros-que-mexico-reclama.html>.

Malvido, Adriana, «El Penacho de Moctezuma, motivo de disputa en Austria», *La Jornada*, 20 de julio de 1996, <https://
www.jornada.com.mx/1996/07/20/penacho.html>.

Maldonado, Carlos S., «México emprende una gran ofensiva
para preservar su patrimonio cultural», *El País*, 13 de noviembre de 2022, <https://elpais.com/mexico/2022-11-13/
mexico-emprende-una-gran-ofensiva-para-preservar-su-patri
monio-cultural.html>.

Morán Breña, Carmen, «El penacho de Moctezuma o cómo recuperar el patrimonio artístico de un país», *El País*, 18 de
octubre de 2020, <https://elpais.com/mexico/2020-10-18/el
-penacho-de-moctezuma-o-como-recuperar-el-patrimonio
-artistico-de-un-pais.html>.

Olmos, Pablo S., «López Obrador, sobre el "perdón" que reclama a la Corona española por la Conquista: "Pienso que sí lo
van a hacer"», *El Mundo*, 21 de febrero de 2024, <https://www
.elmundo.es/internacional/2024/02/20/65d4fb92e85ece7422
8b45ba.html>.

Ortuño, Antonio, «El "estilacho" personal de gobernar», *El
País*, 16 de noviembre de 2020, <https://elpais.com/
opinion/2020-11-16/el-estilacho-personal-de-gobernar
.html>.

Villatoro, Manuel P., «El descendiente del emperador Moctezuma, sobre la Leyenda Negra y Hernán Cortés: "Mi ancestro le protegió"», *ABC*, 24 de marzo de 2025, <https://www.abc.es/historia/descendiente-emperador-moctezuma-sobre-leyenda-negra-hernan-20250324041204-nt.html>.

Recursos audiovisuales y sonoros

Biblioteca Nacional de México, «¿El Penacho de Moctezuma?» [charla virtual por el Dr. Alejandro González Acosta], <https://www.youtube.com/watch?v=a4T3yskRIaM>.

Canal Catorce, «El penacho de Moctezuma. Plumaria del México antiguo» [vídeo], <https://www.youtube.com/watch?v=1-Nnj4LuLWg&t=1541s>.

—, «Grandeza de México | La importancia de México Tenochtitlán en Mesoamérica» [vídeo], <https://www.youtube.com/watch?v=AFf7JH5xMas>.

Moreno, María Olvido, «El Penacho de Moctezuma. Restauraciones de los siglos xix y xxi» [vídeo], <https://www.youtube.com/watch?v=dR6UDBoLhoY>.

TV UNAM, «El penacho de Moctezuma. Plumaria del México antiguo» [vídeo], <https://www.youtube.com/watch?v=Fd5ohK_Beoo>.

Voces históricas, «Hernán Cortés llega a Tenochtitlan: El encuentro con Moctezuma – Carta de relación (1520)» [vídeo], <https://www.youtube.com/watch?v=QfMj-f-3dDg>.

Otras fuentes

Bayr, Petra, *Rückgabe der Federkrone (2189/A(E))*, Parlamento de Austria, <https://www.parlament.gv.at/gegenstand/XXVII/A/2189>.

De Maria y Campos, Alfonso, «Penacho del México Antiguo»,

Secretaría de Relaciones Exteriores de México, <https://embamex.sre.gob.mx/panama/index.php/actividades/noticias/29-noticias-2012/319-penacho>.

Gaceta Parlamentaria, *Dictamen por el que se solicita información acerca del estado de las consultas realizadas al Gobierno de Austria por parte del Gobierno mexicano para la devolución del Penacho del México Antiguo*, LX Legislatura, Segundo Receso, Tercer Año, 1 de julio de 2009, < https://sitllx.diputados.gob.mx/dictamenes_pa.php?tipot=%20&pert=0&idacut=3605 >.

Unidad de las Naciones Unidas contra la Droga y el Delito en México, «El tráfico ilícito de bienes culturales debe reconocerse como asunto de seguridad: UNESCO y UNODC», 8 de noviembre de 2023, <https://www.unodc.org/lpomex/es/noticias/noviembre-2023/el-trafico-ilicito-de-bienes-culturales-debe-reconocerse-como-asunto-de-seguridad_-unesco-y-unodc.html>.